学科建设与人才培养

——经济金融学科建设问题研究

邱兆祥　著

中国财经出版传媒集团
中国财政经济出版社

图书在版编目（CIP）数据

学科建设与人才培养：经济金融学科建设问题研究/邱兆祥著．—北京：中国财政经济出版社，2019.4

ISBN 978-7-5095-8923-6

Ⅰ.①学…　Ⅱ.①邱…　Ⅲ.①经济学-人才培养-研究②金融学-人才培养-研究　Ⅳ.①F0②F83

中国版本图书馆CIP数据核字（2019）第053283号

责任编辑：郁东敏　　　　责任校对：黄亚青

封面设计：陈宇琰　　　　责任印制：刘春年

中国财政经济出版社 出版

URL：http：//www.cfeph.cn

E-mail：cfeph @ cfeph.cn

社址：北京市海淀区阜成路甲28号　邮政编码：100142

营销中心电话：010-88191537

中煤（北京）印务有限公司印刷　各地新华书店经销

787×1092毫米　16开　22.25印张　294 000字

2019年4月第1版　2019年4月北京第1次印刷

定价：98.00元

ISBN 978-7-5095-8923-6

（图书出现印装问题，本社负责调换）

本社质量投诉电话：010-88190744

打击盗版举报热线：010-88191661　QQ：2242791300

前　言

摆在读者面前的这本论文集，是作者于2012年出版的《学科建设与人才培养——经济金融学科建设问题研究》一书的修订本。本书汇集了作者在经济金融学科建设研究领域艰辛劳作耕耘的大部分成果，特别是收录了多篇新近写出并已发表但未结集的论文。

在经济金融学科建设与人才培养研究领域里，多年来，作者一直致力于学习和悉心探求，先后撰写了数十篇相关的学术论文。作者在融汇吸收国内外有关研究成果的基础上，对构建具有中国特色的经济学和金融学的理论体系和人才培养问题进行了较为系统的探讨。作者撰写的与这个研究领域相关的学术论文，大都发表在时效性强、影响力大的《人民日报》《光明日报》《金融时报》《中国经济时报》及《马克思主义研究》和《经济学动态》等报刊杂志上。为了便于阅读，本书对选入的研究论文作了粗略的分类。撰写同类论文，难免会有个别段落和文句的重复之处，但为了保持论文的完整性和原貌，未作大的删改。

为了能更好地反映作者对经济金融学科建设等理论问题的学习和探索的过程，本书在选入的42篇论文的后面，还附有一个内容包括经济金融学苑的耕耘者、记者访谈录和著述目录在内的附录。该附录对作者半个多世纪以来在经济金融学理论园地里辛勤劳作和悉心探求的学术经历及学术成果，作了较为详细的介绍。本书附录是由作者的博士后刘浩、博士研究生张爱武、安世友和刘帅及硕士研究生赵志争和向晓建等人，根据收集的有关资料整理、编辑和进行文字加工而成的。他们为此付出了不少的时间和精力。本书的出版还得到对外经济贸易大学金融学院的领导和多位同事的关心和支持，在此一并表示感谢。

经济金融学科建设和人才培养，是一个很重要的理论问题，但我国经济金融学界专门研究这一问题的论著至今还不多。本书对此问题发表了一些粗浅的看法，意在抛砖引玉，并期望能引起我国经济金融学界对探讨此问题的关注和重视。由于作者水平有限，书中难免有偏颇和不当之处，恳请经济金融学界的同仁不吝批评指正。

邱兆祥

2019 年 1 月于

对外经济贸易大学

逸夫科研楼

目　录

经济学和哲学

经济学和哲学有着紧密的内在联系。早期的经济理论是和伦理哲学混为一体的，那时的经济思想家往往同时又是哲学家和伦理学家，他们大都没有专门的经济学论著，其经济思想一般散见在伦理哲学著作之中。马克思说："政治经济学作为一门独立的科学，是在工场手工业时期才产生的。"① 到了近代社会，经济学虽然已从伦理哲学中蘖生独立出来，但它同哲学仍然是息息相通、互相依存的。无论是经济理论研究，还是经济实践，都离不开哲学的指导。反过来，哲学作为时代理论的精华，更不能脱离丰富多彩的社会经济实践，不能不对一些重大的经济理论问题作出哲学的解释和概括。

经济学与哲学的关系问题，也就是具体科学同哲学的关系问题。这个具体科学，除了包括经济学在内的社会科学各个学科之外，还可以是自然科学的各个学科。从现代科学的分类来说，经济学只是社会科学中的一门学科，哲学则处在另一更高的层次上，而且是比自然科学和社会科学更高的层次。自然科学和社会科学内的各门具体学科是研究特殊规律的，它们回答的只是客观世界某一领域的局部问题。哲学则不同，它是研究普遍规律的，即是把各种具体科学知识上升为世界观的理论。哲学是对自然科学和包括经济学在内的社会科学知识的总结和概括，它所回答的是有关整个世界的最普遍、最本质的问题。

---

① 《马克思恩格斯全集》第23卷，第494页，人民出版社1972年版。

哲学既然是关于世界观的学问，因此，它对社会实践和各门具体科学就具有普遍的指导意义，各门具体科学的研究工作无不受它的支配和影响。大科学家爱因斯坦曾形象地把哲学称为“全部科学研究之母”①。由于经济学与哲学的关系尤为密切，哲学对经济学的支配或影响作用也因而更为明显。哲学对经济学的支配或影响作用是通过经济理论研究的主体，即研究经济理论的人为中介来实现的。具体来说，主要表现在以下几个方面：

1. 哲学为经济理论研究工作者的科研活动提供思想信念，指出研究方向。不同的哲学能使从事科研活动的人形成不同的世界观，从而为他们的科研活动提供不同的观点和思想信念，指出不同的研究方向和目标。而不同的思想信念和研究方向，则必然会导致不同的结果，甚至能决定研究工作的成败。大量的事实证明，哲学可以从思想信念和研究方向上对包括经济学在内的所有社会科学与自然科学的研究工作产生举足轻重的影响。经济理论研究工作的成就与挫折，往往都与其研究课题的哲学前提的正确与否有直接的关系。

2. 哲学为经济理论研究提供思维形式和思维方法。恩格斯说：“一个民族想要站在科学的最高峰，就一刻也不能没有理论思维。”② 对一个国家、一个民族是如此，对一个科学研究工作者也同样如此。经济理论研究从本质上讲是一种创造性的思维活动，经济理论工作者在从事研究活动时，必定会自觉或不自觉地借助于概念、范畴和规律等思维形式，也必定会借助于归纳和演绎、分析和综合、抽象和具体、逻辑的和历史的等思维方法。如果没有哲学提供的思维形式和思维方法，甚至连两个最简单的事实也不能联系起来，更谈不到对复杂的经济现象进行科学的认识。因

① 《爱因斯坦文集》第1卷，第619页，商务印书馆1976年版。
② 《马克思恩格斯选集》第3卷，第467页，人民出版社1972年版。

此，经济理论研究离不开哲学提供正确的思维形式和思维方法。

3. 哲学为认识、理解和评价经济理论提供思想指导。经济学作为一门重要的社会科学，不同于物理学、化学、医学和语言学，它同绝大多数社会科学一样，也具有社会属性或阶级性。众所周知，政治经济学就是一门具有鲜明阶级性和党性的学科。由于政治经济学是一切其他经济学科的理论基础，因而使得其他许多经济学科也不同程度地打上了阶级烙印。研究经济理论的人，从各自不同的立场、世界观和思考问题的方法出发，对社会经济关系有着不同的评价标准，因而对同一经济理论、同一经济现象往往会得出不同的结论。正由于人们总是戴着某种哲学的眼镜来考察各种社会经济现象，因此，要对经济理论问题作出正确的评价，就必须要有正确的哲学思想作指导。

总之，哲学对经济理论研究有着重要的支配或指导作用。不管经济理论研究工作是否承认，这种支配或指导作用总是客观存在的，只不过有科学与不科学之分、自觉与不自觉之别罢了。但是，受正确的哲学思想指导还是受错误的哲学思想指导，其结果却是大不一样的。经济理论工作者必须关心和熟悉哲学问题，并坚定不移地以正确的哲学思想作为自己研究工作的指导，这是卓有成效地探讨经济理论问题的一个必要条件。

从经济学的发展史来看，凡是有创见的经济学家大都十分关心和熟悉哲学问题，正因为这样，他们往往能够突破自己所从事的研究工作的狭小范围，站得高，看得远，思路开阔，容易受到新事物、新思想的激发，提出新的观点、新的理论。例如，被马克思誉为近代经济学始祖的威廉·配第，就是一个关心哲学问题、勤于哲学思考的经济学家。由于深受17世纪英国哲学家弗兰西斯·培根和托马斯·霍布斯的唯物主义哲学思想的影响，在他看来，社会经济现象和自然现象一样也是客观存在的，是不以人们的主观愿望为转移的。这一认识很重要，是使经济学成为独立学科的一个关键条件。因为任何科学研究的首要前提都是承认事物的客观性，只有承认这一点，才有可能进一步揭示该事物运动发展的规律性。配第是最先认识到社会经济现象的客观性的资产阶级古典经济学家。在培根和霍布斯唯物主义哲学思想的启迪下，他还试图通过算术方法，即用数量分析来考察社会经济发展的客观规律。正是这种新的认识论和研究方法，使他能够初步揭示资本主义经济关系的内在联系，从而使当时对经济学的研究工作大大前进了一步。这是配第在经济学上的一个重大贡献，也是使他成为古典政治经济学创始人的主要原因之一。

马克思在研究经济学之前，首先清算了本末倒置的唯心的黑格尔的辩证法和形而上学的费尔巴哈的唯物论，吸收了黑格尔的辩证法和费尔巴哈唯物论的合理内核，创立了新的科学的世界观和方法论——辩证唯物主义和历史唯物主义。这就为马克思研究经济理论奠定了坚实可靠的基础。马克思把他早期研究经济理论的读书笔记称为“经济学—哲学手稿”，这说明马克思对经济学的研究是与对哲学的研究紧密结合在一起的。马克思正是因为把他的辩证唯物主义和历史唯物主义哲学运用到政治经济学的研究中，才发现了剩余价值理论，构建了马克思主义经济学理论大厦——《资本论》。马克思的《资本论》既是经济学理论的鸿篇巨制，同时又是不朽的哲学著作。马克思既是杰出的经济学家，又是伟大的哲学家。马克思的经济学著作中处处闪耀着哲学的光辉，而他的哲学理论中又处处充溢着经济思想的精华。

我国著名经济学家孙冶方同志生前曾写过一篇名叫《要懂得经济必须学点哲学》的文章，对经济学和哲学的关系作了很透彻的论述。他指出：经济理论研究工作者要懂得经济，必须先学点哲学；如果不懂得点哲学，就不可能真正了解经济学。由于哲学是探索经济规律的向导，是打开经济学宝库的钥匙，因此，广大经济理论研究工作者必须把对经济理论问题的探讨同对哲学的思考和运用结合起来，认真学点哲学。

马克思主义哲学即辩证唯物主义和历史唯物主义，是迄今为止人类最完整、最科学的世界观和方法论，它能给包括经济理论研究在内的各项工作提供正确的方向和方法，可以使包括经济理论在内的各项工作完成得更快、更好，少走弯路。因此，我们讲学哲学，指的是首先应当学好马克思主义的哲学。在进行改革和现代化建设的今天，经济研究工作者要面向实际，认识和说明实际经济生活中涌现出来的大量新情况、新问题，无疑需要马克思主义经济学理论的指导，但从根本上说，由于马克思主义哲学是整个马克思主义学说的基础，因此要探讨与解决改革和现代化建设实践中产生出来的新问题，同样也离不开马克思主义哲学的指导。广大经济理论工作者，除了要认真学习和掌握马克思主义经济学的基本原理外，还应当自觉地认真读一点马克思主义的哲学著作，努力掌握辩证唯物主义和历史唯物主义的基本立场、观点和方法，不断提高自己的哲学素养，争取使自己成为具有较高的理论思维能力和正确的思维方法的经济理论工作者。只有这样，经济理论工作者才能更好地运用自己的经济学专业知识，对改革和现代化建设中的大量纷纭复杂的新情况、新问题作出科学的解答、总结和概括，并在实现我国现代化建设大业和发展经济科学中作出自己应有的贡献。

（原载《金融科学》1991 年第 1 期）

经济生活与经济学

理总是寓于实之中。任何事物都有其存在和发生的道理。学问，有时是在瞬间的震撼中发现的，有时却是长期痛苦思考的结果。

经济学是一门重要的学问，是从我们周围存在的大量经济现象中抽象和概括出来的一般结论。经济生活是经济学的源泉，离开了经济生活，经济学就如同空中楼阁、水中浮萍。我们要寻求隐藏在经济现象后面的深刻道理，就必须细心观察经济生活。

学问并不会自动跑到我们身边来，需要动脑筋、花力气，才能获得真知。每一种日常生活的经济现象，都有它产生的原因和发展变化趋势，"处处留心皆学问"这是一个朴素的真理。商品是一个客观存在，每天商店里人来人往，络绎不绝，货架上的商品琳琅满目，比比皆是，可是人们已经司空见惯，往往并不留心什么是商品，也很少有人会想到商品背后会有什么奥秘。毛泽东同志曾经说过："商品这个东西，千百万人，天天看它，用它，但是熟视无睹。只有马克思科学地研究了它，他从商品的实际发展中作了巨大的研究工作，从普遍的存在中找出完全科学的理论来。"①商品买卖是最常见的现象，但熟视和接触商品的人并不一定懂得商品的学问，正像一个人会用煤火烧饭并不一定懂得热力学，一个人会开汽车并不一定懂得了机械动力学一样。人们之所以未能从大量的现象中总结出科学的道理，就是因为不注意、不留心。

---

① 《毛泽东选集》第3卷，第819页，人民出版社1956年版。

只有时时注意，悉心观察，才会有科学。瓦特就是从沸水冲撞壶盖受到启示发明了蒸汽机，牛顿从苹果落地总结出了万有引力定律，阿基米德从游泳中认识了浮力。这种例子，在科学史上俯拾皆是。我国经济体制改革中有许多成功的事例，其中很重要的一条就是经营者的悉心观察。南方大厦分管业务的负责人就是从杂志上的气象预测看到来年雨量多和雨季长，才做出了大量购进雨伞的经营决策，结果获取了大量利润。

经济现象尽管纷繁复杂，但只要我们处处留心，认真观察和研究，就能使之条理化、系统化，并从中总结出科学的道理来。比如，有些企业连年亏损，入不敷出，这是一个现象。那么，这些企业为什么会亏损呢？其中必有原因，或者是经营管理不善，或者是机构臃肿、人浮于事，丧失了效率，或者是计划限制过多，使企业丧失了生机和活力。通过调查研究，解剖麻雀，做出“诊断”，就会找出扭亏增盈的办法。当然也有些企业经营效果显著，利润率高，成本消耗低，取得了成功的经验。经过细心观察，上升到理论，就会形成系统的认识。生产有生产的学问。花钱也有花钱的学问。一个家庭或者个人，怎样用有限的收入获得最大的满足，就包含着许多的科学道理。有人喜欢细水长流，有备无患；有人却是大手大脚，寅吃卯粮。我们反对铺张浪费，但也反对当守财奴。节俭是应该提倡的美德，但节俭多少才合适呢？凡事都有一个“度”，都有一个界限。成功地掌握这个界限，并不容易，这就需要细心观察、思考，充分顾及各种因素，从中总结出规律性的东西，否则，就会陷入盲目性。

熟视无睹，不闻不问，是科学的大敌。对经济生活中存在的大量的问题，漠然处之，泰然若素，在经济生活和经济学之间，人为地断绝了联系，久而久之，就会葬送经济科学。

对于现实经济生活，一定要敏感。一个小生产者尚且需要知道市场信息，更何况是社会化大生产？现代科学技术进步已把我们推向信息化时代，商品行情需要信息，技术进步需要信息，生产过程需要信息，群众消费也需要信息。不久的将来，我们将生活在一个信息世界中。大量的经济信息，需要产生适应时代潮流的新经济学。如果对大量的经济生活信息失去灵敏反应，我们就会被远远地抛在时代的后面。

经济学并不神秘，它就在我们日常生活之中，和我们如影随形，形影难分。法国喜剧大师莫里哀在《醉心贵族的小市民》中描写的茹尔丹先生，不知道什么是散文，后来忽然发现他已经说了40多年的散文了。恩格斯借助这个有趣的例子发挥道："人们远在散文这一名词出现以前，就已经在用散文说话了。"① 经济学也是如此，尽管人们天天接触它，但却未必真正感受到它的存在。经济学就在日常生活之中，只要处处留心，善于思考，就一定能从一些习以为常的现象中概括出科学道理来，从而也就一定会掌握和运用好经济学。经济学来自经济生活，又高于经济生活。

（摘自《趣味经济学》，中国青年出版社1989年版）

① 《马克思恩格斯全集》第3卷，第182页，人民出版社1956年版。

经济学与情趣*

大凡对一门科学发生兴趣的人，往往就会下劲去潜心探究，这是人之常情。科学理论虽然逻辑严密，但绝不是刻板的。理论著作不仅要观点正确，言之有理，而且还要语言生动，言之有趣。逸笔妙趣，富有文学性，更容易引起读者的学习兴趣。

有人说，经济学是一门平淡、枯燥的科学，其实并不尽然。有些经济学论著确实平淡如水，枯燥无味，然而也有不少经济学论著见解精辟，文笔优美，饶有兴味，引人入胜，让人爱不释手。马克思的《资本论》是一部博大精深的巨著，但书中却插入了大量诗句、典故、传说和故事等。马克思善于用文学的手法阐释高深的理论，常常把一些抽象、难懂的问题写得趣味盎然，使人读之难忘。凡读过《资本论》的人，大概都不会忘记“雅典的泰门”、“威尼斯商人”、“孤岛上的鲁滨逊”和“可笑的唐·吉诃德先生”，等等。

当然，科学理论不是艺术，更不是小说，它们各自有着不同的思维规律。科学理论离不开抽象思维和逻辑推理，离不开概念的演绎和规律的表述，但事实又告诉我们，在抽象思维和形象思维之间并没有一条不可逾越的界线。

所谓经济学，是阐明构成人类社会各种关系的基础以及人类生存和发展所不可缺的物质资料如何进行生产、分配、消费等活动的科学。在许多优秀文学作品中，高明的艺术家凭着自己的洞

---

* 本文系作者与王慎之教授合写，原载《光明日报》1984年1月29日。

察力，生动地描绘了处于一定经济关系中的活生生的人物。马克思和恩格斯都曾高度评价过巴尔扎克的作品。马克思称赞他“对现实关系具有深刻理解”。恩格斯称赞他“提供了一部法国‘社会’特别是巴黎‘上流社会’的卓越的现实主义历史”，从这部历史里，“甚至在经济细节方面（如革命以后动产和不动产的重新分配）所学到的东西，也要比从当时所有职业的历史学家、经济学家和统计学家那里学到的全部东西还要多。”《欧也妮·葛朗台》是巴尔扎克的重要代表作之一。在这部小说里，作者用讽刺、犀利的笔触，塑造了一个无限贪婪、满身铜臭的资产阶级暴发户的典型。马克思曾经写道：“在资本主义生产方式的历史初期，——而每个资本主义的暴发户都个别地经过这个历史阶段，——致富欲和贪欲作为绝对的欲望占统治地位。”如果我们读了《欧也妮·葛朗台》一书，再去重读马克思对创业时代资本家特征的描写，就会感到真实而深刻，容易理解多了。

在文学和经济学之间，完全可以架起一座桥梁。这个工作不仅要靠文学家去做，更要靠经济学家去进行。文学家要用艺术形象再现社会真实的经济生活，经济学家则应通过挖掘文学宝藏，采取群众喜闻乐见的形式去说明经济学的道理，也就是要寓道理于情趣之中，使读者在不知不觉中受到经济学的熏染启迪。有的经济理论工作者已经在这方面进行了有益的尝试，写出了一些生动、形象、融思想性、知识性、趣味性于一体的好作品，在普及经济学理论的工作中，取得了可喜的成绩。他们提供的宝贵经验，说明这条路是走得通的。

有人说，资本主义生产过程中的人是经济范畴的人格化，还比较容易和艺术形象结合起来，政治经济学社会主义部分却很难做到。政治经济学社会主义部分究竟能不能写得生动有趣一些呢？回答是肯定的。我们既然认为社会主义政治经济学是研究生产关系的科学，社会主义的经济关系自然也要通过人的活动反映出来。党的十一届三中全会以来，有些反映城乡经济体制改革的文学作品，就是我国现实经济关系变动的真实写照。如果我们的经济学教科书和经济学论文，能够通过采用文学的表现手法，增加一些知识性和趣味性，把阐释理论同形象化的叙述融为一体，那么，就必定会引起更多读者的学习兴趣，我们的经济科学也因而会另有一番繁荣的景象。

我们的经济理论工作者要使自己的论著在思想性强、立论正确的大前提下，做到理中有趣，以理服人，以趣引人，就要加强学习，广泛涉猎，既专又博，用文学知识、自然科学知识以及其他社会科学知识武装自己。这对于广大理论工作者来说，虽然是一个更高的要求，但却是一个经过刻苦努力后能够达到的要求。

人脑是一种智力资源

——科学、教育和经济增长

智力资源有时又称作人力资源，指的是人脑在生产发展中的潜在功能。

智力资源和物力资源一样，在未开发之前，处于睡眠状态。在现实的经济活动中，人的智能的发挥并不是很充分的，还有一个广大的未被认识的必然王国。第二次世界大战后，日本和联邦德国把对智力资源的开发奉为基本国策，并且建立了许多“头脑公司”，或称“思想库”或“智囊团”。这种智力开发，对两国的经济恢复和发展起了巨大的推动作用。根据日本中央大学经济研究所的统计，1965 年至 1970 年，日本经济年平均增长率为 12.1%，其中靠增加劳动力取得的部分下降到 12.4%，靠提高劳动生产率上升的部分提高到 87.6%。提高劳动生产率靠什么呢?当然要靠物质技术装备的进步，但更重要的是靠科学、教育的发展，经营管理水平的提高和科技队伍的壮大。

智力开发有两方面的含义：一是智力投资意义上的开发，即通过教育的投资获取收益，提高劳动者的科技文化水平，从而提高劳动生产率；二是在人的现代化意义上的开发，使本国人民突破传统的小生产的狭隘眼界，转变到与生产现代化相适应的观念上来。

一般说来，在一个文化比较落后的国家，知识更应该受到重视，人才更应该受到尊重。可是，有些场合却并非如此，有时越是在缺少知识的地方，就越是对知识和人才存有偏见。之所以出现这种情况，就是由于因循守旧的习惯势力束缚了人的现代化观念。我们进行体制改革为什么会有阻力，这固然有知识水平的问题，但传统势力也在作怪。

智力资源结构的特点，很容易被看成是一种意识之物，所以，存在于人体中的潜能，常常被人们自己所忽视。所谓“见物不见人”，就是这种偏见在作怪。由于大机器工业给人类创造了惊人庞大的生产力，在被物的关系囚禁下的人们看来，似乎这只是物的力量。一谈经济增长，就是添设备，搞基建。其实，生产的很大一部分潜力，就在人的头脑中。

关于智力资源的特征，马克思在《资本论》中做过反复论证。在谈到劳动过程的一般特点时，马克思指出：“人自身作为一种自然力与自然物质相对立。”① 人脑的活动也是一种物质现象。但人的劳动和动物的本能活动不同，自始就是一种有意识的活动，所以从根本上说，人的生产活动是一种智力活动。

正因为人也是一种“自然力”，所以才存在智力开发问题。智力投资，就是为开发人的智力所付出的费用。在一般情况下，智力资源的开发取决于智力投资的限度。一国的人力总资源，等于劳动者数量与劳动者平均技术熟练水平的乘积。所以，人力总资源并不只取决于劳动者的数量，更重要的还取决于劳动者的质量。从这个意义上说，我国的人力资源还不是很丰富的，劳动力的数量虽然很多，但劳动者的平均技术熟练程度并不高。

要解决人口众多与人力资源不足的矛盾，根本途径是增加智力投资，其中特别是要增加教育和科研事业的财政支出。一定时期的教育结构，必须和经济增长速度、经济结构的变化相适应。智力资源的开发，又必须和经济发展的步调相一致。这里当然首

① 《马克思恩格斯全集》第23卷，第664页。

先是普及，但又需要在普及的基础上提高。如果没有普及，就没劳动者的平均熟练程度；而如果没有提高，就不可能引进和创造新技术。

智力投资的特征是“使劳动能力具有专门性”①。智力投资大体上包括三个层次：（1）劳动者进入劳动过程之前的基本训练；（2）借助于学校普及科学文化知识；（3）通过科学研究掌握尖端技术。生产越是发达，越是现代化，起点也就越高，但人脑资源的开发是无限的。在蒸汽时代，蒸汽机的发动和控制是先进技术；蒸汽时代进入电力时代，电力的运用成了先进技术。蒸汽和电力普及之后，劳动者踏入生产过程就需要这种基本训练，起点提高了，这时人们又朝向原子能和电子技术迈进。电子技术普及之后，人们又开始向电脑和信息技术迈进。电脑和信息技术也没有穷尽人的认识领域，人脑资源仍然需要继续开发，不断走向新的阶段。

智力投资的巨大作用，主要表现在以下几个方面：

1. 科学技术是生产力。任何先进技术，首先都是由掌握科学技术的人造就的，因此，知识水平的提高必须走在生产发展的前面。马克思曾经说过：“大工业把巨大的自然力和自然科学并入生产过程，必然大大提高劳动生产率，这一点是一目了然的。”② 因此，“劳动生产力是随着科学和技术的不断进步而不断发展的。”③ 科学和知识并入生产过程，是一种物质力量，但在进入生产过程之前，必须首先表现为劳动者质量的提高，因此智力投资必然显示出巨大威力。

2. 固定资本规模的节约提高劳动生产率。固然要增加资本积累，增加生产资料的数量和质量，但这只是问题的一个方面，更

① 《马克思恩格斯全集》第26卷Ⅰ，第159页。
② 《马克思恩格斯全集》第23卷，第424页。
③ 《马克思恩格斯全集》第23卷，第664页。

为重要的是增加固定资本的经济效果。扩大再生产并不完全依靠积累，原有资本效率提高，也可以提高产量。同样是100万元的一台机器，效率提高1倍，就等于增加了一台机器。固定资本的节约和效率的提高，主要靠人力智能。

3. 充分发挥人的能动作用。大机器生产曾经在历史上超过非常革命的作用，使资本主义在几百年内造成的生产力超过了以往所有时代的总和。但机器的资本主义使用的直接后果，是使人成为片面发展的人，是物对人的奴役和统治。在社会主义社会，实现了人对物的统治，因此可以成为全面发展的人，并主宰着生产过程。这种情况，必然会大大激发劳动者的热情，使生产力各因素中人的因素突出起来。不仅如此，增加智力投资还可以使人获得更多的知识和技能，从而提高人的劳动能力，使人在生产中发挥更大的作用，为社会创造更多的物质财富。

（摘自《趣味经济学》，中国青年出版社1989年版）

论自然科学与社会科学一体化的趋势

自然科学和社会科学互相渗透，两大科学像潮流一样彼此奔向对方，已成为当代科学发展的大趋势。交叉科学的大量涌现，是当代自然科学和社会科学一体化最突出的表现。马克思主义经典作家不仅预见到现代社会出现的自然科学和社会科学一体化的发展趋势，而且十分重视自然科学家和社会科学家之间的联系与合作。自然科学和社会科学结合的关键是要拥有大批通晓两大科学知识的人才。因此，在新的一代科学工作者的培养中，特别要注重同时对他们进行自然科学和社会科学两方面的训练。

关于自然科学与社会科学一体化的趋势是马克思最早预见到的。马克思在《1844年经济学哲学手稿》一文中指出："自然科学往后将会把关于人类的科学总括在自己下面，正如同关于人类的科学把自然科学总括在自己下面一样，它将成为一门科学。"① 20世纪初，列宁在批判俄国自由主义民粹派司徒卢威教授的错误观点时也指出："从自然科学奔向社会科学的强大潮流，不仅在配第时代存在，在马克思时代也是存在的。在20世纪，这个潮流是同样强大，甚至可说更加强大了。"② 当今世界，自然科学与社会科学发展的现实充分证实了革命导师预见的无比正确性。在我国大力促进科学发展和进行四个现代化建设的今天，重温革命导师

---

① 《马克思恩格斯全集》第42卷，第128页，人民出版社1979年版。

② 《列宁全集》第20卷，第189页，人民出版社1958年版。

的这些论断，深入探讨当代科学发展的大趋势，无疑是件颇具现实意义的事情。

一

自然科学与社会科学一体化的趋向之所以会发生，其根本原因就在于科学本来就是一个内在的统一体。无论自然科学，还是社会科学，都是认识物质世界的科学。马克思主义哲学告诉我们，客观物质世界是统一的，因而科学在本质上是内在的统一体。自然科学和社会科学是共处于这个统一体中的两个部分。它们是有机地结合在一起的。科学被区分为不同的门类，是人类在认识发展过程中所形成的。德国著名物理学家普朗克在他的《世界物理图景的统一性》一书中写道："科学是内在的整体，它被分解为单纯的部门不是取决于事物的本质，而是取决于人类认识能力的局限性。实际上存在着由物理到化学，通过生物学和人类学到社会科学的连续的链条，这是任何一处都不能被打破的链条。"① 普朗克的这段话比较深刻地揭示了自然科学与社会科学之间的内在联系和统一性。自然科学与社会科学之间的内在联系和统一性，首先表现在它们研究对象的客观性质的统一上；其次表现在它们有共同的认识论（哲学）和研究方法（数学、系统论等）；再次表现在它们有相同的目的性，最终都要用于社会实践。正由于自然科学和社会科学有以上共同点，二者就不可能长期处于分化状态，必然会相互渗透、相互贯通而趋于一体化。这是一种不可抗拒的历史潮流。

从科学发展的历史来看，自然科学和社会科学之间，大体上经历了"合"——"分"——"合"三个阶段。在古代，由于生

① 转引自：《中国社会科学》，第 6 页，1981（3）。

产力水平低下，人们对自然和社会的了解都很肤浅，还不可能认识和掌握很多自然规律、社会规律。那时人们主要是凭直觉，以其自发的唯物论和朴素的辩证法来笼统地考察整个世界，其中既包括对自然科学的研究，也包括对社会科学的研究。虽然在古代的中国、希腊、罗马等国已经出现了数学、天文学等自然科学著作和政治、经济、军事等社会科学著作，对部分自然发展规律和社会发展规律进行了探讨，但总的来说，那时的科学知识是笼统的、综合性的，自然科学和社会科学尚处于浑然一体之中，共同以自然哲学的知识形态出现。所以，那时的自然科学也就是社会科学，二者没有分开。

到了近代，特别是18世纪至19世纪中叶，随着生产力和科学技术的迅速发展，人们能够运用仪器，通过科学观察和实验去探索自然界的奥秘。尤其是伽利略开创了实验方法和数学方法相结合的新的研究途径以后，科学家们不仅能分门别类地对各种自然现象进行比较精细的实验研究，而且还能运用数学形式总结出各类自然规律，因而形成了一门门比较系统的科学知识，产生了物理学、化学等一系列自然科学的专门学科，致使以实验和数学分析作为主要研究方法的自然科学渐渐从自然哲学这个“大口袋”中分离出来，于是出现了分别以自然界或人类社会作为研究对象的自然科学家队伍和社会科学家队伍。一大批自然科学家和社会科学家分别抓住自然界或人类社会中的各种特殊现象，系统地搜集资料，分门别类地进行比较深入的分析研究，因而使新的学科渐次增多，各种范围日益专业，形成了自然科学和社会科学内部不断分化的格局，以致发展成千门万类、支派横生的庞大体系。

到了20世纪，即现代社会，由于现代科学技术日新月异地迅猛发展，自然科学和社会科学都进入了一个新的发展阶段。随着人们对自然界和人类社会认识的拓展，打破了过去所认识的许多禁区。在宏观上和微观上都出现了这样的情况：过去许多被视为难以研究的对象和领域，现在可以涉足了，甚至可以做一些比较深入的研究；有些过去在研究中不可能考虑到的领域（或者是因为思想认识还达不到，或者因为实践还没有提出问题，或者因为研究手段还不具备），现在也都提到研究的日程上，被列为研究的课题，这样便使学科进一步高度分化，专业更加增多。但是，进入 21 世纪中叶以后，情况发生了很大的变化。由于现代科学技术的发展出现了“饱和”现象，某些科学前锋受阻，导致人类强大的科学能力朝横向转移和综合化的方向发展，因而使学科分化的速度明显地减慢了。从学科发展的内在因素来看，这不仅是因为随着各门学科向广延发展，它们之间的界限模糊而融合了，也是由于各门学科向纵深推进，需要相互借助彼此的知识和方法，从而导致学科之间在质上的渗透、方法上的移植、理论上的综合以及综合产生的新学科数量不断增多。有人在对 4027 门学科的研究对象和研究方法进行分析后发现：19 世纪以前，新学科的建立主要是由于学科的高度分化；19 世纪以后，由分化和综合产生的新学科数目几乎相等；而进入 20 世纪中叶以来，新学科主要是高度综合的产物。从当代科学发展的基本趋向来看，已进入了一个新的“合”阶段。这种“合”，当然不是回到原来的朦胧状态，也不是以“综合”代替“分化”。现代科学在高度综合的同时，分化仍在继续，分支学科不断衍生。分化和综合是现代科学同时存在的两种发展趋向，只不过随着综合化或一体化的趋向的逐渐增强，这一趋向越来越居于主导地位而成为现代科学发展的大趋势。

二

现代科学在高度分化的基础上出现的综合化的发展趋势使得

自然科学和社会科学之间的渗透和融合不断加强。起初是自然科学和社会科学内部不同学科之间互相渗透、融合，而后，自然科学逐渐渗入社会科学，日益形成了“自然科学奔向社会科学的强大潮流”。

自然科学出现于15世纪下半叶，有较长的历史。与自然科学相比，社会科学则是年轻的科学门类。西方学者认为，社会科学成为独立的科学门类只有二百年左右的历史。由于自然科学比社会科学更成熟，因而从自然科学奔向社会科学是理所当然的事情。从自然科学奔向社会科学的潮流或趋势，主要是指自然科学对社会科学的渗透和促进作用。这种渗透和促进作用具体表现在：（1）自然科学的发展为社会科学提供了越来越多的研究工具和技术手段。例如，将放射化学用于考古研究，可以测定古生物的年代；利用现代科学技术（如光谱分析、生物化学分析、全息技术等）研究法学、心理学、人类学等社会科学，可以提高研究工作的周密性、精确性。（2）自然科学常用的数学方法和模拟方法，已逐渐渗透到社会科学的各个研究领域，成为社会科学研究的重要手段。（3）大量新的自然科学范畴涌入社会科学各个领域。其中有些概念，如宏观和微观等，已被社会科学所借用、改造、消化和吸收；有些概念，如系统、信息、控制、反馈等，正在逐渐被接受。

从自然科学奔向社会科学的潮流虽然主要是自然科学对社会科学的渗透和促进作用，但是，必须看到另一方面，社会科学同样也在向自然科学渗透，并对自然科学的发展起着日渐增大的影响和作用。社会科学的一些概念，如“系统分析”、“模糊集合”、“目的假设”等，正在逐渐被自然科学所吸取；社会科学中的一些研究成果，也越来越广泛地为自然科学所利用。例如，经济学里的关于经济效果的理论和方法已被用于自然科学和工程技术的评价工作之中。另外，自然科学在迅猛发展的进程中，随着其社会影响和历史作用的增大，也越来越需要社会科学的指导与配合。

自然科学和社会科学互相渗透，像潮流一样彼此奔向对方，互相融合、汇流，不仅冲破了两大科学之间的壁垒，而且彼此“内在地”、“有机地”联成一体，产生了大批既是“亦此亦彼”，又是“非此非彼”的新兴交叉学科。交叉学科的大量涌现是当代自然科学和社会科学一体化的最突出的表现。那么，什么是交叉学科呢？交叉科学作为各种交叉学科的总称，还是一个发展的概念，通常被称为跨学科的科学。在一般情况下，凡是突破一个专门学科的原有界限，其研究内容或研究方法跨越两门以上科学知识的学科，都可以列入交叉科学之中。因此，交叉科学既可以指自然科学内各学科的交叉，又可以指社会科学内各学科的交叉，还可以指自然科学和社会科学的交叉。但是，通常我们使用交叉科学这个概念却有特定的含义，即主要是指自然科学和社会科学相互交叉地带生长出来的一系列新兴学科。

交叉科学具体包括边缘学科、横断学科和综合学科等新兴学科。边缘学科是在自然科学和社会科学两大领域之间邻接点上产生的学科。例如，科学与法学、教育学、心理学结合，便产生了科学法学、科学教育学和科学心理学；经济学与卫生学、地质学、邮电学、海洋学相结合，便产生了卫生经济学、地质经济学、邮电经济学、海洋经济学，等等。横断学科主要指系统论、控制论和信息论等学科，这些学科带有方法论的性质，它们就像一个横断面切入自然科学和社会科学两大领域，并且越来越广泛地为这两大科学所利用。综合学科是以自然和社会中的一定客体为对象，从各个不同的侧面进行综合性研究而形成的新的学科群，诸如生态科学、环境科学、能源科学、城市科学等。所谓交叉科学，就是上述三个新兴学科群的统称。

交叉科学既不是单纯的自然科学，也不是单纯的社会科学，而是自然科学和社会科学的有机结合，是两大科学交相作用而形成的综合体。它同时具有自然科学和社会科学的特点和优势，适用于解决全局性的、综合性的重大研究课题。不仅如此，交叉科学对于推动现代科学本身的发展也有极其重要的意义。科学发展史表明，科学研究的重大突破点往往都发生在社会需要和科学内在逻辑的边缘交叉地带。因此，尽管许多新兴的交叉学科处于初创阶段，其理论体系还不够完善，不少问题尚需要进一步深入探索，然而这些学科却有着强大的生命力和广阔的发展前途。我国著名学者钱三强教授预言："在某种意义上说，20 世纪到下世纪初将是一个交叉科学时代。"这个即将到来的交叉科学时代实际上就是一个以自然科学和社会科学相结合为特征的交叉科学时代。

三

马克思主义经典作家不仅预见到现代社会出现的自然科学和社会科学之间的交叉融合或一体化的发展趋势，而且还十分重视自然科学家和社会科学家的联系与合作，并把这种联系与合作看成是推动科学变革和发展的重要力量。马克思主义经典作家不但主张加强自然科学家和社会科学家的联系与合作，还在这方面为后人树立了光辉的榜样。马克思和恩格斯都是社会科学家，在他们的一生中，虽然把主要精力放在对社会科学的研究上，但他们总是十分注重当时自然科学家的研究动向和各种最新发现，并力图更多地学习自然科学方面的新知识，以便在对自己的著述作理论概括时，能够考虑和充分反映当时自然科学方面的最新成果。此外，马克思和恩格斯在分析自己的思维方式与科研方法是否正确时，也总是首先考虑“是否完全跟自然科学的现状相符合”。[①]他们善于把从最新的自然科学成果中总结和吸取的新的研究方法，移植和推广到社会科学的研究工作中。众所周知，马克思的《数学手稿》和《资本论》、恩格斯的《自然辩证法》和《反杜林论》中的《哲学》篇等，都是包含着当时自然科学方面最新成就的不朽著作。从一定意义上可以说，马克思主义本身就是自然科学和社会科学相结合的产物，没有这种结合就没有马克思主义。对于马克思主义，我们既要看到它的革命性和斗争性，又要看到它的综合性，这样才有利于促进马克思主义的发展。

时代在前进，科学在发展，在自然科学和社会科学一体化发展趋势日渐增强的今天，自然科学家和社会科学家之间的联系与合作显得尤其重要。从现代社会提出的一系列重大问题来看，都是高度综合的大课题，诸如环境、生态、能源、人口、粮食以至整个经济发展和技术革命等问题，都不是自然科学或社会科学一家单独能够解决的，客观上需要自然科学家和社会科学家通力合作，共同来解答。可以说，在当今时代，在认识自然、认识社会和改造自然、改造社会的进程中，社会科学家离不开自然科学家，自然科学家同样也离不开社会科学家。因此，进一步加强自然科学家和社会科学家联盟，是当代科学发展提出的迫切要求，也是人类社会发展到现今时代提出的迫切要求。

对于自然科学和社会科学之间的交叉化、综合化和一体化的发展趋势，世界上许多发达国家都十分关注。美国和日本等国家的经济之所以发展比较迅速，其中一个重要原因就是这些国家比较重视发展交叉科学，并采取了许多措施和法律规定，来“加强和鼓励科学技术，其中包括自然科学界、社会科学界以及生物医学界的不同学科的专业人员更密切的联系”。不仅如此，美国、日

---

① 恩格斯：《费尔巴哈和德国古典哲学的终结》，第 6 页，人民出版社 1972 年版。

本等发达国家经过多年努力培养，已经拥有一大批能胜任从事多学科、跨学科研究工作的自然科学家和社会科学家，并以这些人为骨干组成了各种交叉科学研究机构，诸如兰德公司、野村综合研究所、伦敦战略情报研究所、罗马俱乐部等。这些机构里的工作人员，对人们最关心的一系列全球性的大问题或国家发展战略问题进行综合交叉性的研究，不仅为本国，也为其他一些国家的社会经济发展和制定政策充当“智囊团”。

就我国而言，包括自然科学和社会科学在内，虽然已拥有4000个以上的科研机构和600万人以上的科研工作者，但由于种种历史的和认识上的原因，这些科研机构和科研队伍与一些发达国家的同行相比还有较大的差距。这种差距，不仅表现在专业水平上，更突出地表现在自然科学和社会科学相结合的水平上。两大科学的结合在我国起步较晚，因而水平不高。在自然科学和社会科学之间，目前实际上还存在着许多隔阂，甚至还有不少人为的互相封闭的领域。若不努力改变这种状况，就必定会影响我国科学事业的快速向前发展。

加强自然科学界和社会科学界的联系与合作是个很值得我们重视的大问题。我们在进行教育体制改革、制定科研规划和进行科研管理时，都必须深刻地认识和适应自然科学与社会科学一体化发展趋势的需要，认真做好在两大科学之间的“搭桥”、“填沟”、“铺路”等方面的工作，大力扶植交叉科学的发展。自然科学和社会科学结合的关键就是要拥有大批通晓两大科学知识的人才。因此，在新的一代科学工作者的培养中，特别要注意同时对他们进行自然科学和社会科学两方面的训练。现在国外，特别是发达国家，很多社会科学家同时又是自然科学家，很多知名的哲学家和经济学家是学理工的。有些国家不仅在高等院校开设综合性课程，而且还设有自然科学和社会科学的双重学位制，这种

“两用人才” 最受重视和欢迎，被称为“拿着金色护照” 的人。科学发展至今日，不“博” 就不能“专”，那种只专心于自然科学或社会科学某一狭小领域研究、视野不开阔的研究人员是很难取得重大突破的。所以，教育要面向现代科学，努力培养和造就大量具有合理知识结构的新一代人才。顺应现代科学一体化的发展潮流，采取具体有力的措施，从教育抓起，大力培养人才，这既是推动我国统一的科学事业（包括自然科学和社会科学）迅速发展的有效途径，也是加快实现我国四个现代化建设的必要前提。

（原载《马克思主义研究》1987 年第 2 期）

经济科学的数学化趋势浅议

现代科学发展的一个重要趋势就是它们普遍处于数学化的过程之中，经济科学也不例外。数学方法在经济科学研究中的大量应用，这是现代经济科学发展的一个显著特点。

数学是一门古老的科学，以前主要是为自然科学和技术科学服务的，但也为社会科学所运用。数学及其方法普遍地适用于任何一门科学，一切科学都离不开数学。拉法格在《忆马克思》一文中指出：按照马克思的看法，“一种科学只有成功地运用数学时，才算达到了真正完善的地步”。[①] 这话当然也适用于经济科学。同其他事物一样，经济现象和过程既有质的规定性，又有量的规定性，这就决定了把计量方法应用于经济科学是非常必要和完全可能的。

早在100多年前，马克思主义经济科学的创始人就十分重视把数学运用于经济理论的研究之中。马克思认为数学是研究经济过程的有力工具，不但可能而且必须运用数学方法来研究经济现象的规律性。马克思为了研究政治经济学理论，在他40多岁时还努力学习数学。在《资本论》这部巨著里，我们不难看到马克思利用数学描述和阐释经济规律的大量具体实例。为了分析资本主义经济危机，马克思甚至不止一次地想计算出这些作为不规则曲线的升降，以便用函数曲线表示法来揭示危机的主要规律。他一直

① 转引自保尔·拉法格：《忆马克思》，载《回忆马克思恩格斯》，第72~73页，人民出版社1957年版。

坚持，如果有足够的经过检验的材料，这是可能的。

在经济科学的研究工作中，为什么要采用数学分析的方法呢？具体说来，这是由数学本身具有以下特点所决定的。

第一，数学具有精确性。经济生活虽然也有简单的规定，但大多是比较复杂的过程。诸如价格决定、流通中货币的投放量、国民经济比例关系的确定，都是数量关系的综合指标。即使是生产关系的变革，也要有数学的精确眼光，否则就会把我们的行动建立在一厢情愿的基础上。过去我们在生产力没有发生多大变化的情况下频繁改变生产关系，固然有多种原因，但缺乏数学的精确性，不能不说是一个重要的原因。

第二，数学具有直观性。在分析复杂的经济现象时，人们往往采取“逻辑的方法”，因此又要借助一系列概念、推理去把握整个体系。在许多场合，甚至是“把一连串比较级和最高级词汇同空论拼凑在一起”。[①] 为了使复杂的过程简单化，可以借助数学方法概述为一个公式、一个模型、一组图表，使人一看即知。诸如流通中需要货币量的公式、经济增长模型、再生产过程的经济表，都有简洁、直观的功效。

第三，数学更富于可行性。研究经济理论的目的在于应用，因此必须具有可行性。繁复的论证固然需要，但毕竟与实践还有较大的距离。在经济学教科书和论文中，我们虽然可以有条有理地论证重大经济比例关系问题，但如果没有数量界限和经济活动目标参数，实际工作部门仍然感到茫然。我们的经济理论和实践严重脱节，其中一个重要原因是忽视了数学工具的运用。

如果说在经济科学中应用数学由来已久，那么，现代经济科学的发展则为数学的应用提供了更为广阔的天地。在当代西方经济学中，不仅建立了计量经济学，而且引入了运筹学、博弈论、

① 《马克思恩格斯全集》第13卷，第42页，人民出版社1962年版。

概率论、线性代数、决策学以及各种经济模型。现代电子技术和信息技术的发展，尤其为经济科学增添了异彩。现代经济科学不仅经常大量而广泛地应用初等数学即常量数学，而且已经开始应用高等数学即变量数学。随着经济科学分类的细化，数学手段已不仅应用于理论经济学，而且更广泛地渗入应用经济学；在每一种学科的研究中，不仅是数学手段的单项应用，而且是综合应用。这种发展态势虽然在我国的经济研究中还不曾普遍化，但至少已初露端倪。

在经济科学中运用数学方法，从目前国内外研究的情况来看，主要表现为三个方面：

1. 作为经济学的一个组成部分。在经济理论定性分析的基础上，利用数学分析方法，进一步分析经济过程的数量表现、数量联系，以及数量变化规律。

2. 作为经济学体系中的一个独立学科。在政治经济学、技术经济学和部门经济学利用数学方法进行数量分析和经济计算的基础上，从数学方法和计算技术应用的横向联系上，建立某些独立的经济科学分支，如计量经济学、经济数学、数量统计等。

3. 作为邻近学科的边缘学科。由于科学的分工越来越细，人们的认识领域日益广泛，不仅在每门科学内会产生新的分支学科，还会在各种学科之间涌现一些边缘学科。这些边缘学科，有赖于共同通过数学工具进行研究，如运筹学、控制论、系统工程等。

应该指出的是，数学方法“渗入”经济科学，在客观上有一个限度，它只能构成经济研究整个方法论中的一个技术性的从属部分。无论数学公式和模型表示的数量关系多么完备，它终究只能作为辅助工具。列宁就曾说过：“公式本身什么也不能证明；它只能在过程的各个要素从理论上解释清楚以后对过程绘图说明。”①

① 《列宁全集》第4卷，第48页，人民出版社1958年版。

当代西方经济学在利用数学方法方面虽然有成功的地方，但也有许多谬误。例如，资产阶级计量经济学家安·史密斯企图利用“有限差分方程式”来论证经济周期的产生是由于变量偶然结合的结果。按照这种解释，经济周期并不是资本主义经济固有矛盾的产物，只要对反映经济联系的变量进行一定的组合，资本主义就可以摆脱危机。可见，数学的应用既可以用来证明真理，也可以用来掩盖谬误，这就以由谁和如何运用数学为转移。数学对经济科学的发展只能起到服务作用，而不是支配作用，绝不能使数学方法“渗入”经济学最后变成“征服”经济学，以致用数学概念代替了客观存在的要素，最后只剩下了一些空洞的方程式和公式图表。

当然，我们所反对的只不过是对数学的滥用，而绝不是反对应用数学工具分析经济问题。资产阶级经济学存在的主要问题是理论基础不对，在某些场合还是头脚倒置的经济学，但并不能由此得出结论认为资产阶级经济学的一切研究方法都是错误的。过去我们在经济理论的研究上只注重定性分析，忽视定量分析，因此在研究方法上反而落后了。这种情况，可以借用马克思在《关于费尔巴哈的提纲》中的一句话去说明。马克思说：“和唯物主义相反，能动的方面却被唯心主义发展了，但只是抽象地发展了，因为唯心主义当然是不知道真正现实的、感性的活动的。”① 这就是说，数学方法竟然相反地被资产阶级经济学发展了，但只是抽象地、被歪曲地发展了。因为他们缺少真正科学的经济理论。如果我们能够用革命的原则加以改造，被他们发展了的“能动的方面”岂不是对我们会大有好处吗？我们很有必要有分析、有批判、有吸收地向西方经济学学习应用数学的方法，特别是企业经营管理方面、宏观经济调节方面以及机器数学方面的尝试。只要我们

---

① 《马克思恩格斯全集》第3卷，第3页，人民出版社1960年版。

保持清醒的头脑，不放弃自己完整和确定的世界观，就一定会比资产阶级做得更好些。

近些年来，我们在经济科学的研究中虽然已开始注重应用数学方法，但由于受传统观念的重定性轻定量的影响，使我们这个领域还相对比较薄弱，更谈不到渗入到我们的经济科学体系中。新中国成立以来，我们已经经历了两次重大比例关系的失调，并一再出现基本建设规模失控、消费基金膨胀等现象，既有“投资饥饿症”，也有“消费饥饿症”。为什么计划经济的优越性未能充分发挥出来？显然，这并不是定性分析的弊病，而是定量分析的缺欠。相对说来，定性分析要容易一些，真正做到定量分析，就要花费很大气力。定性分析如同线条粗犷的水墨画，定量分析如同五彩缤纷的工笔画。定性分析和定量分析结合起来，才能产生倍增的效果。我们不仅要把社会主义的经济科学建设成“制度经济学”（定性），还要建设成“计量经济学”（定量）。只有这样，才能使经济科学具有实用性和可行性，才能建立起相应的经济运行机制。

经济科学的数学化，目前已成为一种正在发展的趋势。经济学要现代化，首先研究方法必须现代化，而要使经济科学的研究方法现代化，在很大程度上取决于用现代数学知识武装我们的经济研究工作者的头脑。经济研究工作者只有努力掌握现代数学知识，并使之成为得心应手的工具，才能在社会主义现代化建设和繁荣经济科学中有所作为。

（原载《经济研究》1986 年第 7 期）

论现代经济科学的发展趋势

20 世纪 30 年代以来，特别是第二次世界大战后，在社会生产和科学技术迅猛发展的影响下，现代经济科学出现了如下值得认真重视的发展趋势。

一、学科的专业化和综合化

现代经济的一个突出特征，就是社会分工越来越细，生产越来越专业化。这就在客观上要求指导它发展的经济科学的研究对象也随之分解、细化。而随着经济科学研究对象的分解、细化，使得经济科学的分支学科越来越多。

在历史上，经济科学与政治经济学曾经是同义语，在 20 世纪之前，二者基本上还是一回事。自进入 20 世纪以来，随着生产的发展和科学的进步，经济科学得到了迅速发展和分化，其分支学科如雨后春笋般大量破土而出。如果说，在亚当·斯密和卡尔·马克思时代，经济科学的分支学科是寥若晨星的话，那么，现在则是群星灿烂，学科林立。而今，经济科学已成为拥有数百个分支学科的庞大体系，经济科学园地已由过去政治经济学的一花独秀变成了现在的群花争艳。

经济科学分支学科的产生和发展形成了对社会经济肌体某方面的专门研究，这种专门化的研究易于向纵深发展，从而有助于深化对社会经济的剖析。经过分化的经济学科，其研究对象的范围看似缩小了，而认识的内容却更为深入和具体了。因此，大量独立从事研究的新兴学科的产生和发展，是人类对社会经济活动的认识由粗到精和由浅入深的体现。它表明经济科学已进入了不同学科合理分工和专业化发展的时代。

经济科学新学科的大量涌现，不仅有助于经济科学向更深层面推进，而且还大大拓宽了经济科学的研究范围，具体表现在如下两个方面：（1）从物质生产领域向非物质生产领域扩展。现代经济较马克思所处的19世纪的经济有很大的不同。马克思时代的经济主要是物质生产的经济活动，而在现代高度社会化的大生产的条件下，生产固然十分重要，但已不再是唯一的经济活动。现代经济是一个庞大复杂的系统，在非物质生产领域也兴起了许多经济部门，现代经济使物质生产和非物质生产都成为极其重要的构成部分。随着现代经济从物质生产领域向非物质生产领域的扩展，科学、教育、卫生、生态等一大批以非物质生产领域为研究对象的学科竞相问世，并大都形成了数量可观的学科群。这些学科的出现，使人们对社会经济关系、经济运行与发展规律有了新的更加全面深刻的认识。（2）从传统的物质生产部门向新的生产领域扩展。19世纪，物质生产是以机械加工为主，现代经济不仅有机械化生产，而且还有自动化生产。近几十年来，人类的生产活动在向高科技、新产品发展的同时，又从陆地奔向海洋，飞向天空，其触角甚至还延伸到宇宙空间，信息经济学、海洋经济学、航天经济学等学科应运而生。这些学科的出现，无疑为经济科学的发展提供了更加广阔的天地。

总之，大量新兴学科的涌现以及分工和专业化的发展，使经济科学研究的深度大大加强了，研究的对象越来越多，研究的领域越来越宽广。在宏观和微观上都出现了这样的情况：过去有许多不可能研究的对象和领域，现在可以涉足了，甚至能做一些比较深入的探讨；有些过去在研究中不可能考虑到的领域（或者为认识还达不到，或者因为实践还没有提出问题），现在也都提到研究的日程上，列为研究课题了。所以，经济科学新兴学科的骤增、勃兴，反映了经济科学的纵向发展与横向扩散的态势。

现代经济科学的一个突出特点是在高度分化的基础上，经济科学内部各学科间以及与其他社会科学和自然科学间的交叉、渗透日益加强，互相依存，出现了综合化的发展趋势。从20世纪30年代起，特别是第二次世界大战后，综合化的发展趋势明显增强，并且显露出更为广阔的发展前景。许多偏于经济科学方面的边缘性学科的萌生，就是这种发展趋势增强的重要表现。

专业化和综合化是两个同时进行的并行不悖的趋势。在现代经济科学庞大体系中，对一门现有学科的研究越充分，其特有的研究对象、范畴、体系结构和方法就越完善，学科本身的独特性和专业性就越强，这是一方面。另一方面，这些学科越发展，就越与临近的或相距较远的学科形成了互相渗透、互相贯通的纵横联系，综合性就越强，并因此而产生了许多以经济学科和其他不同学科间的结合点为研究对象的边缘交叉学科。

由于边缘经济学科大多是两门或两门以上学科知识的“化合物”，因而都具有综合性强的特点。就这些新兴学科的研究课题来看，其内容往往涉及多种学科、需要综合运用多种学科的知识。以技术经济学为例，其研究对象就是一个很复杂的客体，同不少其他学科都有很密切的关系，特别是同自然科学技术（如农作物栽培、农田水利、畜牧饲养、林业、农业机械、能源、化工、冶金、土木、交通、环保等）和经济科学（如政治经济学、经济统计学、经济地理学、人口经济学、教育经济学等）的关系最为密切。技术经济学就是以经济科学和自然科学技术这两类学科的知识体系为主，吸收有关学科的理论而形成的一门综合性很强的新兴边缘学科。技术经济问题，一般不是单靠经济学家或技术专家就能解决的，而是需要许多行业的专家携手合作，从事跨学科的研究，共同努力，才能攻克难关。

大量经济学边缘学科的涌现，把以往那些被认为是与经济科学毫不相干的学科紧密地联系起来了，从而填补经济科学与这些学科之间的空白，开阔了经济科学的研究领域。综合、交叉是一切科学发展的规律。经济科学同其他科学一样也是开放的，而不是封闭的，是不断同其他科学相互联结和综合、交叉的，而不是孤立的。综合化是现代经济科学发展的一个重要趋势。现代经济科学只有在同其他科学的综合、交叉中，善于不断从其他科学（特别是自然科学）的最新成就里吮吸富有养分的乳汁来充实自己，才能得到更加充分地发展。

二、研究课题的实用化

一般来说，经济科学较之于其他社会科学更具有实用性，它历来被人们看作是最实用的一门科学，甚至有人把经济科学称为致用之学。所谓致用，就是指经济科学理论是紧密联系实际，为经济实践服务的。经济科学理论来源于现实经济发展的需要，是从实际的经济生活中抽象和概括出来的，反过来，又应用于指导经济发展的实践。经济科学理论的产生、发展到应用，都是与社会生产实践活动密切联系在一起的。经济科学理论与经济实践之间有着水乳交融的关系，随着经济科学理论向社会生产实践活动的靠近，其应用的色彩就越浓厚。

如果说有的传统经济学科偏重于抽象的理论分析，而在应用上往往粗耕简作、效益不高的话，现代经济科学从总体上讲则更加注重实用、管理和决策，绝大多数新兴的经济学科都带有明显的实践性和务实性。第二次世界大战后，经过几十年的和平发展，人类社会生产力得到空前未有的大提高，但随之而来的却是人口的大量增加，资源耗费日益加剧，生态环境的渐趋退化和破坏，以及现代大工业和农业造成的环境严重污染，因而使人类面临着一些新的难题。在此情况下，顺应实践的需要出现了一些新的实用性极强的边缘性和综合性的经济学科。例如，环境经济学、资源经济学、能源经济学、生态经济学、人口经济学、海洋经济学、文化经济学、卫生经济学、教育经济学等。这些学科的共同点是，知识跨度大，应用范围广，在实践中十分活跃。从这些学科所研究的对象或所要解决的问题来看，无不是为应用的目的，它们的实用性表现得十分明确和具体。正由于这些新兴的经济学科富有强烈的时代性和实用性，因而能够直接为解决现实经济问题服务。

当今时代，人类社会在建设和发展中面临着一系列新的理论和实践问题。经济科学既要重视和加强对基础理论的研究，在体系、规律、范畴、原理等领域作深入的探讨，提出新的有价值的见解，更要把实际运用的研究摆在更突出、更重要的位置。只有正视当今社会正在发生的伟大变革和人类面临的各种难题，善于倾听实践的呼声和把握实践的脉搏，致力于经济科学的实用化，在理论与实际联系的环节上花费更大的力气，才能使经济科学在人类克服面临的各种困难和挑战中发挥更大的作用。

三、研究视野的国际化

现代经济是商品经济，而商品经济是开放经济。正因为如此，在现代新技术革命的条件下，全球经济一体化已成为当前国际经济活动中一个很重要的特点。第二次世界大战后，科技革命日新月异，经济的发展和新的产出方式，使各国市场日趋一体化。在生产社会化、国际化的驱动下，国际经济交往频繁复杂，相互开放、相互依存和相互渗透不断加深，商品、劳务和资金在国际间的流通迅速扩展。世界贸易增长越来越高于经济增长，资金流动更快于贸易的发展。为了适应这一趋势和提高本国的竞争能力，许多国家都在面向世界，抓紧进行经济调整，加大对外开放力度，注重实行国际化经营，以争取在提高综合国力的竞赛中立于不败之地。当前一些地区出现的区域化、集团化虽然有妨碍全球经济一体化的一面，但从总体上和长远看，又有促进和加强经济全球化发展的作用。区域化、集团化和全球一体化交织发展，使世界经济越来越成为一个整体，一个国家已经不可能游离于世界经济体系之外而获得迅速发展。

全球经济一体化的发展趋势，使得现代经济科学具有越来越明显的跨国化的特点。这一特点主要表现在如下两个方面：（1）研究内容越来越超出国家、地区和民族的界限，呈现出国际化的发展趋势。现代经济科学研究的一些影响人类社会生存和发展的重大课题，诸如空间开发、资源（首先是能源）短缺、环境保护、生态平衡、地区经济发展等，均具有全球性质。（2）由于研究内容的国际化、研究方式也随之发生了变化，国家（地区）间的共同协作和攻关正成为一种较为普遍的研究方式。一方面，现代经济科学提出了一系列具有全球性的重大课题，而这些课题的解决往往不是某一个国家所能胜任的，客观上需要国与国之间的联系和协作，打破过去那种“鸡犬之声相闻，老死不相往来”的隔绝封闭状态，在经济科学重大课题的研究上携手合作，协同作战；另一方面，现代经济科学各学科本身也都毫无例外地存在着一些必须依靠国际合作才能解决的问题。因此，现代经济科学研究的视野不能只局限于一个国家，而应当用开放的眼光研究本国经济，立足本国，放眼世界，着眼于世界性、全球性的重大课题，并重视和加强国际间的交流与合作。

四、理论学科基本内容的共同化

现代经济科学具有二重性，即社会性和自然性。作为一门重要的社会科学，现代经济科学不同于物理学、化学、医学和数学，它同大多数社会科学一样，也具有鲜明的社会属性或阶级属性。研究经济理论的人，从各自不同的阶级立场出发，对社会经济关系有着不同的评价标准，因而会得出不同的结论。众所周知，政治经济学就是一门具有鲜明阶级属性的学科。除具有社会性之外，现代经济科学既不同于自然科学，又不同于一般的社会科学（如政治学、哲学、法学、史学等），它还具有另一种特殊的属性，即自然性。从自然属性看，经济科学是人类知识的结晶，其基本内容具有普遍的、一般的科学意义上的“共同性”。这里说的所谓“共同性”或“共同化”，指的是经济科学中的某些理论的基本内容没有阶级属性，可以为一切人所应用。

在传统的经济学科里，自然科学成分较少，而新兴经济学科的自然科学成分则相对较多。有的新兴边缘经济学科，甚至主要是以自然科学中的某些问题作为自己的研究对象。例如，资源经济学就是一门以自然资源作为自己的主要研究对象的经济学科。伴随着新兴边缘经济学科的大量涌现，经济科学与自然科学的交叉度越来越大，经济科学中的自然科学的成分也就越来越多，从而导致经济科学理论基本内容共同化的趋势不断增强。

现代经济科学已变成一个集合的概念，它是由一系列具体学科组合而成的。在由门类众多学科组成的庞大复杂的经济科学体系中，以往的资产阶级经济学和无产阶级经济学的划分，只是在个别理论经济学科领域内才具有较为充分的意义。如果我们把视野扩展到整个经济科学领域，这种简单的划分显然已不适宜了。许多新兴的经济学科，特别是那些边缘经济学科，并不是阶级关系的理论表现，而主要是经济科学同自然科学交互作用的产物。

即使是理论经济学科，也不一定都浸透着阶级的观念。例如，诺贝尔经济学奖获得者列昂节夫所创建的投入—产出理论，提出社会经济资源配置最优化的标准模型，借用现代计算技术，找出有效求解的途径，在比较圆满地解决复杂的社会经济资源配置最优化问题方面向前推进了一大步。这种理论就应当说是无所谓社会性或阶级性的，无论是资本主义国家，还是社会主义国家都已广泛采用来进行经济分析。此外，经济理论学科中的关于生产函数理论、经济增长理论、经济发展理论、货币供给与物价水平关系的理论、总需求与总供给平衡关系的理论等，这些理论的基本内容都是没有社会性或阶级性的，没有国界，它们对不同社会制度的国家也具有普遍适用的“共同性”。

现代科学技术的迅猛发展对不同社会制度的国家产生了重大而又共同的影响，这种影响反映在经济科学方面，就是不同制度下的经济理论的基本内容呈现出共同性增强的趋向。但是，多年以来，我们的一些经济研究工作者却把经济科学仅仅看作是社会科学中的一个重要分支，片面强调经济科学的社会属性，而看不到现代经济科学与自然科学的密切关系，更看不到现代经济科学中一些理论学科的基本内容所具有的普遍的一般科学意义上的“共同性”。这是人们对现代经济科学认识上的一种偏颇，这种偏颇不仅不利于充分发挥经济科学在实践中的作用，也不利于经济科学本身的发展。

四、研究方法、研究手段日趋严密、精确和定量化

经济科学的研究方法和研究手段至关重要，能在很大程度上决定经济科学的研究水平和研究效率。传统的经济学科一般都重定性、重逻辑思维和推理，所使用的方法重演绎、重抽象，研究方式和研究手段也比较落后，基本上处于个体劳动和个体操作的状态。随着经济科学的发展及其在实践中的广泛运用，仅仅依靠传统的方法显然已经不够了。现代经济科学讲求应用，注重解决实际问题，因此对客观存在的极为复杂的经济过程不仅需要定性分析，而且需要定量分析和实用分析；不仅要进行周密的观察和预测，而且要直接进行调节和控制。所有这些，如果没有先进的科学方法和相应的技术手段是难以办到的。

经济科学的现代化离不开同自然科学的结合，正像经济科学在自己的发展中要不断地从自然科学中吸取营养一样，经济科学的研究也要从自然科学的发展中寻找自己所需要的方法和手段。现代自然科学和技术科学的发展，尤其是诸如系统论、控制论和信息论等方法论的形成以及数学上的一系列新成就，深刻地影响着现代经济科学，使现代经济科学的研究方法及研究手段日趋严密、精确和定量化。

信息论、控制论、系统论是具有方法论特征的崭新学科。这些学科的理论同其他学科不同，它们的研究对象不是自然界的某种物质结构和运动形式，而是自然界和人类社会所有事物的共同属性和普遍现象的某一特定的共同方面，因而具有一般方法论的功能，对于包括经济科学在内的所有科学都是适用的。

“三论”强调整体和联系，具有多维多向的开放性，便于融汇各种新的学术成果和使用新的技术手段。因此，以“三论”为代表的自然科学的理论和方法研究经济科学，不仅符合时代发展的需要，而且是促进现代经济科学研究方法改造和发展的有力工具。

从方法论上讲，现代经济科学一个令人瞩目的特征是一些随着现代科技的发展而形成的新颖独到的思维结构及理论和方法日渐增多地进入了经济科学的研究领域，被经济科学吸收、移植和应用，并因此产生了一批应用数学和自然科学新成果的新兴经济学科，如经济计量学、经济控制论和经济预测学等。这种情况，在经济科学的领域里引起一些具有积极意义的变化，具体说来，就是经济科学的方法论得到丰富，思维方式逐渐更新，研究领域更加拓宽，研究工作朝更新更精确的方向发展。

自然科学的发展不仅为现代经济科学提供了科学的研究方法，而且还给经济科学理论研究提供了一些先进的技术手段。自然科学中的一些现代化研究手段和电子计算机等在经济科学研究工作中的运用已越来越普遍，使得经济科学认识工具和研究手段发生了很大的变化。电子计算机可以演算各种经济数据，处理终年积累的经济资料，传递和报告有关经济理论信息，储存和提供有关研究课题所需要的资料等。总之，电子计算机的应用，既可节约极为宝贵的时间，又能部分代替人脑和四肢的功能，有助于在研究过程中把智力集中于思考和分析上，加快经济科学研究工作现代化的进程。

从经济科学总的发展趋势和前景来看，随着科技的进步和社会经济的变革，作为社会经济生活理论表现的经济科学必将会有一个更大的发展，并在人类社会经济的发展中发挥越来越大的促进作用。从理论上认真探讨经济科学的发展趋势，对于我们正确认识和把握经济科学的发展规律，更加有效地开展经济理论的研究工作，发挥经济理论对社会经济实践活动的先导作用，具有十分重要的意义。

（摘自《中国经济学向何处去》，经济科学出版社 1997 年版）

论古典学派在劳动价值论上的贡献

任何一种科学知识，都有其历史发展的过程。作为经济科学重要组成部分的价值学说，当然也不能例外。人类对商品价值的猜测，可以追溯到很久远。早在古希腊时，著名大学者亚里士多德就曾苦思冥想过商品交换的共同基础。他说："5 张床 = 1 间屋"，无异于"5 张床 = 若干货币"。

亚里士多德看到了商品之间所以能够交换，必须在质上是相等的。他认为："没有等同性，就不能交换，没有可通约性，就不能等同"。马克思说，亚里士多德看到商品交换有"本质上的等同性"，是个很了不起的发现，"正是在这里闪耀出他的天才的光辉"①。但由于历史条件的限制，在那时他还不可能知道这个"等同性"的基础为何物。自亚里士多德之后，尽管还有不少学者对这个问题做过一些探索，但也都未能透过商品交换的迷雾，揭开商品价值的奥秘。2000 多年来，价值问题一直是经济科学中的一块待发现的"新大陆"。经济科学中的地理大发现的任务，后来历史性地落到了资产阶级古典经济学派的肩上。

生活在动荡年代的威廉·配第，是 17 世纪最杰出的学者之一。由于在劳动价值论上的特殊贡献，使他成为古典学派的创始人和经济科学领域地理大发现的"哥伦布"。配第曾当过水手、医生，还在讲台上施展过自己的才华。一次出海远洋的冒险生活，使他摔断了一条腿，按照当时的惯例，被人遗弃在法国北部沿海。他

① 《马克思恩格斯全集》第 23 卷，第 74 ~ 75 页，人民出版社 1972 年版。

靠着天赋的聪明才智挽救了自己的性命。他在自传中以统计学的数据告诉人们，他如何支配身边仅有的一点点钱，又怎样靠贩卖各种小商品扩大了自己的财产。从这段传奇式的经历中，配第已经显露出未来经济学家的气质。之后，他在一个教会中用两年的时间学会了拉丁语、土耳其语、法语、普通算术、应用几何学、天文学和航海术等知识，为他以后从事经济学的研究奠定了坚实的基础。

配第通过研究医学，不仅同社会建立了广泛的联系，而且训练了灵活的头脑。他的宏大抱负，使他不满足于当个医生，而是越来越多地致力于经济和政治的研究。配第的第一部经济学著作是 1662 年出版的《赋税论》。在这本书中他向政府提议，用什么办法能够增加税收，改进贸易。配第的第二部经济学著作是 1676 年写出的《政治算术》，由于政治上的原因当时未能公开出版，直到 1683 年才有人将这一著作改头换面匿名发表。在这部著作中，他企图用数字、重量和尺度来说明经济现象，这对他从交换关系中推算出价值大有益处。比较系统阐发劳动价值论思想的还是他的《赋税论》。马克思曾经写道："配第在这部著作中，实际上用商品中包含的劳动的比较量来确定商品的价值"。①

配第在劳动价值论上有两点突出的贡献：

第一，配第把价格区分为"自然价格"和"政治价格"。前者实际上是指商品的价值，后者是指市场价值。市场价格的涨落以什么为中心呢？他认为，这个中心就是"自然价格"，即价值。价值的源泉是什么呢？他认为是劳动。他举例说："假如一个人在能够生产一蒲式耳谷物的时间内，将一盎司白银从秘鲁的银矿中运

① 《马克思恩格斯全集》第 26 卷，第 382 页，人民出版社 1972 年版。

来伦敦，那么，后者便是前者的自然价格。”[①] 这就是说，一盎司白银成了一蒲式耳小麦的自然价格，或者说，一蒲式耳小麦的价值，是由生产一盎司白银的劳动时间决定的。用劳动时间确定商品的价值，是配第在经济科学上的一个重大贡献。

第二，配第根据劳动决定价值的原理，得出价值的大小以劳动生产率为转移的结论。他说：“原来100人能完成的工作，现在要200个农夫才能完成，那么小麦就得贵一倍。”[③]这也就是说，小麦的价值同农业劳动生产率成反比例，而同生产小麦所耗费的劳动量成正比例。

任何事情的开头总是困难的，配第在艰难的探索中迈出了第一步，不愧是个在价值学说史上作出重要贡献的天才人物。但是，我们也应该看到，他创立的价值理论还是不完善的，其主要表现是：

第一，配第不了解价值的社会性质，因此也就没有把价值和交换价值、价格区分开来。他所说的小麦和白银的交换，虽然有了两种商品交换的基础是劳动的正确思想，但他不是用凝结在小麦中的劳动来决定价值，而是用凝结在白银中的劳动决定小麦的价值，实际上这不过是小麦的交换价值或价格。

第二，配第不但把价值和交换价值、价格混为一谈，还把价值和使用价值混为一谈。本来商品的使用价值是由劳动和自然界这两个因素共同创造的。但是，他在有些著述中却把商品价值说成是劳动和自然界共同创造的，这样就混淆了使用价值和价值的本质差别。显然，这同他的劳动价值论是相矛盾的。

如果说配第奠定的劳动价值论是经济科学中发现的“新大陆”，那么，亚当·斯密和大卫·李嘉图则是这块新大陆的开拓者

---

①③ 威廉·配第：《赋税论·献给英明人士·货币略论》，第52页，商务印书馆1972年版。

和耕耘者。

亚当·斯密生活在工场手工业时代，那时资本主义就像一个初生的健儿一样正在成长起来。时代的需要造就了特殊的人才，亚当·斯密就是当时的一个卓越人物。俄国著名诗人普希金曾在其名著《叶甫盖尼·奥涅金》中，以赞叹的文笔这样描写英国上流社会的一个青年人：

那个……读亚当·斯密书的，
是个深谋远虑的经济人。
也就是他深知，
如何强国富民。
靠什么生活，为什么，
有了简单的产品，
就不再需要金和银。

斯密生于苏格兰一个富裕海关官员的家庭，他有超群的才智，14 岁时就考入格拉斯哥大学，学习数学和自然哲学，以后又转入牛津大学学习 7 年。1751 年到格拉斯哥大学任教，起初教逻辑学，后改教道德哲学。1759 年他发表了《道德情操论》，从此名声大振。1764 年，他辞去教授职务，改作青年公爵柏克里的私人教师。后来他到欧洲大陆旅行时，在法国结识了重农学派的创始人魁奈医生，从此，他开始了经济学家的生涯。1766 年，他从欧洲大陆回国，回到故里，闭门著书。1776 年，发表了著名的《国民财富的性质和原因的研究》（简称《国富论》）一书。在这部古典学派的重要经济文献中，他不仅把劳动价值论推向了一个新的境界，而且还使资产阶级经济学说发展成为一个完整的体系。正如马克思所说："在亚当·斯密那里，政治经济学已发展为某种整体，他所包括的范围在一定程度上已经形成"。①

① 《马克思恩格斯全集》第 26 卷Ⅱ，第 181 页，人民出版社 1972 年版。

斯密是一个善于独立思考的人，在他的笔下，日常经济现象都充满着浪漫主义色彩。商品、货币、交换活动、租地和雇工、纳税和贴现，都有了特殊的含义和情趣。在大诗人拜伦和普希金的时代，经济学能够那样趣味横生，具有强大的吸引力，可以说在一定程度上应该归功于斯密的创造性活动。

斯密继承了配第的劳动价值论，正确地说明了劳动是价值的源泉。他说："劳动是衡量一切商品价值的真实尺度。任何一个物品的真实价格，即要取得这物品实际上所付出的代价，乃是获得它的辛苦和麻烦"。[①] 斯密不仅坚持而且发展了配第提出的劳动价值论，具体说来，主要表现在：

第一，斯密和配第一样，认为劳动是价值的源泉。但配第把创造价值的劳动归结为生产金银的劳动，而斯密则指出生产一切商品的劳动都创造价值。

第二，斯密和配第一样，认为交换价值是由劳动决定的。但配第认为商品只有和金银交换才有交换价值，斯密则认为商品和商品交换也具有交换价值。

第三，斯密和配第一样，认为价值要通过交换价值或价格表现出来。但配第注重的是价值货币形式，而斯密认为价值不一定要由货币表现，也可以由其他商品表现。

斯密虽然继承和发展了配第的劳动创造价值的原理，但他的价值论仍存在不科学的地方。斯密时而认为生产商品时付出的劳动决定该商品的价值，时而又认为商品的价值是由交换来的商品中所包含的劳动量所决定的。由于他没有从理论上把一种商品在生产中耗费的劳动与交换来的商品中所包含的劳动区分开来，也没有把价值如何决定与价值如何表现的问题分辨清楚，因而也就

---

① 亚当·斯密：《国民财富的性质和原因的研究》上卷，第 26 页，商务印书馆 1972 年版。

把价值和交换价值相混淆了。斯密还认为，工资、利润、地租这三个要素是价值的根本源泉，价值是由这三个要素决定的。这一观点也是同劳动决定价值的理论相矛盾的。工资、利润和地租只是劳动者新创造出来的价值分割成的各个部分（即所谓“三种收入”），绝不是反过来由这三部分决定。可见，在斯密的价值理论中，正确与错误、科学成分和庸俗是共存一体的。尽管斯密在论述价值如何决定时，存在着混乱和自相矛盾的地方，但总的来看，在斯密的经济理论的整个构架中仍然贯穿着劳动创造价值这条主线。

亚当·斯密是一个承上启下的人物，他的未竟事业自然会有后来者。大卫·李嘉图生活在机器大工业时代，社会化大生产的广泛联系使他开阔了理论视野，他不仅成功地继承和发展了配第和斯密建立的价值理论，而且成了古典经济学的完成者。

李嘉图生于伦敦一个交易所经纪人的家庭。少年时代就受过商业教育，14 岁随父从事交易所活动，25 岁时因经营投机事业发了财成为百万富翁，以后他离开交易所，开始研究数学、物理、化学、地质学，成为一个学识渊博的人。因为他曾经是一个有钱的生意人，所以被称为“伦敦商业区的天才”。据说有一次，他走进巴特疗养区的一个公共图书馆，偶然翻阅斯密的《国富论》，引起了极大的兴趣。由此，激起了年轻的生意人对政治经济学的特殊兴趣。

当然，这只不过是像牛顿观察苹果落地、瓦特观察蒸汽冲撞壶盖一类的名人轶事。李嘉图之所以对亚当·斯密有了特别的兴趣，是因为他已经具有丰富的经济实践和广博的科学知识，巴特图书馆的奇遇，只能说是他从事经济研究的一种推动力。

李嘉图是一个勤奋好学的人，他透彻地研究了货币流通和信贷、国际经济关系、税收、地租和国际分工等问题，而研究政治经济学，则是他的主要工作和乐趣。他坚韧不拔的毅力和追求真理的精神，曾使同时代的学问家惊叹不已。

李嘉图步入研究经济学的生涯之后，一直苦心探索价值问题。李嘉图在价值学说上的主要功绩就在于他发展了斯密劳动价值论中的科学因素，批判和纠正了斯密价值理论中的一些错误和缺陷，始终坚持了劳动时间决定商品价值的观点。

李嘉图的最主要著作是1817年发表的《政治经济学及赋税原理》。这部著作在许多方面发展了斯密的理论，特别是对劳动价值论的阐释，比斯密大大前进了一步。在价值的决定上，他否定了斯密关于价值取决于所购买的劳动量的说法，并且批评了斯密关于三要素决定价值的错误，始终坚持认为商品的价值是由生产商品的劳动决定的。尤其可贵的是，李嘉图还肯定了商品的价值量取决于生产商品所耗费的社会必要劳动时间，并正确地指出商品的交换价值与生产商品所耗费的劳动量成正比，与劳动的生产率成反比。李嘉图的以上论述，把劳动价值论推进到了资产阶级经济学范围内所能达到的最高点，使他成为古典学派的最大代表和“用劳动时间确定价值学派的领袖”。① 但由于历史的和阶级的局限，李嘉图的价值学说仍然是不彻底的，他并没有解决劳动价值论的一系列根本问题，如什么是价值的本质和实体，劳动为什么和怎样表现为价值等等问题，因而他也未能提出一个真正科学的劳动价值论。

当李嘉图学派最终走向解体后，“古典政治经济学走入了绝境，从这种绝境中找到出路的那个人就是卡尔·马克思”。古典经济学派在劳动价值论上具有不可磨灭的历史功绩，他们在经济科学的茫茫大海中跋涉，历尽艰辛坎坷，终于带来了希望的曙光。

---

① 《马克思恩格斯全集》第4卷，第345页，人民出版社1972年版。

马克思和恩格斯正是站在这些科学巨人的肩上，才创立了完全科学的劳动价值论。

（原载《中央财政金融学院学报》1990年第3期）

第三产业和劳动价值论

据说古时候有一老妇家境贫寒，靠卖折扇度日，可叹销路不顺，所赚无几。一日，苏东坡学士偶遇，为扇面题诗，销路一时大增，老妇收入增加。这个故事虽然不见经传，但却说明了一个道理：扇子作为一种有形之物，可以供人驱暑纳凉，除此之外，它还是一种艺术品，可以供人欣赏。苏学士并不生产扇子，只是在扇面上留下了墨迹，他用“服务”这种特殊的劳动形式，不仅创造了供人欣赏的使用价值，也增加了扇子的价值。他虽然提供的是无形之物，但在此处又似有形。

当然，在折扇上题诗作画，还可以看到一丝痕迹，有些劳务活动却不留下任何痕迹。例如，车辆助人发生位置转移，旅馆恢复人体的精神，教育给人传播知识，这类劳务并不提供任何有形产品，它们是否也创造价值呢？这是劳动价值论遇到的一个新问题，经济学不能不对这个问题作出回答。

为了说明这个问题，我们还得先来谈谈第三产业的概念。

传统的经济理论仅限于考察物质生产领域，主要是农业和工业。现代资产阶级经济学提出了一种新的分类方法，即把整个社会产业分成第一产业、第二产业和第三产业。第一产业包括农业、林业、牧业、渔业、狩猎业……；第二产业包括采矿业、加工业、制造业、建筑业……；第三产业包括生活服务、交通运输、教育、卫生、科研、流通、通讯等提供无形产品的产业。

第三产业是社会分工的产物。我们知道，在人类历史上曾经有三次社会大分工：第一次是农业和畜牧业的分工，发生在原始社会的新石器时代；第二次是手工业和农业的分工，发生在原始社会末期和奴隶社会初期；第三次分工是专门经营商品买卖的商人阶层的形成，即商业的独立化，发生在奴隶社会初期，大发展于资本主义时期。自由资本主义时期，各种服务业开始崭露头角，首先是生活服务业，诸如饮食、缝纫、理发、照相、美容、客运等等；其次是文化教育一类，诸如学校、出版、剧团、电影、科研、新闻等等。在资本主义发展初期，这类行业虽有一定发展，但在国民经济中占比还不大。到帝国主义时代，特别是第二次世界大战以后科学技术的迅猛进步，传统的产业结构发生了很大变化，各种各样的服务转化为独立的生产部门，逐步形成一个庞大的系统。于是，一种新的产业异军突起，这就是第三产业。

第三产业，也就是通常说的劳务或服务。资产阶级古典经济学派的优秀代表亚当·斯密已经意识到服务劳动的存在。比如，他在《国富论》中，曾提到过家仆、教士、律师、医生、各种文人、演员、音乐家、歌唱家、舞蹈家以及政府官员、陆海军军人等等的劳动。由于受到当时历史条件的限制，斯密只重视蓬勃兴起的制造业，轻视服务劳动，因此认为所有的服务都不创造价值，都是非生产劳动。

马克思的《资本论》主要是考察物质生产领域里的活动，其中虽然谈到了商业和金融业，但也只是论述物质产品的流通和金融业务，并没有涉及其他服务活动领域。马克思之所以这样做，并不是认为服务在国民经济中不重要，而是因为服务在当时还不很发达。实际上马克思已经敏感地觉察到了这一问题，后来他在《剩余价值论》一书中，曾明确地指出“服务”是一个经济范畴。马克思批评了斯密的仅把生产物质产品的劳动看成是创造价值的劳动的观点，指出“劳动的这种物质规定性同劳动作为生产劳动的特性毫无关系”，“对于提供这些服务的生产者来说，服务就是商品。服务有一定的使用价值（想象的或现实的）和一定的交换价值”。[①]

为了更清楚地说明“服务”的性质，马克思还区分了两种服务：

（1）生产的是有形产品的服务活动。“某些服务，或者说，作为某些活动或劳动的结果的使用价值，体现为商品”。[②] 如作家写的书、画家画的画，以及录音录像带、唱片、电影胶片，它们可以脱离艺术家而单独存在。

（2）以“活动”形式存在的无形产品。这种服务“不留下任何可以捉摸的，同提供这些服务的人分开存在结果……例如，一个歌唱家为我提供的服务，满足了我的审美的需要；但是，我所享受的，只是同歌唱家本身分不开的活动。他的劳动即歌唱一停止，我的享受也就结束；我所享受的是活动本身，是它引起的我的听觉的反应。”

以上两种情况，都是由提供服务劳动的特点产生的。尽管在结果上有所不同，但都同属于“服务”活动。真正构成服务商品特征的，是提供无形产品的服务。所以，经济学大多在后一种意义上使用“服务”这个概念，即使讲的是物质产品（书、画、唱片等），也是和服务行业有关的劳动产品。人们购买唱片，只是因为它在留声机上可以发声，而不是唱片本身有什么用处，唱片只不过是艺术家活动内容的物质载体。这显然和面包、衣服的用途不同。人们购买面包和衣服，是因为它们可以吃、穿，并不是要面包和衣服提供服务活动。

服务商品首先具有使用价值，因为它能够满足人们的某种需

① 《马克思恩格斯全集》第26卷Ⅰ，第149页，人民出版社1972年版。
② 同上书，第436页。

要，对于购买它的人来说是必要的。例如，为了减少身上的污垢去洗浴，为了接受知识去受教育，为了美感享受去看戏。它与物质形式的使用价值不同的是，服务商品一般不表现为商品价值的物质担负物，它的特点是生产和消费同时发生。诚然，动听的歌唱可以使人长期寻味，受教育者得到的知识可以供人长期受用，但终究是一种无形之物。当然，这种使用价值虽然转瞬即逝，不可触摸，但也并不是虚无缥缈的幻觉，而是可以实实在在感受到的东西，如洗洁了的身体、增长了的才干，都是一种客观存在的使用价值。

服务商品也具有价值，因为生产这类产品同样需要花费一定的人类劳动。马克思说："服务本身有使用价值，由于它们的生产费用，也有交换价值"。[①] 由于价值的存在，"因此，消费品的总额，任何时候都比没有可消费的服务存在时要大。其次，价值也大了，因为它等于维持这些服务的商品价值和这些服务本身的价值"。[②] 你到理发店去理发，或者到照相馆去照相，都要交付一定的费用；你到剧院看戏需要买票，乘车也需要买票，票面价值就是你支付费用的凭证。这些大量存在的经济现象，都说明了服务商品存在着价值，并在商品交换中表现为价格。

服务的价值，有些可以用社会平均劳动耗费去测定，如厨师、理发师、客运员的劳动耗费，可以从一定时期的平均值中反映出来。第三产业是一个庞大的系统，有些部门不太容易计算价值，如教育、科研、卫生一类，不像饮食、服装裁剪、客运那样容易计算。但是，科研提供的设计、咨询服务以及医疗和教育，同样可以通过收费计算价值。一个保险公司不会因为统计上的困难忽视自己服务的价值，一个律师事务所也不会因为计算上的麻烦而

---

① 《马克思恩格斯全集》第 26 卷 I，第 160 页，人民出版社 1972 年版。

② 《马克思恩格斯全集》第 26 卷 I，第 160 ~ 161 页，人民出版社 1972 年版。

不收费用。教育的“迟效性”给统计带来的困难尤为显著，但任何发达国家都从智力投资中增加了国民收入，并把教育列入“第三产业”。可见，统计上的困难并不是否定服务价值论的理由。

在现代经济发展中，服务活动创造的价值已经超过物质产品的价值。以服装业为例，以前认为纯棉和纯毛就是最好的，由于生产技术和生产效率的提高，衣料的价值相对便宜了，款式设计费用却上升了。现在购买服装与其说是购买衣料，不如说是购买融化在衣料中的设计和式样。正如外国有的报刊描述的那样：“近来的妇女是穿着信息在走路。”这是极其恰当的描述。设计式样的价值远远超过了衣料的价值，是现代服装业的一大特点。以“信息社会”为标志的新技术革命，是以“第三产业”的充分发展为前提的。美国的新型微电子技术首先应用于服务业，日本的微电子技术首先应用于对外贸易。与此同时，科学咨询、设计、企业诊断，以及知识产业、思想库等，正在对经济过程产生深刻影响，教育、科学研究的经济价值正在日益被人们所接受。如果不承认第三产业会创造价值，就会和现代化观念格格不入。例如，只是物质生产才创造价值，就会发生这样的怪事：一部科学专著和文艺作品，只计算纸张、油墨、印刷机磨损和印刷、装订工人劳动的价值；一部电影和一出戏也只计算胶片、场地、布景的价值和制造胶片的工人劳动、建筑演出场地工人劳动的价值，就是不计算科学家、文学家、演员、琴师等人劳动的价值。可是，无论是出版社还是电影制片厂，都会把科学家、文学家和演员的劳动报酬计入成本，并使之成为“精神产品”价值的一个组成部分。实际上，印刷工人、制片工人和纸张、演出场地只生产了精神产品的载体，并没有生产出精神产品的内容。精神产品的价值，主要靠脑力劳动的服务去创造。对于服务活动创造的产品来说，可以说是“此处无形似有形”，甚至可以说是“此处无形胜有形”。

目前，对第三产业创造价值的观念，在认识上还有一些障碍，其主要原因是：

第一，以往的经济理论，主要考察了物质生产领域，在一个相当长的时期内，服务经济并不占很大比重。正如马克思所说的那样："资本主义生产在这个领域中的所有这些表现，同整个生产比起来是微不足道的，因此可以完全置之不理。"[①] 资本主义发展到了现代，第三产业已经渗透到各个领域，甚至占了国民生产总值的一半，劳动人口不断从农业和工业部门转向服务业。这种发展态势，正在扭转人们的传统观念。

第二，从经济发展程序上看，第三产业在第一、第二产业之后，并且依赖于物质生产的发展。不消说，人们只有生产了皮鞋才能要求把皮鞋擦干净，只有盖起了房子才能提出打扫房子的服务，只有购买了电视机才能出现修理服务。第三产业永远不可能脱离物质生产单独存在。服务的这种性质，常常会使人视而不见、听而不闻。

第三，更为重要的是，服务产品多半属于无形之物的特点，会产生一种神秘性，不经过理论的抽象，往往看不到它的存在。谁能说小麦、白菜、衣服不存在呢？然而，服务产品却没有这种直观性。这种特殊性，很容易使人产生一种错觉，认为服务既不提供产品，也不创造价值。

第四，就服务活动本身而言，其生产性质也有一定的界限。服务经济和日常生活中所说的"服务"，并不完全是同一概念。例如，政府机关工作人员的服务、国防事业的服务、公安保卫服务，虽然对社会发展是绝对需要的，但它们并不提供任何产品，也不创造价值。资产阶级经济学者在"第三产业"的名目下，甚至把贩毒、赌博、僧侣、妓院、食客、士兵、官员的收入统统计入产

① 《马克思恩格斯全集》第26卷Ⅰ，第443页，人民出版社1972年版。

值，显然是歪曲了服务的经济性质。第三产业的复杂结构，加上资产阶级的肆意混淆，也常常弄得真假难分。人们容易对“第三产业”抱有偏见，这也是一个重要原因。

第三产业创造价值的观念，尽管在认识上还存在着一些障碍，但却正在逐渐被人们所接受。劳动价值论既然承认一切生产商品的劳动都创造价值，服务活动提供的无形产品既然也是商品，同样在市场上流通，那么，就应该承认，这种服务活动也创造价值。第三产业创造价值，这是一个新观念，它开阔了劳动价值论的新天地，丰富了经济学的研究内容。

（摘自《趣味经济学》，中国青年出版社 1989 年版）

斯密对经济管理理论的贡献*

1790年春，一位病入膏肓的老人把他的两位好友叫到家里，恳切地希望两人代为烧毁他的十六卷手稿。两位好友虽对此举百思不得其解，但出于对老人的尊重，只得把手稿一摞一摞地扔进火炉里。老人看到自己辛苦撰写的手稿被火舌慢慢吞噬，反而如释重负，露出了一丝微笑。这位奇怪的老人，就是被世人称为“现代经济学之父”的亚当·斯密。

亚当·斯密（1723—1790年）之所以被誉为“现代经济学之父”，主要是因为他于1776年3月出版了一部划时代的著作——《国民财富的性质和原因的研究》（简称《国富论》）。这部著作一出版，立即就震动了国内外学术界。当时，英国首相庇特对他推崇备至。他根据斯密在这部著作中所阐述的经济学原理，制定了英国政府的一系列经济政策，其他一些国家的政府也不失时机地把《国富论》的基本观点作为自己决策的重要依据。1777年，庇特见到斯密时，称自己是斯密的学生。这一年，斯密应邀出席一位国会议员的宴会。当他步入客厅时，包括庇特在内的先来的客人全体起立欢迎，斯密请他们就座，庇特回答说：“不，我们都是你的学生，你不坐下，我们怎么能先坐下呢?”由此可见斯密当时在英国朝野的声望。英国著名的政治经济学家JAR马里奥特曾对斯密作过这样的评价：也许没有任何一部当代的著作像《国富论》

---

* 摘自邱兆祥与宋定国、薛世安合著的《漫话经济管理》一书，该书于1988年由工人出版社出版。

那样对科学经济思想和行政管理体制产生过如此深远的影响。英国著名学者巴克尔在他的《文明史》中也指出："《国富论》是在现代经济学方面迄今为止最为重要的著作之一，无论是作者的独到见解，还是从此书产生的实际影响来看，都是这样。"

大多数读者可能都知道，《国富论》的主要贡献在于政治经济学，它不仅建立了资产阶级古典政治经济学的殿堂，而且成为马克思创立政治经济学的主要理论来源。至于在经济管理学方面，人们只要在他这一"百科全书"的浩瀚知识海洋中稍微采撷几朵浪花，也可足见他的贡献之大了。这里，我们仅简述一下他的两个重要观点。

（一）劳动分工的观点

亚当·斯密认为，劳动是各国财富的源泉，当然也是各国人民的生活必需品的源泉。这种生活必需品的供应状况的好坏，主要决定于两个因素：一个是劳动生产率的高低；另一个是从事生产的人数，两者相比，前者更为重要。在文明时代即资本主义社会，人民生活之所以比野蛮时代远为富裕，最主要的就是因为劳动生产率有了很大的提高；而劳动生产率之所以能够提高，又是劳动分工的结果。他用制针的例子来说明劳动分工的好处：若一人单独从事这项工作，每天最多只能生产 20 枚针，而若进行合理的分工协作，每个工人即能生产 4 800 枚。这个例子虽微不足道，但如同"一滴水可照见太阳的七色光彩"一样，它充分说明了分工对提高劳动生产率的巨大作用。这种作用可以简要地概括为如下三个方面：第一，分工可以使劳动者专门从事一种单纯的操作，从而提高熟练程度，增进技能；第二，分工使每个人专门从事某项作业，节省了从一种工作转到另一种工作所要损失的时间；第三，分工使劳动者比较容易改良工具、技术和工作方法。

也许有人会说，亚当·斯密所强调的劳动分工的作用，是人人都明白的道理，难道能算得上是什么重大的贡献吗？为了说明这个道理，我们不妨插进一个“哥伦布发现新大陆”的故事。哥伦布本是一位普通的意大利海员，他在作了18年的航海后，于1492年10月12日发现了美洲新大陆。当他满载而归时，举国上下一片欢腾，人民把他作为划时代的英雄来欢迎。这时有几位嫉妒者大为不满，在一次宴会上，他们偶然与哥伦布相遇，便对哥伦布发难道：“你发现了大洋那边的新天地，这有什么了不起？任何人都能像你那样横渡大洋，任何人都能像你那样沿海岸航行，那是世界上最轻而易举的事情。”哥伦布听了没有反驳，只是顺便从碟子里拿出一个鸡蛋，要求那几位发难者把它竖立在桌子上，那几个人一一试过，都未能做到。哥伦布蔑视地一笑，把鸡蛋的小端在桌上轻轻敲破一点，便使它稳稳直立了。这时，他才说道：“先生们，这是世界上最轻而易举的事情，任何人都能做——只不过是在别人做给他看了之后。”

从这个故事中我们可以悟出一个道理：劳动分工的理论今天看来平凡简单，但斯密第一个比较全面地阐述了它对提高劳动生产率和增进国民财富的巨大作用，这完全可称得上是“天才的发现”。况且，他的这一分工理论对于后来管理理论的发展也起了十分重大的作用，后来的专业分工、管理职能分工、社会分工等理论，都与斯密的这一学说有着“血缘关系”。

（二）“经济人”的观点

亚当·斯密认为，人的行为都受自身利益的支配，追求财富仅是一种表现，这种个人致富的欲望对社会福利有益，一个社会只有放手让每个人富裕起来，它本身的繁荣才有保证。在他看来，追求个人经济利益不仅是人的本能和天性，而且是人类一切活动的根本。因此，他认为，对于人们追求个人利益的一切活动，都不宜加以限制，因为这种利己本能必然形成一种不可抗拒的经济力量，任何限制都是徒劳无益的。由此可以断言，经济上的自由放任是自然发展的要求，是天经地义的。

在斯密的理论中，经济活动的主体，就是这种受利己心支配的追求个人利益的“经济人”，他把社会上一切经济现象都看成是“经济人”活动的结果。在他看来，人们正是为了追求自身的利益，才需要打破那种“鸡犬之声相闻，老死不相往来”的生产方式，而产生了互相交换物品的倾向；同时，在这种相互交换的过程中，每个人也绝不会像《镜花缘》中“君子国”的商人一样，“互相谦让”，而必须以自身的利益为轴心。诚然，人们彼此之间需要互相帮助，但这种帮助并非出于利他主义的崇高品德，而同样是出于利己主义的考虑。对此，他有一句名言可以概括：“请给我所要的东西吧，同时，你也可以获得你所要的东西。”这么说来，斯密是不是就赞成“人不为己，天诛地灭”，赞成人与人之间以邻为壑、尔虞我诈呢？当然不是。斯密认为，正因为每个人都有利己主义，所以，每个人的利己主义又必然被其他人的利己主义所限制。这就迫使每个人必须顾及他人的正当利益，由此而产生了社会利益。社会利益正是以个人利益为立脚点的。

亚当·斯密的“经济人”的观点，反映了资本主义生产关系的本质要求：在等价交换和所谓“完全平等”的温情脉脉的外衣下，让资本家巧妙地剥削工人创造的剩余价值。同时，由于他把人的“天性”看作是一切以利己主义为出发点的“经济人”，所以，它也蕴含了怎样去管理这些“经济人”的理论和方法。这一点，不仅在早期的工厂制的管理中得到了充分的体现，而且对19世纪末开始的科学管理产生了深远的影响。早期的企业主就是以这种“经济人”的理论为依据，来进行管理的。

早期的企业主对“经济人”的管理办法主要是：“胡萝卜”加“大棒”。为什么叫“胡萝卜”加“大棒”呢？这还得从美国的一则寓言说起。这则寓言的大意是：某人要把一头驴子赶往一个目的地，但驴子不是很听话，常常要在周围寻找食物，这样，赶驴者就在道路的前方不时扔几根胡萝卜来引诱它，必要时再用大棒在它屁股上揍几下，如此一来，驴子就乖乖地走向了目的地。早期的企业主从这则寓言中得到启示：既然人也是以利己主以为出发点的“经济人”，那么，对他们施以“胡萝卜”加“大棒”的办法也是理所当然和行之有效的。

这里所讲的“胡萝卜”，就是用经济手段来刺激人的积极性，建立包工制和计件工资制是其主要内容。所谓包工制，就是企业主同监工就某些方面的工作签订转包合同。这种合同把督促工人的责任转交给监工去承担，企业主为各种需要完成的任务定出承包价格，并让转包的监工支付工人的工资，采购生产所需的原料，承担工厂的各种风险。转包人力了保证能获得利润——承包价格和费用之间的差额，就要千方百计降低成本，提高生产效率。所谓计件工资制，就是按工人的劳动成果支付工资。由于把劳动报酬与劳动成果紧密挂起钩来，每一个工人就会为了取得尽量多的报酬而拼命工作，从而提高劳动生产率，为转包者和企业主带来更多的利润。

这里的所谓“大棒”，就是经济上的制裁措施。在这些措施中，罚款是最为普遍的方法。工人们上班迟到早退——罚款；质量上出了差错——罚款；对管理者稍有不恭——罚款；大小便超过了规定时间——罚款……由于到处滥用罚款，而且罚款的数目较大，许多工人辛苦一周，只能得到三四美元，甚至有极少数人分文不取，还倒欠了工厂的钱。除了罚款之外，雇主和监工还采用其他粗暴甚至野蛮的方法来制裁工人。例如，有的童工由于过分疲劳，在工作中不知不觉就睡着了，监工就会一把抓住孩子的头，把他们的头浸到水桶中，让他们“清醒”一下。

由上可见，早期的企业主采用的那种“胡萝卜”加“大棒”的管理方法是比较残酷的。即使是后来的“泰罗制”和法约尔的管理方式，虽然其外表稍显温和，但由于他们仅仅是改变了“胡萝卜”的大小和“大棒”的轻重，因而还是属于专制的管理方式，仍然有一定的残酷性。当然，这并不能归咎于亚当·斯密，似乎是他的“经济人”观点导出了这一场悲剧，因为斯密的本意并非如此，造成这一悲剧的只能说是资本主义制度。

论创新是经济学者的基本价值观

——兼论“独创”是成就大师级经济学家的必备条件

鲁迅先生在谈到文艺创作时曾经指出：“我以为究竟也要以独创为贵。”其实，文艺创作要以“独创”为贵，科学理论研究又何尝不是如此呢？科学研究最重要的是具有“独创”的精神。经济学是科学，经济理论研究当然也不例外。美国著名学者熊彼特是20世纪早期的一位经济学大师。自他在其1912年出版的《经济发展理论》一书中提出“创新”概念以来，时至今日，“创新”事实上已成为经济理论研究工作者的一个基本价值观。经济理论研究工作者做学问、研究问题、撰写文章，都应当有所独创或创新。

一、经济学大师要有“独创”精神和独到的见识

何谓经济学大师，“大师”之号，既非学位，也非职称，既不能授予、选举或任命，更不能靠媒体炒作或吹捧。名气大，著作多，不足以成为大师，更不用说派头、架子大了。经济学界堪称大师级的人物，应当是在经济学领域中某个方面真正进行原始创新的研究，作出开拓性、奠基性巨大贡献者，其学术成就具有长久不衰和难以逾越的价值。作为经济学大师，不仅要学问精深，受人尊敬，而更重要的应当是富于“独创”精神，具有独立思考和批判思维能力。

大师作为某一领域的泰山北斗，首先应当具有丰厚的理论功

底和学术修养。按照有的经济学者的分析，经济学大师的学识一般有两个层面：一是对前人研究成果的掌握和判断，掌握越全面，判断越准确者，学识程度就越高；二是具有独创精神和独到的见识，能够创造性地解决经济学理论和社会经济发展中面临的一些重大问题。后者是一个更高的境界，它不仅要求经济学研究者具备丰富的知识和敏锐的判断能力，还需要有超乎寻常的智慧、毅力和勇气。

大师一般都有代表性的学术成果著称于世。其研究成果都具有独立的学术价值和独特的思想体系，即都具有独创性或原创性的明显特征。不少经济理论工作者勤于笔耕，著作颇多，但即使有所谓等身的著作，倘无独创性或原创性，也难以企及大师的行列。虽然著作是表达学问的一个最有效的载体，但学问的大小绝不是和出书的数量成正比的。有的学者之所以能留名于经济学说史上，并不是因为他写的书多，而是因为他在经济学某个领域里作出了独创性的特殊贡献。这就如同当我们说起劳动价值论会想到亚当·斯密和大卫·李嘉图，当我们说起产权理论会想到科斯等人一样。虽然他们写的著作在数量上绝不是最丰富的，但他们对经济学发展的影响却是不可磨灭的。2004 年获得诺贝尔经济学奖的是挪威经济学家芬恩·基德兰德和美国经济学家爱德华·普雷斯科特。两位经济学家虽然涉及领域都较广并都曾发表过大量的论著，但他们之所以能获得诺贝尔经济学奖，主要还是靠二人于 1982 年合作并发表在《经济计量学》上的《置备资本的时间和总量波动》一文。这是因为，该文对他们共同开创的实际经济周期理论进行了系统的论述，对于推进动态宏观经济学领域研究作出了重大贡献。

从经济学说史上的大师的成功经验看，虽然不尽一致，但有一条却是共同的，即不迷信书本，不盲从师说，敢于独立思考，勇于开拓创新。创新是治学之魂。任何科学理论都必须在创新中求发展，但创新也并非是简单地拒绝或抛弃“本本”。学术是一代又一代积累沉淀下来的。任何学者的研究都必须建立在前人已有的研究基础之上，即使是某一学科的开山鼻祖，在开创新的研究领域或立帜标新时也离不开吸纳已有的相关研究成果。因此，从某种意义上说，学者既是继承者，也是创造者，而在这种双重角色中，后者则是主要的，继承只不过是创造的条件。前人的研究成果是学者向更高峰攀登的阶梯。

古往今来，那些大师级的经济学家们无不是在虚心学习和吸收前人已有研究成果的基础上，或挖掘进去，层楼更上，或生发开来，另辟蹊径，独树一帜。他们哪一个不是站在前人的肩膀上并以自己的独特创造，攀登上经济学某个领域的高峰呢？大卫·李嘉图在其师亚当·斯密的绝对成本说的基础上提出了比较成本说，契合当时英国经济发展的实际，为自由贸易政策提供了理论基础。新古典经济学的主要代表人物马歇尔，在1890年出版的《经济学原理》一书中，继承了19世纪以来英国庸俗经济学的传统，兼收并蓄，以折中主义手法把供求论、生产费用论、边际效用论、边际生产力论等融合在一起，建立一个以完全竞争为前提、以“均衡价格论”为核心的相当完整的经济学体系。庇古曾是马歇尔的门徒，他从其师马歇尔那儿吸收理论精华，并在深入探讨和发展的基础上创立了福利经济学，被称为福利经济学之父。帕累托继承和维护了瓦尔拉斯的一般均衡论，再加上他从英国经济学家F. Y. 埃奇沃斯的“契约曲线”中得到的一些论点，运用无差异曲线的概念和序数效用价值论，提出了“帕累托最优”概念。以上列举的几位经济学大师都是站在巨人的肩膀上，才创立了自己的有独到见解且自成体系的经济学理论大厦。

二、创新是经济学者的最重要的使命

经济理论研究工作从本质上讲，就是一种创造性的思维活动。经济学者的职责就在于能推动经济学的发展，而要能推动经济学的发展，就必须要有所独创或创新，所得研究成果能为经济学的学术积累提供具有实质意义的增量。如果一位经济学者所取得的研究成果了无新意，只是低水平地重复前人或他人已有的研究成果，那么他就没通过自己的研究提供知识增量或为提供知识增量作贡献。对于经济学的发展来说，这位经济学者的“研究”实际上是毫无价值的。

纵观经济学说史，经济学大师的所谓“独创”或创新，主要包括两方面：一是在理论上有建树，就是言人所未言和创造以往所没有的而又具学术价值的研究成果；二是独辟蹊径，自立学说或开拓新的研究领域。创新的本质就在于出新，在于创造。具体说来，经济理论的创新主要表现在以下某一个或几个方面：（1）对前人或他人尚未曾涉足的特定研究对象作了有价值的探讨，并对这一研究对象特有的发展规律在理论上给予了科学的论证和说明，从而拓宽了经济学的研究领域；（2）创立了一系列可以构成一个独立的分支学科或新的学说的理论体系的概念或范畴，并运用这些概念和范畴科学严谨地构建创立了一门新学科或新的理论体系；（3）发表了具有独到见解的新观点和新学说，并能在较大范围内获得社会特别是业内人士认可的学术论著；（4）引进或创立了经济理论研究的新方法，为经济学方法论宝库增添了新的“器具”和手段。

同其他科学理论一样，经济学理论的生命力就在于不断创新，创新是经济学理论有所突破、有所建树的原动力。每一个有社会责任感的经济学者都应该把创新作为自己学术追求的基本价值取向。学者一生的标志是他的学术成果，而学者最可贵的品格就是不断地探索和创新。但是，创新并不是大声喊、大声叫就能实现的。那么，作为经济学者怎样才能实现理论创新，以促进经济学的发展呢？

第一，经济理论创新需要有一个良好的学术生态氛围。古今中外历史表明，一个国家社会科学繁荣与否，在很大程度上取决于有没有一个良好的外部环境。包括经济学在内的哲学社会科学理论的研究和学术发展，有其自身的规律性或特点，需要研究者个人创造精神的发扬，需要研究者个人创造力的充分涌动。如果没有民主、宽松、和谐及相互探讨的良好环境，就无法形成勇于探索和创新的风气。因此，要遵循哲学社会科学理论学术发展的规律或特点，充分发扬学术民主，活跃学术空气，致力于创造一个使经济理论工作者能够畅所欲言、各抒己见以及相互切磋和争鸣的良好氛围。

第二，经济理论创新要有问题意识和敢于大胆质疑的精神。无数事实表明，重大现实和理论问题的提出是理论创新的起点。问题是指思维中的疑难和矛盾。通常，理论思维是在运用原有的理论不符合观察事实时才开始产生疑问的，正是为了解决这些疑问才开始了创新思维。因此，离开了大胆质疑和发现问题，经济理论创新就无从谈起。恩格斯在批评一些人蔑视辩证法时曾指出：他们带了很多仪器，却单单忘了一件“主要的仪器，即怀疑的批判的头脑”。学贵有疑，有根据的提问和科学的质疑起着解放思想的作用。它能开启思考的闸门，激励研究者大胆跳出前人的窠臼，去认真探索新的领域和新的课题。进行经济理论研究，如果没有问题意识和敢于大胆质疑的精神，没有勇于探幽索微的勇气和魄力，处处谨小慎微，随波逐流，人云亦云，四平八稳，这样的经济理论工作者怎么可能撰写出具有独到见解的佳作呢?

近100多年来，现代经济学虽然有了长足的发展，然而却仍有不少疑点需要经济学者们去探讨，而这些悬而未解中的若干疑点若能被人破解，经济学则有可能会在一个新的广阔领域里向前挺进。现代经济学上的所谓“特里芬难题”和“里昂惕夫之谜”，就是典型的例子。任何科学都是在发现和研究问题中创新发展的。唯有敢于大胆质疑和善于发现问题并勇于探求的经济理论工作者，才有希望进入经济学殿堂的大门，才有可能成为为经济发展作出特殊贡献的经济学家。

第三，厚实的学术底蕴是进行经济理论创新的必备条件。经济学大师们正是因为有丰厚的学术素养和独到的见识，才成就了他们与众不同的创造性研究。反之，如果研究者的学术素养不高并缺乏自己的见识，其成果也就难以走出他人的窠臼。因此，打牢学术根底，这对每个研究者来说至关重要。经济理论的创新和发展，在很大程度上有赖于研究者自身的学识和素质的提高。经济理论工作者必须发奋学习，认真读书，注重积累，特别是要重视学习最先进的知识，不断用各种新鲜的东西充实和丰富自己。处在日新月异的当今时代的经济理论工作者，不仅要努力学好本专业的知识，争取成为本学科领域的专才，同时还要尽可能多地学习相关学科的基本知识以及其他社会科学和自然科学方面的基本知识，争取成为学识广博、具有多种才能的通才。事实表明，掌握多种学科专业知识的人才，思路开阔，更具有创新精神，更易于创造出有重大学术价值的研究成果，从而能为经济学的发展作出更大的贡献。

三、中国经济学者要具有超越的学术勇气

像其他科学领域一样，由西方人在最近一两百年间发展起来

的现代经济学，其基础理论本身具有普遍的一般的科学意义。这些基础理论的基本内容，虽然主要是一些与我们有着不同肤色、不同社会、历史和文化背景的外国经济学者通过艰苦探索而取得的研究成果，但却是属于人类共有的宝贵的学术财富，对我国经济学而言具有一定的学习和借鉴价值。注重学习和借鉴，在学科建设中可以少走弯路，甚至一开始就能在较高的起点上向前发展，但在借鉴时又必须切忌媚洋崇洋，盲目崇拜和全盘照搬。

经济学的研究对象有其特殊性，它既是学术理论，又与一定的国情和制度有着紧密的联系。西方经济学理论产生于西方经济发达国家，而中国的经济则有自身的特殊性。尽管西方经济学理论中的有些观点、原理和方法具有一定的借鉴意义，但却不能简单地用来指导和诠释中国的经济问题。中国需要既具有普遍科学意义又符合自身特点的经济学说。要构建独具中国特色的经济理论体系，学习和吸收国外现代经济学理论中有价值的研究成果，虽然具有至关重要的作用，但在学习和吸收时又必须紧密联系中国的实际，有所创新，有所发展。

我国经济学界从全盘照搬苏联的政治经济学到大量引进西方经济学理论，存在的主要问题是引进、吸收远多于创新。近年来，国内每年出版的经济学论著可谓不少，然而具有原始创新性的研究成果却不多，因而难以受到国际经济学界的重视。近 20 多年来，经济理论研究和经济学的发展，虽然对我国经济的发展产生了相当重要的影响，我国经济理论界虽然不乏有成就者（有的经济学者也常有思想的闪光点和真知灼见），但由于我国对现代经济学理论研究起步较晚，从总体上看，仍处于起步的初创和探索的阶段。无可讳言，我国至今既没有形成能自成体系且在国际上有一定影响的学术流派，也没有能引导国际经济理论思潮和发展方向的大师级人物。中国经济学向何处去？中国的经济学者要想迈向国际经济学舞台，靠一味地学习、借鉴和照搬肯定是不行的。中国是当今世界最大的经济体之一，在国际经济学界理应有中国学者的声音，而要能在国际经济学舞台听到中国学者发出的强音，就必须要有能活跃于国际经济学界的大师级著名学者，特别是要拥有重大开拓性和带动性甚至能引发经济理论或研究方法发生重大变革的原始创新性的研究成果。因此，唯有进行大量原始性创新的研究，才是中国经济学进入国际经济学殿堂的必由之路。

当前，我国正在进行前无古人的改革和现代化建设。对置身于中国这样一个正在进行伟大变革的国家的经济理论工作者来说，经济理论研究的价值不仅有助于现实经济问题的探索和解决，而且有助于产生较高学术价值的经济理论和造就经济学大师级的人物。中国经济学者面临的诸如宏观调控、国企改革、环境保护、金融安全以及“三农”等诸多问题，都是世界级的难点、热点问题，出色地解决这些问题的本身就是对人类经济理论的重大贡献。美国著名经济学家米尔顿·弗里德曼曾经说过：“谁能正确解释中国的改革和发展，谁就能获得诺贝尔经济学奖。”在全世界的经济学家中最有资格正确解释中国改革和发展的当然是中国自己的经济学家。当越来越多的国外经济学家把目光投向中国时，中国的经济学家应该当仁不让地走在最前端。中国经济学者理应以坚定的毅力和执著的精神，花费更多的精力踏踏实实研究本土问题，因为只有注重研究本土问题才能“近水楼台先得月”。沸腾的改革和发展现实经济生活不仅有对旧的经济理论的反思，更有对新的经济理论创新的热切呼唤。中国学者的经济理论研究工作只有植根于本国的改革和发展的深厚的社会实践的沃土之中，并从中寻找充实自身的素材，挖掘创新和向前发展的潜能，才能促进原始性创新的产生，经济学的理论之树也才能在中国的大地上蓬勃生长。

恩格斯说：一个民族想要站在科学的最高峰，就一刻也不能没有理论思维。包括经济学在内的哲学、社会科学研究反映着一个民族思维成熟的程度和对世界探索的程度，正是在这个意义上，有的学者认为，包括经济学在内的哲学社会科学的科研能力和成果，也就成为当今世界一个国家的综合国力的重要组成部分。一个崛起的民族和国家，不能没有哲学、社会科学特别是经济学的持续创新的整体繁荣。中国是以聪明才智而闻名于世的民族。如今的中国不仅具有旺盛活力的经济，而且还拥有当今世界最大的经济学家群体，特别是其中不乏有才华同时又富有创新精神的人才。中国的经济学者要有超越前人、超越西方经济学者的学术勇气。我们完全有理由乐观地相信，经过若干年的不懈努力以及孕育和积蓄，很有可能如同奔突而出的岩浆，在古老的中国大地上涌现出一批具有世界影响和中国特色的学术流派，产生出一批有创见、够分量、掷地有声的经典之作，造就一批享有长远声誉的经济学大师，中国的经济学家完全有可能在人类现代经济学说史上留下辉煌的篇章。

（原载《经济学动态》2005 年第 6 期）

经济学理论研究“以独创为贵”*

在当今中国，创新已成为举国上下最热门的话题。创新是国家兴旺发达的不竭动力。对于科学理论研究而言，创新也是科学理论发展的本质要求。鲁迅先生在谈到文艺创作时曾经指出：“我以为究竟也要以独创为贵。”其实，不只是文艺创作要以“独创”为贵，科学理论研究又何尝不是如此呢？科学理论研究最重要的是应具有“独创”的精神，任何科学理论都必须在“独创”或创新中发展。经济学理论是科学，经济学理论研究当然也不例外。

经济学理论研究从本质上讲，就是一种创造性的思维活动。经济学理论研究工作者的职责，就在于能推动经济学理论的发展，因此，就必须要有“独创”或创新，所得研究成果能为经济学理论的学术积累提供具有实质意义的增量。包括经济学在内的学术研究，无非是对未知领域的探求。学术研究不同于知识的普及和教学，而是要增加知识量，要创造新知识，言人所未言和创造以往所没有的而又具学术价值的研究成果。如果一位经济学者所取得的研究成果了无新意，只是低水平地重复前人或他人已有的研究成果，那么这位经济学者的“研究”工作实际上是毫无价值的。

同其他科学理论一样，经济学理论的生命力就在于不断创新。“独创”或创新是经济学理论研究永恒的主题。倘若没有“独创”或创新，经济学理论便会失去生气，失去发展的动力。创新是经

---

* 本文的主要内容以《独创为贵》为题刊登在2015年12月6日《人民日报》“大家手笔”栏目。

济学理论之树得以常青的不竭之源。

近30多年来，在我国改革开放和现代化建设浪潮所勃发的无限生机的推动下，以经济快速发展为依托的中国经济学理论研究，无论是在实际操作还是在学科建设上，都已呈现出长足发展与创新的态势，并已对我国的改革和经济发展的实践产生了相当重要的影响。从我国的经济学界来看，有的经济学者也常有思想的闪光点和真知灼见。但是，由于我国对现代经济学理论的研究起步相对较晚，从总体上看，我国对现代经济学理论的研究还处于学习和探索的阶段。从每年国内发表的经济学论著来看，数量可谓不少，富有一定新意的佳作也在日渐增加，然而具有高水准原始创新性的研究成果却不多见，普遍存在着学术创新的深度和力度不够的问题。学术论著是学术创新成果的重要载体，其水平则是衡量学术创新性的重要尺度。

目前我国的经济学理论研究水平尽管还不够高，创新能力还不够强，但从其发展的趋势来看，却有着远大的发展前景。任何一门科学的发展前景，从根本上讲取决于社会实践的需要。恩格斯说：“社会一旦有技术上的需要，这种需要就会比十所大学更能把科学推向前进。”① 我国的改革和现代化建设的实践需要经济学理论，这种需要必定会极大地推动经济学理论在我国的发展，并使经济学理论能在我国的社会经济发展中发挥更大的作用。波澜壮阔的全面深化改革和全面建设小康社会的实践，为经济学理论在中国的发展提供了深沉、厚重的基础。

笔者认为，经济学理论创新在我国最有可能取得重大进展或突破的是金融学研究领域。在当今中国，金融学是经济学体系中最引人注目的研究领域。从公开发表的经济学研究论著数量看，金融学占比最大。社会公众对金融学理论和实际金融问题的关注，

① 《马克思恩格斯选集》第4卷，505页，人民出版社1972年版。

以及金融学理论和金融政策对社会经济生活影响的深度，超过了任何一门学科。

经济转型是我国当前以至今后相当长的时间内经济工作的中心任务。金融是现代经济活动的核心，在推动我国产业结构升级和经济转型中扮演着至关重要的角色。我国现有的金融体系是在传统的经济发展方式下形成的，存在着许多问题，导致效率不高，经济转型对金融提出了必须转型的更高要求。金融转型是产业升级和经济转型的重要动力与推手。金融体系中存在的许多问题亟需解决，要加速经济转型，就必须全面深化金融改革，深耕金融在助推经济转型中的作用。

在今后的一段时间里，我国金融体制改革的方向或目标是，通过全面深化改革，促使金融体系能够以更为市场化的方式解决经济发展中的结构性矛盾，并切实提高金融的服务效率，促使金融能更有效的支持实体经济的发展。要实现金融改革的上述目标，面临着诸多难点问题。对金融改革实践中提出的诸多难题的研究工作，不仅具有重要的实践意义，而且还具有很高的理论价值和学术品位。

金融改革是我国经济体制改革的重头戏，其中蕴含着极其丰富的学术创新资源。置身于金融改革和发展深厚社会实践沃土之中的中国金融理论研究工作者，具有“近水楼台先得月”的比较优势。他们可以通过运用现代金融学的有关理论和分析方法，在探索和解决金融改革和发展实践存在的诸多问题的同时，努力挖掘学术创新的资源和向前发展的潜能，有助于产生具有较高学术创新价值的思想观点和原创性的研究成果。

中国金融学理论研究队伍庞大，人数众多，其中不乏有才华且富有创新精神的人才。我们完全有理由乐观地相信，经过若干年的不懈努力以及孕育和积蓄，中国金融学理论研究工作者当中的佼佼者，必定能够创造出一批有创见、够分量、掷地有声的金融学名著。金融学理论研究领域的突破，又必定会产生先导、示范和辐射的效应，从而带动整个中国经济学理论研究创新水平的提高和学术研究的繁荣。

经济理论研究贵在创新

鲁迅先生在谈到文艺创作时曾经指出："我以为究竟也要以独创为贵。"其实，岂止文艺创作要"以独创为贵"，经济理论研究又何尝不是如此呢？同其他一切科学理论一样，经济理论的生命力就在于不断创新。创新是经济理论有所突破、有所建树的原动力；而故步自封、拘泥成说、墨守成规，则是经济理论发展的精神桎梏。因此，在经济理论的研究工作中，我们应当在坚持马克思主义基本原理的前提下，鼓励创新，鼓励"标新立异"，鼓励大胆探索和提出不同的见解。

近年来，经济理论思想比较活跃，新观念迭出。一些有胆识的理论工作者为寻求经济理论的创新进行了不少有益的探讨。但是，应该看到，我们的经济理论研究工作仍然远远落后于改革和现代化建设实践的需要，与客观形势的发展还很不相适应。翻阅近年来公开出版的经济方面的学术刊物，使人深切地感到：尽管富有独创见解的佳作在日渐增加，但新意不多的平庸之作仍然不少。这些文章大都有一个共同的特点，就是题目旧，老话多，使人感到"似曾相识"，读之无味。当然，我们强调经济学论著要有新意，并不是要求每一篇文章都得提出非常新颖的精辟见解。事实上，这样的要求也是不切实际的。一般学术论著是可以阐述已有的观点的，但不应该简单地重复别人已用过的材料和语言，而应该结合自己特有的、切身的认识和感受，加以发挥。只有这样，才能使人读来具有新鲜感，思想受到新的启迪。

开拓创新，繁荣经济科学是时代的要求。我们的时代是改革的时代，我们正在进行的经济体制改革是有深远意义的“第二次革命”。在我们这样一个经济文化落后的大国进行经济体制改革，是没有现成的经验和规范可以借鉴的，只能靠我们自己去实践探索。实践中的探索前进需要理论上的开拓创新，改革不仅需要有千千万万有胆有识的企业家，而且需要有一大批开拓创新的经济理论研究工作者。

那么，经济理论研究工作怎样才能做到有所创新呢？

首先，要敢于独立思考，大胆质疑。学贵有疑，学术问题只有敢于独立思考，不拘成格，大胆质疑，才能突破旧框框，发现新问题，提出富于独创性的见解。进行理论研究需要有足够的理论勇气，如果没有敢担风险的勇气和魄力，没有勇于探幽索微的精神，处处谨小慎微，人云亦云，四平八稳，这样的经济理论研究工作者怎么可能写出具有独到见解的佳作呢？

其次，要深入实际，参加改革，服务改革。实践是创新的源泉。经济理论工作者只有严格遵循理论联系实际和理论为实际服务的原则，真正投身到改革实践的洪流中去，对改革实践中呈现出来的具有典型意义的新情况、新问题和新经验，细心观察，精心采撷，并进行系统的分析和论证，才能提出新见解、新方法、新对策，从而在理论上有所创新。

最后，在知识上要不断汰旧求新，或吐故纳新。知识来源于社会实践，并且是随着社会实践的发展而不断发展的。在这知识“爆炸”的时代，从事各门学科研究的工作者都面临着知识结构的更新问题。知识和经验的“脱毛”，无论是对于经济理论研究工作者，还是从事实际经济工作的同志，都是极其必要的。作为经济理论工作者，只有加倍努力学习现代科学的新知识和社会实践的新经验，不断“脱毛”，不断用各种新鲜的东西充实、丰富自己，才能拓展视野，开阔思路，有所突破和创新。

祖国现代化建设的宏伟大业，神州大地兴起的改革浪潮，都在热切地呼唤着经济理论工作者去大胆探索和开拓创新。经济理论、经济科学方法论创新思考需要在实践中丰富和发展，亿万人民群众的改革实践需要在理论上作出正确的总结和概括。经济理论研究工作者应该努力适应改革的新形势，提高开拓的自觉性，增强创新的责任感，用自己的行动，作出无愧于我们时代的贡献。

（原载《光明日报》1986 年 9 月 27 日）

经济科学方法论创新的思考

开拓创新是时代对经济科学的要求，而经济科学要创新，首先其研究方法必须要创新。没有经济科学方法论的创新，就不可能有经济科学的创新和经济理论全局性的重大突破。

常言道："工欲善其事，必先利其器"。凡要进行科学研究，首先就要解决一个方法论问题。经济理论研究工作从本质上讲，是一种创造性的思维活动。这种活动离不开先进科学的研究方法，有无先进科学的方法论，不仅是经济科学成熟与否的重要标志，而且还是卓有成效地进行理论探讨，创造性地提出新思想、新观念、新理论的必要条件。先进科学的研究方法，有助于经济理论工作者启迪思维，增长才干，提高效率，点燃创造火花，踏进更多未知领域，写出富于创见的论著。从经济科学发展的历史来看，凡是有作为的经济理论工作者大都对方法论的创新非常关注，并为此做了不少探讨工作。在他们的研究成果中，无不凝聚着方法论的乳汁。

在以改革为主流的当今时代，重视经济科学方法论的创新具有更为重要的现实意义。我国的经济体制改革是一场深刻的革命，需要有一大批具有浓烈时代气息和创新精神的经济理论工作者。而从长远看，一个经济理论工作者有无充分发展的潜力，能否在经济科学理论上有所建树，一个很重要的方面就是要看其方法论的武装程度如何。

在过去相当长的一段时间里，我们的经济理论研究一般都重定性、重逻辑思维和推理，所使用的方法重演绎、重抽象。随着现代科学和社会经济实践活动的向前发展，以及经济科学在实践中的广泛运用，光靠从抽象到具体、归纳和演绎相结合、历史和逻辑相统一等传统的研究方法显然是不够了。现代经济活动繁复无比，各种经济过程和经济现象纵横交错，十分复杂。面对日益复杂的经济过程和经济结构，面对我国改革和现代化建设中呈现出来的许多新问题、新现象、新规律，我们不仅需要作定性分析，而且需要进行定量分析，不仅要进行周密的观察和预测，而且要直接地进行调节和控制，所有这些都离不开具体、先进的科学工具和相应的科学方法。可以说，在当今时代，经济科学能否向前发展，经济科学能否在改革和现代化建设中发挥更积极的作用，在很大程度上取决于它的研究方法能否创新和现代化。在方法论上大胆地进行创新，用新的现代化方法去攻克那些长期得不到突破的难题，概括综合已有大量的零碎成果，构筑新的经济科学体系，创造新的经济科学理论，促使经济科学更有效地为改革和现代化建设服务，乃是时代赋予经济理论工作者义不容辞的使命。

那么，经济科学方法论怎样才能创新呢？从广义上讲，经济科学方法论既包括抽象的具有哲学意味的一般方法论即唯物辩证法，又包括那些经济科学特有的具体研究方法。经济理论研究首先离不开马克思主义唯物辩证法的指导，经济理论工作者必须认真学习和掌握马克思主义唯物辩证法，否则便无法进行科学的认识。但是，这种哲学意义上的方法论指导对其他社会科学的指导作用基本上是相同的，包括经济科学在内的所有社会科学，都必须以马克思主义唯物辩证法作为总的指导。因此，它并不单独构成经济科学的方法论，而是所有社会科学的总方法。经济科学的所谓方法论的创新，主要是指那些能反映经济科学性质和特点的具体方法的创新，其内容大体上包括如下两个方面：一是善于从现代自然科学和其他社会科学中吸取方法论的养料，移植和运用于经济研究中，使之成为经济理论研究的新方法；二是善于在更高的层次上继承、充实、丰富和发展传统的研究方法，并善于使传统方法和现代方法很好地结合起来。在上述两方面中，能否从现代自然科学和其他社会科学中吸取新的研究方法，对经济科学方法论的创新，更是至关重要。具体说来，经济科学方法论的创新，应从以下几个方面入手。

一、从自然科学中吸取方法论的养分

在现代科学迅猛发展和高度一体化的当今时代，经济科学的方法论能否创新，从一定意义上讲，在很大程度上取决于它能否善于从现代自然科学的最新成果中总结和吸取新的研究方法，从而使经济理论研究日趋严密、精确和定量化。经济科学虽然是门社会科学，但它与自然科学的关系却十分密切。恩格斯曾经说过：经典作家在考虑自己的思维方法与科研方法是否正确时，总是先考虑“是否完全跟自然科学的现状相符合”。经济科学的创新和现代化离不开同自然科学的结合。经济科学能不能移植和借鉴现代科学特别是自然科学中的某些研究方法，直接关系到它的兴衰发展。

现代自然科学方法论极为复杂，经济科学应当吸取哪些呢？主要是吸取自然科学中常用的定量计算法（即数学方法）和模型方法，以及那些已成为或即将成为自然科学与社会科学的一般的公共方法，诸如在自然科学中最早运用并已取得成功的系统论、控制论和信息论等横向科学的研究方法。在现代科学中，系统论、控制论和信息论即通常简称的“三论”，同其他学科理论不一样，它们的研究对象不是自然界的某种物质结构和运动形式，而是自然界及人类社会所有事物的共同属性和普遍现象。因此，“三论”具有一般方法论的功能，对于一切科学领域都是适用的。“三论”强调整体和联系，具有多维多向的开放性，便于融汇各种新的学术成果和使用新的技术手段。因此，引进以“三论”为代表的在自然科学中最早运用的带有普遍意义的研究方法，有助于促进经济科学方法论的创新和发展。

近年来，我国经济学界一个相当引人注目的现象是自然科学中的一些新颖独到的思维结构和方法，正日渐增多地进入经济理论研究领域。从目前状况看，这种移植和借鉴已引起了一些具有积极意义的变化。具体说来，就是经济科学方法论得到丰富，思维方式正在更新，科研效率显著提高。这些变化，不仅促使经济研究向更新更精确的方向发展，而且加快了经济科学面向改革和现代化建设、面向世界和未来的步伐。

二、善于使用新的先进技术手段

现代自然科学的发展，不仅为经济理论研究提供了新的方法，而且还提供了先进的技术手段。经济科学不仅要善于把自然科学中的某些方法引进来，使之成为经济科学的研究方法，而且还要善于引进和应用自然科学已广泛使用的某些最新研究手段，特别是电子计算机技术。以电子计算机为中心的现代科技迅速应用于生产部门和自然科学研究领域，不但有力地推动了社会经济与自然科学的发展，改变着人们的生活方式、工作方式和思维方式，而且猛烈地冲击着经济科学和其他社会科学的一切领域，向经济研究工作者提出了挑战。它迫切要求经济研究工作者与之相适应，以电子计算机技术充实和装备自己的研究手段。与现代科学技术迅猛发展的形势相比，那种靠一支笔、一叠纸、几本书进行笔抄手录的研究方式，已显得落后了。现代经济理论研究工作者，如果不掌握电子计算机技术，并使之成为得心应手的工具，是很难适应现代经济研究需要的。

电子计算机的运算速度快，精确度高，既能为科研工作节约极为宝贵的时间，帮助人们的思维完成难以完成的任务，又可局部地代替人脑和四肢的功能。利用电子计算机能演算各种数据，可以处理终年积累的资料；能加快传递和报告有关信息，可以储存和提供有关研究工作所需要的资料，还能帮助人们有条件地进行简单的判断和回答问题。在当今时代，从自然科学到社会科学，无论是经济科学或其他任何一门学科的研究工作，都离不开电子计算机技术。在经济理论研究中运用电子计算机的意义是明显的，它有助于改变经济科学中落后的手工操作的研究方式，为经济理论研究的现代化提供了先进的物质技术基础。因此，经济科学研究手段要创新，特别要重视引进和运用电子计算机技术。

三、善于吸取当代西方社会科学理论和方法论中的合理成分

经济科学方法论要创新，还必须善于吸取经济科学之外的其他社会科学方法论中的养料，其中包括要善于批判地吸取当代西方社会科学理论和方法论中的精华。西方社会科学理论具有善于吸取自然科学的优秀成果来充实自己方法论的传统，注重创造富有特性的新颖方法和分析工具，并且长于数字描述和定量分析，大都含有程度不同的科学因素。因此，有选择地把当代西方社会科学理论和方法论中的一些精华介绍、引进过来，或可使我们受到启发，或可借鉴，或可经过消化改造后为我所用。这对于我们经济科学方法论的创新显然是有益处的。而其中的一些纯技术性、

工具性的方法，如社会统计和调查技术等，完全可以拿来就用，直接为我们的经济理论研究服务。

四、对传统方法不断进行改进和提高

所谓传统方法，主要是指过去经济理论研究中常用的一些研究方法，诸如抽象与具体法、逻辑与历史法、归纳与演绎法、分析与综合法等。大量带有现代科学特点的研究方法或手段产生出来后，一方面上述传统方法仍有它的基本意义，尤其是对单科性的、基础性的、质的问题的理论探讨，还是很有成效的。另一方面，我们又应该认识到，传统方法必须改进、充实、丰富和提高。在经济结构和经济运行及现代科学发生重大变化的当今时代，上述传统方法若仍拘泥于过去的格局，不作改革和创新，不注入新鲜血液，那么就会丧失生机和活力。由于单靠传统方法已不能适应现代经济理论研究的需要，因此在使用传统方法时，必须尽可能地采用现代科学方法，只有把二者有机地结合起来，彼此补充，使之相得益彰，才能更有效地解决一些重大的经济理论问题和实际问题。

古诗云："问渠哪得清如许，为有源头活水来"。现代经济科学的方法论只有不断移植和借鉴自然科学以及其他社会科学中的某些新成就，批判地吸取当代各种思潮中的新养料（尤其是当代西方社会科学理论和方法论中的精华），并对传统方法不断进行改进、充实和提高，才能创新和发展，促进经济科学的现代化。

（原载《蒲峪学刊》1991 年第 2 期）

学术研究与学术功底

学术研究工作从本质上讲，是一种创造性的思维活动。从事学术研究的理论工作者，其职责就在于能推动学术的发展，所得的研究成果能为学术积累提供具有实质意义的增量。如果一位理论工作者，在学术研究中没有建树，未能言人所未言和创造以往所没有的而又具有学术价值的研究成果，未能通过自己的研究提供知识增量或为提供知识增量做贡献，那么，这位理论工作者的研究实际上是毫无价值的。

学术研究工作的特点，要求理论工作必须具有扎实的学术功底。学术靠真功，厚实的学术功底是进行学术研究的必备条件。这种所谓学术功底主要表现在以下三个方面：（1）宽广的知识面。知识面宽广的人才，思想更开阔，更易于创造出有学术价值的研究成果。纵观中外，但凡能在学术史上占有一席之地的人物，大都是广闻博学之士。（2）观察和发现问题的能力。对于学术研究工作者而言，观察和发现问题是研究工作的起点。倘无敏锐的观察和深入分析问题的能力，看不出问题，遇到问题就无从着手，学术研究工作也就无从谈起。（3）具有独创精神和学术创造能力。任何科学都是在不断探索和创新中发展的。唯有那些具有学术创新勇气和能力的理论工作者，才有希望跨入学术的殿堂。

学术研究贵在“求新”，求新背后起支撑作用的是扎实的学术功底。离开了学术功底，既不能以学者的眼光发现问题，也不能从一定理论高度去分析和解决问题。学术创造也就成了无源之水，无米之炊。学术功底是学者的立身之本，也是成事之基。理论工作者能不能成大器，学术功底具有至关重要的作用。古今中外的学术大家有一个共同之处，就是都有扎实的学术功底。正是因为功底扎实，学养丰厚，具有远见卓识和深邃的洞察力，且能真正醉心于学术，潜心其中，才成就了他们与众不同的创造性研究。反之，如果理论工作者的功底不扎实，学术素养不高，并缺乏勇于探索的精神，其研究成果也就难以走出他人的窠臼。研究工作必须植根于深厚的学术功底素养的沃土之中。

那么，理论工作者怎样才能打牢学术功底呢？常言道："业精于勤"。所谓勤，主要是指勤于学习。勤于学习是提高学术修养，打牢学术功底的基本途径。勤于学习成就人生。古今中外，凡是成就事业的人，无不是勤于学习者。鲁迅说，我哪里是天才，我是把别人喝咖啡的时间都用在学习上了。要成为功底扎实的真正称职的理论工作者，就必须勤于学习，认真读书，注重积累和知识增长。

任何一门学科的理论工作者，其研究工作都必须建立在已有的研究基础之上，即使是某一学科的开山鼻祖，在开创新的研究领域或立帜标新时也离不开勤奋学习和努力吸纳已有的相关的研究成果。前人的研究成果是理论工作者向高峰攀登的阶梯。读书学习，这是理论工作者的终身课题。杜甫有句名言："读书破万卷，下笔如有神"。不只是写诗，做学问，研究问题也是如此。处在日新月异当今时代的理论工作者，不仅要努力掌握本专业领域的知识，还要尽可能多地学习和掌握相关的基础知识和社会实践的新经验，尽量用各种新的东西充实、丰富自己，使自己具有新的较广博的知识和开阔的思路。只有用尽可能多的知识充实自己，肚子里有东西，才能写得出，写得好。

读书学习和提高学术修养也是一项艰苦的劳作。要学习和掌握某方面的知识，毕竟要经过苦其心智，劳其筋骨的钻研和磨炼。科学理论特别是社会科学理论大都比较枯燥，如社会科学中的经济学理论曾被人称之为“沉闷的科学”。翻开一些经济学著作，映入眼帘的是大量专业性名词术语，种种干巴的符号数字、图表和艰涩的文字分析。不仅如此，有些包括经济学在内的学术理论还十分高深，不易弄懂。因此，从事学术理论学习和研究的理论工作者，需要有不畏劳苦和为祖国的学术发展献身的精神，忍得住艰辛，舍得下功夫，苦读深钻，一点一滴的积累。常言道：“山积而高，泽积而长”。读书学习和学术研究工作犹如攀登丛林叠嶂高耸秀拔的山峦，“无限风光在险峰”。在学术道路上奋力攀登的理论工作者，当学养丰厚到一定程度时，就有可能厚积薄发，终成大器，拿出有创见、够分量的学术研究成果，从而在促进祖国的学术理论的发展上有所建树。

（原载《金融时报》2013 年 12 月 6 日）

从事经济学理论研究要多阅读原著*

从事学术研究，必须十分重视阅读原著。早在一个多世纪之前，恩格斯在一封写给德国《社会主义月刊》青年编辑布洛赫的信中谈及如何学习和研究唯物史观问题时曾说道："我请您根据原著来研究这个理论，而不要根据第二手的材料来进行研究——这的确要容易得多。"学习和研究经济学理论也是如此。要系统掌握经济学的基本原理，特别是经济学大师的理论观点、方法、体系及其产生、发展和完善的过程，就必须认真学习经济学原著。各种教材或辅导材料，对于学习和研究经济学理论虽然是有作用的，但它们并不能代替对"原汁原味"的经济学原著的学习和研究。

经济学"原著"，一般而言，主要指的是经济学经典名著。它们是功底扎实的学者长时间潜心研究某一领域并有所独创或创新，再经过艰苦的写作，才得以向大众展示的成果，大多具有长久不衰和难以逾越的价值。原著是学习和研究经济学理论的第一手资料，对于经济学理论工作者来说，多读一些经济学原著是大有裨益的。只有阅读原著，才能深切体会经济学大师们在研究成果中的活水般的思想内涵，独到的见解及其在经济学理论上的贡献。

学术是一代又一代积累沉淀下来的。任何学者的研究工作都必须建立在已有成果的基础之上。即使是某一学科的开山鼻祖，在开创新的研究领域或立帜标新时，也离不开吸纳已有的相关的研究成果。社会科学特别是经济学理论具有很强的长期累积特点。

---

* 该文的主要内容原载《金融时报》2009 年 7 月 24 日。

前人或当代学者已有的研究成果是经济学人向高峰攀登的阶梯。古往今来，那些大师级的经济学家无不是虚心学习和吸纳凝聚着前人或当代人辛劳和汗水的已有研究成果的基础上，或挖掘进去，层楼更上，或生发开来，另辟蹊径，独树一帜，他们哪一个不是站在前人或当代学者的肩膀上，并以自己的独特创造，攀登上经济学某个领域的高峰呢?

扎实的理论功底是做好学问的前提和基础，否则难免“先天不足”。如果学术功底不牢，缺乏基础理论修养，分析问题就难有深度，理论观点难有厚度，学术视野难有广度。因此，学者能不能成大器，学术功底具有至关重要的作用。

那么，经济理论工作者怎样才能打牢学术功底呢?笔者认为，要做到“三勤”，即勤读、勤思、勤研。首先，要勤读，发奋学习，尤其是要认真读原著。常言道：“业精于勤”。所谓勤，主要是指勤奋读书学习。杜甫有句名言：“读书破万卷，下笔如有神”。经济理论工作者唯有在发奋学习和认真阅读原著中不断充实自己，才能提高自己的学术功底，而厚实的学术功底则是撰写出有重大学术价值研究成果的必备条件。

现代经济学是社会科学领域里发展最为迅速，流派众多，名家辈出的研究领域之一。现代经济学名家的著述之多，浩如烟海，要都去涉猎显然是不可能的。但是，假如你要掌握经济学的基本原理，那么至少有三本书你必须认真阅读。一是亚当·斯密的《国富论》；二是马克思的《资本论》；三是凯恩斯的《货币通论》。现代经济学的精华主要凝结在《国富论》、《资本论》和《货币通论》等不朽的经典名著之中。老祖宗不能丢，研究经济学不能不读他们的不朽著作。此外，作为经济理论工作者，还必须要把自己主攻或感兴趣领域的代表人物的代表作读遍。假如你是个金融理论工作者，那么你就必须阅读弗里德曼、托宾、马柯维茨、斯科尔斯、默顿、麦金农和肖等金融学大师的代表性成果。

读书特别是啃经济学经典原著也是一种艰苦的脑力劳动，没有捷径可走，必须舍得投入时间和精力。翻开一些经济学著作，映入眼帘的是大量专业性的名词术语，种种干巴的符号数字、图表和艰涩的文字分析。许多经济学理论著作比较枯燥和高深难懂，没有一股钻劲不行。马克思在《资本论》里曾引用19世纪英国国会议员格莱斯顿的话说："受恋爱愚弄的人，甚至还没有因钻研货币而受愚弄的人多。"有些经济学著作读起来确实十分费劲，要弄懂和学好，非下大的功夫不可。

在当今学术界浮躁之风颇盛的环境下，经济理论工作者不读原著或读的有限，已是普遍现象。有些人急功近利，嫌麻烦，怕费力气，不愿花时间读原著。有的人往往满足于能背诵几个时髦的概念，能记住几段大师的精彩词句或几个公式模型，装点门面。现在国内高等财经院校的研究生读书，不少人主要是为了取得文凭和学位资格，目的不是做学问。硕士两三年，博士三四年，时间有限，课程又多，论文还要按期完成，要掌握经济学有关知识，只能向参考书求援。这些人既然不是抱着做学问的目的，也就无心花大力气去啃经济学经典原著了。

北宋诗人黄庭坚有云："读书如禹之治水"。大禹当年治水，十数年如一日，三过家门而不入。学习读书也要有大禹治水那种心无旁骛和坚韧不拔的精神，不畏劳苦，能坚持长时间的打磨和深钻。对于自己选定的经典名著，要做到通读、精读和深读，反复阅读，反复钻研，经年累月的苦守，从整体上把握其丰富的内涵和科学体系，领会蕴含其中的理论和方法。一部部经济学经典名著，犹如一座座金山，掌握一部大书，即如同挖掘到一座金山，开山虽难虽苦，但却会有取之不竭，终生享用之功效。

纵观经济学说史，古往今来，大凡有成就的经济学者，无不重视读书学习。他们靠的是头悬梁锥刺股，靠的是十年磨一剑，靠的是“三年不窥园”的毅力和“铁杵磨成针”的耐心。古今不少学者蛰居于书斋，皓首穷经，日积月累，终于成为有建树有影响的学术大家。扎实的理论功底与勤奋有加的为学精神是学者成大器的主要原因。

从诺贝尔经济学奖评奖看中国经济理论研究

近年来，“中国经济学家何时能够问鼎诺贝尔奖?”已成为学术界和新闻媒体议论较多的话题之一。对此话题尽管众说纷纭，莫衷一是，然而不容忽视的客观事实则是，直至今日，中国经济学家连获得诺贝尔奖提名资格的也一个没有，① 更不用说去摘取诺贝尔奖桂冠。其实，与其炒作中国经济学家何时问鼎诺贝尔奖，倒不如认真反思一下中国经济学家为何与诺贝尔奖仍相差甚远。为此，本文拟从经济科学研究的角度谈几点粗浅看法。

一、重要在于理论创新

据诺贝尔经济学奖评奖委员会前主席林德贝克透露：“评奖委员会在考虑什么应该是一个‘值得’获奖的领域时，特别看重的是该贡献的原创性。”② 或者说，评奖委员会特别注重候选人在经济学理论与方法上有无创新之处。事实上，创新是治学之魂。创新对经济学理论研究的兴衰和发展的作用，就犹如人的精神对人的进退的意义一样。没有创新精神，经济理论便会失去生气，失去发展的动力。创新是经济理论之树得以常青的不竭之源。作为

---

① 林德贝克：《中国经济学家及其学说，在西方没有几个人知道》，转引自《中国经济大论战》（第八辑），第 108 页，经济管理出版社 2003 年版。

② 林德贝克：《诺贝尔经济学奖世纪回眸》，载《比较》（第一辑），第 140 页，中信出版社。

经济理论工作者，要能对经济学思潮和发展方向产生影响，就必须进行大量原始创新的研究。

经济学的创新包括理论观点、研究方法和理论体系等诸多方面，其中首先表现为在理论观点方面能提出新颖独到的见解。经济学要发展，经济学原理和方法要更新，离开了新的见解就是一句空话。因此，在经济理论的研究工作中，应当鼓励敢于独立思考，鼓励敢于“标新立异”，鼓励大胆探索和提出不同的见解。当学术创新积累到一定的量，就会产生质的新变，促使经济理论框架发生更新。

改革开放以来，我国经济学界在吸收西方国家的一些适应现代市场经济发展需要的理论和方法方面做了不少有益的工作，对我国社会主义市场经济的发展和经济理论研究的繁荣起到了积极的促进作用。我国经济学界对西方经济学理论拿来、吸收工作应当说还是做得不错的，现在的主要问题是引进、吸收远多于创新。因为经济学的发展关键在于创新，长久的模仿、照搬肯定是行不通的。我国的经济理论不能总是处于学习、研究和借鉴国外各种经济学流派的阶段，不能总是主要靠向国外“拿来”我们所需要的经济理论知识。单靠引进的国家不可能指望在经济理论学术水平方面领先于其他民族，这就如同一个主要靠进口先进武器的国家永远不可能成为真正的军事强国一样。

近年来，在我国改革开放所勃发的无限生机的推动下，以市场经济快速发展为依托的中国经济理论研究，无论是在实际操作还是在理论建设上，都开始呈现出发展与创新的态势。许多经济理论工作者尝试着把外来的经济理论与国内实际、经济理论研究与改革和发展的实际结合起来，从而使我国的经济学研究开始步入理论建树的发展期。但从总体上看，尚处于起步的初创阶段。我国至今还没有形成能自成体系且在国际上有一定影响力的学术流派，而能否出现或形成不同的经济学流派，既是经济理论研究能否不断创新的必要条件，也是经济理论研究是否成熟的标志。此外，我国至今还很少有中青年经济学者活跃于国际经济学界的学术论坛。这不仅反映我国的经济理论研究水平还不够高，而且也说明我国的经济学理论研究尚未与国际接轨。

与此同时，虽然国内每年发表的经济学论著可谓不少。然而具有原始创新性的研究成果却不多，因而难以得到国际的重视。有的经济学者虽然勤于笔耕，可谓著作等身，然而仔细观之，不难看出这些所谓等身的著作最明显的不足之处就是缺乏原创性。翻阅近年来公开出版的经济类学术刊物，更使人深切地感到：尽管富有独到见解的佳作在日渐增加，但毫无新意的低层次简单重复之作也不在少数。这些论著大都有以下特点，即题目旧，老话多，数据旧，使之感到“似曾相识”，读之无味。在近年来国内出版的经济学著作中，有的著作虽也有所谓独到见解，能提出自己的一些看法，但学术含量不够多，理论性不够强，层次不够高。经济学作为一门社会科学，其学术研究具有很强的积累性。只有注重学术积累和知识增长，在厚积上薄发，在积累中求创新，才可能取得具有重要学术价值的优秀成果。

国外许多学者和政要十分看好中国经济，认为中国有望于21世纪中期成为世界上最大的经济强国。那么，中国就不应当仅仅能够创造出世界上最大的GNP份额，而且也应当能为促进现代经济理论的繁荣和发展作出更大的贡献。中国不仅具有旺盛活力的经济，而且还拥有当今世界上最大的经济学家群体，特别是其中不乏有才华同时又富有创新精神的人才。中国的经济学者要有超越前人、超越西方的学术勇气，争取能在研究品位上构建中国特色的风格、气派，形成自己的研究传统。

二、加强基础理论研究

现代经济学既是一门理论科学，能给人们提供分析经济问题的理论和方法；又是一门应用科学，能给人们提供解决具体经济问题的对策和方法。具有综合性特征的现代经济学，按其研究对象的不同，大体上可以分为两大类：一类是从事与基础理论和方法论有关的纯学术研究，另一类是着眼于政策性、对策经济研究。这两类各有其不可或缺的作用。一般而言，经济学较之其他社会科学更具有实用性，它是一门实用性很强的学科。这一特点决定了需要有一大批学者面向经济建设的主战场，关注改革和发展中的难点和焦点及热点问题，并为解决这些问题出谋划策，从而为指导和推动经济发展作出扎扎实实的贡献。同时，经济学家中也需要有一些人坚持纯理论研究，即钻研“冷”的问题，争取能为经济理论研究提供新的观点和方法。然而，据诺贝尔经济学奖评选委员会主席波蒂尔·纳斯兰德教授透露：“诺贝尔奖在评选过程中似乎更重视方法的研究，而对一些应用领域的研究并不大关注。当然，如果有人在应用领域如发展经济学与环境资源经济学有一些新的发现和成就，他们也会加以考虑的。但委员会考察其贡献的时候，会很注意地追溯他的最根本经济思想来源于什么地方。往往他们发现，这些思想来自他人的基础性研究。有些人做了基础性的研究，有些人将它应用到现实经济中，诺贝尔奖考虑更多的是作出基础性贡献的人。”①

在我国，绝大多数经济理论工作者都有着强烈的社会参与感和责任感，都很关心现实经济问题和经济政策，并以对现实经济

① 尹翔硕、马咏华：《我们把诺贝尔经济学奖授予谁——访诺贝尔经济学奖评选委员会主席波蒂尔·纳斯兰德教授》，载《经济学消息报》，1996－11。

问题的研究作为自己的职责。改革开放后多年来，经济问题热点可以说是一个接着一个，各领风骚几年。例如，通货膨胀和通货紧缩、宏观调控、金融安全、国企改革、住房制度和医疗制度改革、“加入 WTO”及“三农”等问题，都曾经是而且有的现在依然是经济理论工作者们十分关注的热点问题。与关注热点问题的研究相比，对纯经济理论研究的重视程度则似乎显得不够。经济理论工作者应当注重热点问题的对策研究，同时也要注重理论的概括和升华。理论研究是应用研究的基础，如果没有理论的深入发展和创新，解决具体经济问题的对策研究就会失去科学的依据。诺贝尔奖主要只颁给对经济理论或研究方法作出原创性贡献并取得重大突破的所谓学院派经济学家就说明了这个问题。笔者认为，从事纯经济理论研究即研究“冷”的问题，需要有以下两种科学的治学态度：

首先，要能静下心来，有宁静致远的心态。就纯经济理论研究而言，需要的不是浮躁的张扬，而是冷静的观察、思考和探索。与热点相比，对“冷”问题的研究是个寂寞的行当。有人说，经济学是一门平淡、枯燥的科学。有些经济学著作确实平淡如水，枯燥无味，不仅如此，有些经济理论还十分高深，不易弄懂。马克思在《资本论》里引用 19 世纪英国国会议员格莱斯顿的话说：“受恋爱愚弄的人，甚至还没有因钻研货币本身而受愚弄的人多。”① 我国已故著名经济学家孙冶方曾经讲过要提倡坐冷板凳。不愿坐冷板凳，什么都想炒得很热，实际上是不可能的。近年来，在我国经济学界有的学者成名后就再也耐不住寂寞，到处演讲，忙于发表各种意见，忙于在各地、各媒体之间奔波。中国经济学理论的发展需要有一批既有学术潜力又能在安安静静中劳作耕耘的学者。研究纯经济理论之类的学术问题，静心最为重要。如果

① 《马克思恩格斯全集》第 23 卷，第 136 ~ 137 页，人民出版社 1972 年版。

不能静下心来，耐不住寂寞，不甘心坐冷板凳，就很难深入探讨一些经济学原理问题。

其次，要有所专攻，能长时间地在一个领域内埋头深钻，默默耕耘。进入20世纪以来，随着生产的发展和科学的进步，经济学得到迅速的发展和分化，大量分支学科不断涌现。如果说在斯密和马克思时代，经济学的分支学科寥若晨星的话，那么现今则是群星灿烂，已成为拥有数百个分支学科的庞大体系。学科的细化，使经济学研究的内容更为深入和具体了。这是人类对社会经济活动的认识由粗到精和由浅入深的体现。在经济学已进入了不同学科合理分工和专业化发展的时代，一个经济理论工作者要成为某一分支学科领域的专家已十分不易，而要做到门门学科都精通，无所不知，无所不晓，已几乎不可能。因此，必须要有所专攻，有重点地选择某一门学科，把它作为深钻的对象，花功夫真正精通它。而近些年来在我国经济学界，学政治经济学的教企业管理，专长不是金融的在媒体上大讲证券；股市一热，许多人争着在报刊上发表见解；加入“世贸”组织临近，许多人又一窝蜂地大谈WTO，似乎人人又都成了世贸问题的专家。笔者认为，如此赶时髦、追热点，这不是从事经济理论研究的正道。经济理论工作者应当尊重科学和学科的自身规律，力戒浮躁，静下心来就几个经济理论问题进行长时间的不断探索。“在你的立足处深挖下去，就会有泉水涌出”。这是大哲学家尼采写的《不灰心》的头两句。在做学问的路上，只要有所专攻，不断开拓和创新，就必定能取得具有长久学术价值的研究成果，从而在理论上有所建树。

三、鼓励从事交叉科学研究

现代经济学还有一个突出的特点，就是在高度分化的基础上，经济学内部各分支学科间以及与其他社会科学和自然科学的交叉渗透日益加强，相互依存，出现了综合化的发展趋势。从历届诺贝尔经济学奖授奖情况来看，评奖委员会也对这一经济学发展趋势有所关注，曾多次授予那些在经济学与政治学、历史学、社会学、法学、哲学、心理学等交叉领域作出突出贡献的经济学家。正如林德贝克所指出："评奖委员会和瑞典皇家科学院决定给'经济学'一词进行比较宽泛的解释，因此此奖将被授予那些在相邻学科之间以及相关的经济问题方面作出突出贡献的学者，或者换句话说，交叉学科领域的研究被认为是很重要的。"①

一般来说，经济科学领域中的交叉学科主要是通过"移植"和"杂交"两种方式产生的。"移植"是指用某一学科的原理或方法去研究解决另一学科中的某些问题。例如，一方面，用心理学方法研究经济学中的非理性行为便产生了行为经济学；运用自然科学中的实验方法研究经济学中的理性行为或非理性行为便产生了实验经济学。另一方面，运用经济理论分析婚姻、家庭等社会现象，便产生了社会经济学；运用经济人假说分析政治家的行为便产生了"公共选择理论"。"杂交"是指不同学科间互相渗透、合流，"内在地、有机地结为一体"而形成的经济学科。例如，经济学和法学相结合，便产生了"经济法学"；经济学和史学相结合产生了经济史学；经济学与哲学相结合，便产生了经济伦理学；等等。经济科学中交叉学科的大量产生极大地拓展了人们的视野，它表明经济科学横向扩散与纵向探微的发展趋势，即对象越来越多，领域越来越宽广，研究的深度也越来越加强了。在宏观和微观上都出现了这样的情况：经济科学过去有许多不可能研究的对象和领域，现在可以涉足了，甚至可以做一些比较深入的研究；

① 林德贝克：《诺贝尔经济学奖世纪回眸》，载《比较》（第一辑），第139页，中信出版社。

有些过去在经济研究中不可能考虑到的领域，现在也都提到研究日程上来了。

经济科学中交叉学科大量涌现的这种发展趋势，既为经济研究工作拓展了新的研究领域，同时也给经济研究工作者提出了更高更多的要求。作为经济研究工作者，既要立足于经济科学本身现有学科的深化，又不能囿于狭窄的专业领域，而要着眼于跨科越界，涉足新的领域，在掌握本学科专业的基础上，根据需要和可能尽量拓展自己的知识面。经济理论工作者要“专”就必须“博”，不“博”就不能“专”。既要广博，又要精深，看似矛盾，其实不然，二者是辩证的统一。广博是精深的基础，精深而不首先从广博方面着手，精深则不可得。而精通经济学某一方面的知识又能举一反三，触类旁通，对掌握广博的经济学知识大有好处。因此，经济研究工作者除了要认真学习和掌握马克思主义经济学的基本原理之外，还应当努力学习现代科学的各种新知识和社会实践的新经验，尽量用各种新鲜的东西充实、丰富自己，使自己具有新的较广博的知识和开阔的思路，只有这样，才能胜任对许多新的“交叉学科”的研究工作，并在推动经济科学发展中有所作为。

经济学在中国的繁荣和发展，在很大程度上有赖于经济理论工作者知识结构的完善和素质的提高。时至今日，作为经济理论工作者，不仅仅要具备扎实的专业知识，是经济学某一领域的专才，同时又要掌握经济学领域里相关学科的基础知识以及其他社会科学和自然科学的基础知识，是个学识广博，具备多种学科知识的通才。“读书破万卷，下笔如有神”。经济理论工作者知识面宽，肚子里有东西，才能写得出，写得好。唯有掌握多种相关学科知识的人才，才具有开阔的思路和敢于创新的精神，善于把握和抓住学科的前沿，提出有学术价值的独到见解。纵观中外经济学说史，凡能在经济学某一领域里取得杰出成就的，莫不是学识渊博且敢于创新的人。

四、辩证地看待经济学的数学化趋势

数学及其方法普遍地适用于任何一门科学，一切科学都离不开数学。拉法格在《忆马克思》一文中指出：按照马克思的看法，“一种科学只有成功地运用数学时，才算达到了真正完善的地步”。[①] 这话当然也适用于经济科学。同其他事物一样，经济现象和过程既有质的规定性，又有其量的规定性，这就决定了把数学方法应用于经济科学是非常必要和完全可能的。事实上，林德贝克也指出，在20世纪后半叶，经济学中“一个显著的趋势是数量方法的使用，包括自成体系的统计检验或估算方法在内的计量经济学的重要性越来越明显。授予弗里希、丁伯根、里昂惕夫、克莱因、斯通、哈威尔莫、赫克曼、麦克法登的奖项就是明证。”[②] 并且，本年度诺贝尔经济学奖授予了在计量经济学领域作出贡献的恩格尔和格兰杰，再次印证了林德贝克的观点。林德贝克还进一步地指出，“数学公式在获奖过程中所扮演的作用越来越大，授给萨缪尔森、希克斯、阿罗、科普曼斯、康托洛维奇、德布鲁、阿莱的奖项以及在博弈论和金融经济学领域的奖项都是例子。”[③]

在经济科学的研究工作中，为什么要采用数学分析的方法呢？具体说来，这是由数学本身具有以下特点所决定的。首先，数学

---

① 转引自保尔·拉法格：《忆马克思》，载《回忆马克思恩格斯》，第72～73页，人民出版社1957年版。

② 林德贝克：《诺贝尔经济学奖世纪回眸》，载《比较》（第一辑），第143页，中信出版社。

③ 林德贝克：《诺贝尔经济学奖世纪回眸》，载《比较》（第一辑），第143页，中信出版社。

具有精确性。经济生活虽然也有简单的规定，但大多是比较复杂的过程。诸如价格决定、流通中货币的投放量、国民经济比例关系的确定，都是数量关系的综合指标。即使是生产关系的变革，也要有数学的精确眼光，否则就会把我们的行动建立在一厢情愿的基础上。过去我们在生产力没有发生多大变化的情况下频繁改变生产关系，这虽然有多种原因，而缺乏数学的精确性，不能不说是其中一个重要的原因。其次，数学具有直观性。在分析复杂的经济现象时，人们往往采取“逻辑的方法”，因此又要借助一系列概念、推理去把握整个体系。在许多场合，甚至是“把一连串比较级和最高级词汇同空论拼凑在一起”。[①] 为了使复杂的过程简单化，可以借助数学方法概述为一个公式、一个模型、一组图表，使人一望即知。诸如，流通中需要货币量的公式、经济增长模型、再生产过程的经济表，都有简洁、直观的功效。最后，数学更富于可行性。研究经济理论的目的在于应用，因此必须具有可行性。繁复的论证固然需要，但毕竟和实践还有较大的距离。在经济学教科书和论文中，我们虽然可以有条有理地论证重大经济比例关系问题，但如果没有数量界限和经济活动目标参数，实际工作部门仍然会感到茫然。我们的经济理论和实践严重脱节，其中一个重要原因是忽视了数学工具的运用。

应该指出的是，数学方法“渗入”经济科学，在客观上有一个限度，它只能构成经济研究整个方法论中的一个技术性的从属部分，无论数学公式和模型表示的数量关系多么完备，它终究只能作为辅助工具。列宁就曾说过：“公式本身什么也不能证明；它只能在过程的各个要素从理论上解释清楚以后对过程绘图说明。”[②] 大量数学的应用既可以用来证明真理，也可以用来掩盖谬误，这

① 《马克思恩格斯全集》，第13卷，第42页，人民出版社1962年版。

② 《列宁全集》第4卷，第48页，人民出版社1958年版。

就以由谁和如何运用数学为转移。数学对经济科学的发展只能起到服务作用，而不是支配作用，绝不能使数学方法“渗入”经济学最后变成“征服”经济学，以致用数学概念代替了客观存在的要素，最后只剩下了一些空洞的方程式和公式图表。

当然，我们应当反对对数学的滥用，但绝不能反对应用数学工具分析经济问题。经济科学的数学化目前已成为一种正在发展的趋势。经济科学要现代化，首先研究方法必须现代化，而要使经济科学的研究方法现代化，在很大程度上取决于用现代数学知识武装我们的经济研究工作者的头脑。经济研究工作者只有努力掌握现代数学知识，并使之成为得心应手的工具，才能在社会主义现代化建设和繁荣经济科学中有所作为。

（原载《经济学动态》2003 年第 12 期）

经济学理论研究的冷与热

现代经济学是一门理论科学，能给人们提供分析经济问题的理论与方法；又是一门应用科学，能给人们提供解决具体经济问题的对策与方法。具有综合性特征的现代经济学，按其研究对象不同，大体上可以分为两大类：一类是从事与基础理论和方法论有关的纯学术研究；一类着眼于政策性、对策经济研究。这两类各有各的不可或缺的作用。

一般而言，经济学较之其他社会科学更具有实用性，它是一门实用性很强的学科。这一特点决定了需要有一大批学者面向经济建设的主战场，关注改革和发展中的难点和热点问题，并为解决这些问题出谋划策，从而为指导和推动经济发展做出扎扎实实的贡献。同时，经济学家中也需要有一些人坚持纯理论研究，即钻研“冷”的问题，争取能为经济学理论研究提供新的观点和方法。

在我国，多数经济理论工作者都有着强烈的社会参与感和责任感，都很关心现实经济问题和经济对策，并以对现实经济问题的研究作为自己的职责。改革开放 20 多年来，经济问题热点可以说是一个接着一个，各领风骚几年。例如，通货膨胀和通货紧缩、宏观调控、金融安全、国企改革、住房制度和医疗制度改革、加入 WTO 及“三农”等问题，都曾经是而且有的现在依然是经济理论工作者们十分关注的热点问题。与关注热点问题的研究相比，对纯经济学研究的重视程度则似乎显得不够。经济理论工作者应当注重热点问题的对策研究，同时也要注重理论概括和升华。理论研究是应用研究的基础，是源头活水，对应用研究重视是完全应该的，但不能因而忽视对经济学理论的研究。如果没有理论的深入发展和创新，解决具体经济问题的对策研究就会失去科学的依据。

所谓冷点研究是指对经济学原理的研究。经济学原理研究也很重要。诺贝尔奖只颁给对经济学理论或研究方法做出原创性贡献并取得重大突破的经济学家，就说明了这个问题。诺贝尔奖主要是针对一些从事纯经济学理论研究的所谓学院派的经济学家。从事纯经济学研究即研究"冷"的问题，需要有以下两种科学的治学态度。

首先，要静下心来，有宁静致远的心态。就纯经济学研究而言，需要的不是浮躁的张扬，而是冷静的观察、思考和探索。与热点相比，对"冷"问题的研究是个寂寞的行当。马克思在《资本论》里引用19世纪英国国会议员格莱斯顿的话说："受恋爱愚弄的人，甚至还没有因钻研货币本质而受愚弄的人多"。[①] 我国著名经济学家孙冶方讲要提倡坐冷板凳。不愿坐冷板凳，什么都想炒得很热，实际上是不可能的。中国经济学理论的发展需要有一批既有学术潜力又能在安安静静中劳作耕耘的学者。研究纯经济学之类的学术问题，静心乃为首要。如果不能静下心来，耐不住寂寞，不甘心坐冷板凳，就很难深入探讨一些经济学原理问题。这显然是不利于经济学理论发展的。从事纯经济学研究的理论工作者，既然自觉自愿地选择了学术研究作为自己的职业，就应当心无旁骛，不受干扰，以敬业、执着、淡泊、踏实和创新的精神，沉潜学问。

其次，要有所专攻，能长时间地在一个领域里埋头深钻，默

① 《马克思恩格斯全集》第23卷，第136－137页。

默默耕耘。进入 20 世纪以来，随着生产的发展和科学的进步，经济学得到迅速的发展和分化，大量分支学科不断涌现。如果说，在亚当·斯密和卡尔·马克思时代，经济学的分支学科寥若晨星的话，那么现今则是群星灿烂，已成为拥有数百个分支学科的庞大体系。在经济学已进入不同学科合理分工和专业化发展的时代，一个经济理论工作者要成为某一分支学科领域的专家已十分不易，而要做到门门学科都精通，无所不知，无所不晓，已几乎不可能。因此，必须要有所专攻，有重点地选择某一门学科，把它作为深钻的对象，并花功夫真正精通它。赶时髦、追热点，不是从事经济学理论研究的正道。经济理论工作者应当尊重科学和学科的自身规律，力戒浮躁，潜下心来就几个经济学理论问题进行长时间的不断探索。在学术道路上，只要有所专攻，孜孜以求，挖掘不止，不断开拓和创新，就必定能“功到自然成”，取得具有长久学术价值的研究成果，从而在理论上有所建树。

（原载《光明日报》2003 年 7 月 23 日）

非宁静无以致远

——对我国金融理论研究现状的思考

20世纪80年代以来，我国的改革开放和现代化建设浪潮把金融业推到了极其重要的位置。随着社会主义市场经济的建立和发展，以融资为己任的现代金融业在社会经济生活中扮演着日益见重的角色。政府、企业、家庭、个人无不关注金融问题，货币的通胀与通缩、股市的走熊与走牛、外汇的升值与贬值、利率和存款准备金率的升降等金融问题，已成为社会公众谈论最多的话题。在这种背景下，金融学研究也一跃成为经济学体系中最引人注目的学科领域。目前，国内重点高校大都设有金融学专业，从事金融学习和研究的队伍庞大，从公开发表的经济学类论著看，金融学占比最大。社会公众对金融理论和实际金融问题的关注，以及金融理论和金融政策对社会经济生活影响的深度和广度，超过了任何一门学科。

像其他科学领域一样，金融学也有基础理论与应用理论之分。在体制转轨和社会变革的特殊历史时期，金融学者更关注改革和发展中的金融问题，即金融学的对策研究。这不但为中国的社会经济发展作出了良多贡献，也引发了金融学研究在我国空前繁荣的局面。金融学理论虽然对社会经济的发展产生了相当大的影响，但由于我国对现代金融学理论的研究起步较晚，加之多年来偏重于对策研究，没有把金融学基础理论研究摆到应有的重要位置。因此，直至今日我国在现代金融学理论方面仍处于学习和探索阶段，国内金融学与国外相关研究的差距仍然存在，普遍存在原始创新能力较差，缺少科学研究和实证研究，缺少高水准的论著等问题。具体说来，主要表现在以下几个方面：

一是还没有出现被国际金融学界公认的大师，或有实力角逐诺贝尔经济学奖的学者。尚无具有带动性甚至能对当代金融学的思潮和发展方向，产生直接影响的顶尖人物。

二是具有原始创新性的研究成果尚不多见。金融学理论研究缺少学术创新和原创，缺少力透纸背的经典力作。至今仍无人在现代金融学领域的某个方面作出开拓性、奠基性的贡献，更没有人创造以中国人命名的定理、假设和模型。在国际金融学界所发挥的作用与我国经济大国的地位很不相称。

三是金融学的不少基本概念在各种编著中认识不统一。在我国目前已出版的众多有关金融知识的词典中，大都没有将金融学作为一个词条单独列解。对金融学的界定，迄今为止国内还没有形成一种有影响的权威性的科学定论。这说明我国金融学界对现代金融学应包括的内容和它的科学内涵还没有完全认识和掌握。

怎样才能提升我国的金融学理论研究水平，促进金融学理论研究在我国的发展呢?

第一，要把金融学基础理论研究摆到应有的重要位置上。从我国目前金融研究的现状看，对策性研究居于十分突出的地位，而作为对策性研究科学依据的基础理论研究却相对较少有人问津，研究力量较弱，涉及现代金融学学科建设的一些重要理论问题，国内公开发表的研究成果数量仍较少。金融学是一门实用性很强的学科，在改革和现代化建设中，客观上需要有更多的金融学者关注社会经济生活中的金融难点和焦点问题，并为解决这些问题出谋划策。与此同时，也需要有一定数量专门从事纯学术研究的金融学者，进行与基础理论和方法论有关的纯金融学理论研究，探索金融学学科的理论前沿。

如果说应用研究是侧重于“求用”，那么基础理论研究则是侧重于“求知”。基础理论研究是应用研究的基础，是源头活水，二者是源和流的关系。如果没有基础理论研究的深入和创新，解决具体金融问题的对策研究就会失去科学的依据。

第二，要鼓励原始创新性研究。我国的金融学理论发展，单靠一味地学习、借鉴和照搬西方肯定是不行的，这样不可能指望在学术研究水平方面领先于其他国家。学科建设贵在创新，创新是金融学发展的不竭动力。在金融学理论研究工作中，要大力倡导和鼓励原始创新性研究，在别人熟悉的金融学某些领域里有所发现、有所创新。在金融学的研究工作中不仅要有学术深度，更要有学术创新的力度。中国的金融学者要有敢于标新立异的气魄以及超越西方学术的勇气，努力建构中国特色的学术风格，形成自己的研究传统，以此提升在国际金融学界的话语权。

第三，要重视培养优秀学术带头人。金融学理论的发展和学术研究水平的提高，关键靠人才，特别是靠高水平的学术骨干。我国金融学理论研究人才队伍虽然庞大，但人才结构不均衡，高端人才严重不足，能跻身国际金融学理论研究前沿、参与国际竞争的拔尖人才更是奇缺。这已成为制约我国金融学理论研究水平提高的瓶颈。

繁荣学术，人才为本。任何一门学科建设，最重要的因素是人才，特别是学术带头人。针对我国金融学理论研究人才队伍目前的状况，我们既要在提高学术队伍的质量和整体实力上下功夫，更要舍得花力气培养和造就一批能站在高端位置、处于学术前沿地带、引领学科发展方向的学术骨干人才，让他们成为推进现代金融学理论在我国发展的中流砥柱。

第四，要倡导不畏劳苦和静心治学的精神。与对策性研究相比，研究纯金融学理论是个寂寞的行当。受学术界浮躁之风的影响，近年来我国金融学界的某些人也出现了急功近利、弄虚作假、乱捧瞎吹、炒作起哄等不良倾向。古人云："非宁静无以致远"，金融理论研究者只有静下心来，洁身自好，才能集中精力学习和思考，从而在学术道路上走得更好，更远。

（原载《光明日报》2012年5月4日）

论金融在现代市场经济中的地位和作用

金融，是指资金的融通，一般说的是与货币流通和银行信用有关的一切活动。早在100多年前，生活在自由资本主义时代的马克思和恩格斯就已经认识到金融的重要性。他们曾在《资本论》等著作中多次谈到货币的“第一”和“最终”推动力的作用以及银行信用对社会经济发展的积极推动作用。随着现代市场经济的建立和发展，以融资为己任的金融业在整个国民经济中扮演着日益重要的角色。

在现代经济生活中，货币资金是沟通整个社会经济生活的命脉和媒介，可以说一切经济活动都离不开货币资金的运动。因此，经济学家们往往把货币资金比喻为现代经济的血液。如果说，货币资金犹如国民经济的“血液”，那么，作为筹集、融通和经营货币资金的金融业，就好像是国民经济的血液循环系统。要维持货币资金在国民经济中的正常运行，必须依靠中央银行、金融机构和金融市场构成的金融体系。这就如同要维持血液在人体中不停顿地循环周转，必须依靠由心脏和血管构成的血液循环系统一样。社会经济运行中的生产、分配、交换和消费过程，哪个环节都离不开货币和信用等金融活动，离不开银行等金融机构的“造血”和“输血”。现代经济离开了金融的支撑，既不能保持稳定的增长速度，更不可能出现大的飞跃。

金融业在推动社会经济发展中起着特殊的杠杆作用，具体说来，主要表现在以下两个方面：

一、聚集社会闲散资金和调剂资金余缺

以银行为主的金融业机构遍布城乡各地，通过信用业务的开展，能将社会上各种小额的闲散资金集中起来加以再分配，调剂资金余缺，从而使全社会的资金和资源发挥最大限度的效用。

1. 变“死钱”为“活钱”

一切闲置的货币资金都是“死钱”，只有周转于生产和流通过程的资金才是“活钱”。在社会经济活动中，“活钱”和“死钱”总是同时存在的，只有努力减少“死钱”和加大“活钱”的比重，才能加快社会经济的发展。金融业不仅能把经济组织在资金循环过程中出现的暂时闲置的“死钱”变为“活钱”，用于经济活动，而且还能通过其特殊的转换功能，将储蓄转化为投资或将消费转化为积累，把原来的非生产性资金转化为建设资金。例如，金融机构可以通过引导居民用其结余的货币购买诸如国库券、股票和企业债券等信用工具，从而把居民的积累和现实的购买力转化为投资，促使社会资金最大限度地用于经济发展。

2. 变“小钱”为“大钱”

涓涓细流作用不大，往往不引人注意，而当无数细流汇集成浩浩荡荡的洪流时，就会显示出其不可忽视的强大威力。同样的道理，当社会上闲置资金分散在许许多多个人手中时，零零星星，看起来数额不大，作用有限，而当金融机构把分散零星的货币积蓄和暂时不用的资金汇集起来，积少成多，积零为整，由“小”变“大”，通过规模金融形成规模经济，产生“密集服务效应”，就变成了能促进社会经济发展的巨大资金力量，并通过其灵活调剂资金余缺的机能，既可满足企业发展生产和流通对资金的急需，

又可加速社会资金的周转，提高资金的运行效率。马克思在论述银行信用的这一作用时说道："小的金额是不能单独作为货币资本发挥作用的，但它们结合成为巨额，就形成一个货币力量。这种收集小金额的活动是银行制度的特殊作用。"①

二、宏观经济调控的总开关

在市场经济条件下，市场调节是资源配置的主要方式，而市场配置资源的作用主要是通过资金的流动和组合来实现的。由于以银行为主的金融业是集中和分配生产建设资金的主渠道和全国资金活动的总枢纽。因此，金融在宏观经济调控中发挥着极其重要的作用，有的西方经济学家把金融称为宏观经济调控的总开关。

金融作为宏观经济调控的重要手段，主要是通过中央银行而发挥作用的。中央银行在一国金融宏观调控中居于主导地位，它是国家调控经济和管理金融的最重要最有效的工具。从世界各国的中央银行体制的实践来看，中央银行都承担着调控宏观经济的职能。中央银行根据国家宏观经济政策的需要，通过制定和实施金融政策，运用存款准备金、再贷款、利率、公开市场业务、贷款规模等直接或间接的调控手段，适时调控货币供应的数量、结构，调节经济发展的规模、结构和发展速度，从而促进社会经济稳步协调向前发展。

总之，在"物随钱行"的发达的现代商品经济社会里，金融业起着聚集、引导社会资源配置和调节经济的重要作用。以金融为支柱产业，形成活跃的金融市场，畅通的融资渠道，这是世界各国经济腾飞并保持优势的关键所在。任何国家和地区的经济迅速崛起，无不与重视发展金融业，采取"金融先行"的战略方针

---

① 《资本论》，第3卷，第453~454页，人民出版社1975年版。

息息相关。

在我国，金融在国民经济总体运行中的地位和作用已随着市场经济的发展和金融资产社会化程度日益提高而越来越重要。如今城乡居民已逐渐成为持有社会资金的主体，经济建设资金已主要依靠城乡居民的储蓄。由于大量的城乡居民储蓄和社会其他资金，只有经过金融部门的融通才能转化为建设资金。因此，金融部门已成为我国社会生产和建设资金的最主要的供应者。金融已在我国国民经济建设事业中处于举足轻重的地位。金融部门融通资金的状况如何，资金营运的效益怎样，极大地影响着我国整个经济的运行。邓小平同志 1991 年在视察上海时指出“金融很重要，是现代经济的核心。金融搞好了，一着棋活，全盘皆活”。[①]这段话精辟而又深刻地阐明了金融在国民经济中的重要地位和作用。

随着我国社会主义市场经济的不断发展，我国经济正逐步变为以金融为核心的经济，金融活动日益广泛地渗透到经济和社会生活的各个方面、各个环节，而且与每个人密切相关。如果金融业不能正常安全运行，就有可能危及国民经济全局的发展和社会稳定。席卷亚洲的金融危机给一些国家和地区的经济造成了很大的损失，也给人们留下了许多教训和警示。亚洲金融危机的警示和我国金融业的发展，迫切要求我们认真学习现代金融知识，学会驾驭“现代经济核心”的本领。江泽民总书记最近在中共中央举办的第七次法制讲座会上强调指出：金融在经济工作全局中至关重要。发展社会主义市场经济，必须充分发挥金融的作用。江泽民总书记希望各级党政领导干部提高对金融工作重要性的认识，努力学习金融知识和金融法律。广大经济工作者，特别是身处经济建设领导岗位的负责人，更要积极响应江泽民总书记的号召，

① 《邓小平文选》第 3 卷，第 366 页，人民出版社 1993 年版。

花功夫率先学习现代金融知识，通过学习进一步了解金融的重要性及其有关法规，掌握现代金融的基本原理、运作规范和发展趋势，增强金融意识，提高金融素质和运用金融手段推动经济发展的能力，以适应现代市场经济发展的要求。

亚洲金融危机的教训，还使我们更加深刻地认识到增强金融业防范和化解金融风险能力的必要性。江泽民总书记在中共中央举办的第七次法制讲座会上指出：金融安全关系到国家经济的安全，国家和人民的利益要求有一个安全和稳健的金融体系。要建立和健全能从根本上有效防范金融风险的金融体系，除需要不断改善金融业的经济社会环境以外，关键是要加快和深化金融改革，把改革金融体制与整顿金融秩序紧密结合起来。目前，我国正在有计划、有步骤地推进金融体制的各项改革与建设。改革的目标是，建立与社会主义市场经济相适应的现代金融体系、现代金融制度和良好的金融秩序。现代金融体系、现代金融制度和良好金融秩序的建立，不仅有助于增强我国金融业有效防范和化解金融风险的能力，而且还能更加充分地发挥金融在发展社会主义市场经济中的作用。由于金融业涉及面广，影响大，改革的难度也大，要实现上述改革目标，不仅需要金融业本身的不懈努力，更需要全社会的理解和支持。

（原载《金融科学》1998 年第 4 期）

迈向新世纪的中国金融理论工作者

实行改革开放以来，金融业在我国社会经济活动中扮演着日益见重的角色，金融理论研究也因而受到经济理论界的特别关注和重视。近10多年来，金融理论研究在我国经济学界一直是独占鳌头，广大经济金融理论工作者以满腔的热情积极参与探讨金融体制改革中的一些重大问题，思想活跃，新观点迭出，金融研究的热点一个接一个，从而引发了金融研究空前繁荣的可喜局面。

邓小平同志说："金融是现代经济的核心。"伴随着现代市场经济的建立和发展，以及金融业在国民经济中的地位和作用的增强，作为货币金融活动理论表现的金融科学必定会有一个更大的发展。我国对现代金融科学理论的研究虽然起步较晚，尽管金融科学在我国还不能说已成为一门体系严谨、方法齐备、概念准确的成熟学科，但从其在我国的发展趋势或前景来看，它却是一门大有发展前途的经济学科。任何一门科学的发展前景，从根本上讲主要取决于社会实践的需要。恩格斯说："社会一旦有技术上的需要，则这种需要就会比十所大学更能把科学推向前进。"① 我国经济金融改革和社会经济发展的实践需要金融科学，这种需要必定会极大地推动金融科学在我国的发展，并使金融科学能在社会经济发展中发挥更大的促进作用。

物换星移，逝者如斯。20世纪即将悄然离去，21世纪正在朝

① 《马克思恩格斯选集》第4卷，第505页，人民出版社1972年版。

我们大踏步走来。站在世纪的交汇点上，置身于迎接新世纪的挑战和汹涌澎湃的改革浪潮之中，作为中国金融理论工作者，既肩负着特别重大的历史责任，又面临着难逢的历史机遇。那么，我国广大金融理论工作者怎样才能不负历史的重托，真正做到继往开来，为促进我国的金融改革和发展金融科学而尽责尽力呢？

第一，金融理论研究要坚持紧密联系实际和为实际服务的原则。金融科学较之于其他许多经济学科更具有实用性，它是一门实践性、实用性很强的科学。它的产生和发展离不开社会实践的需要，其基本理论也只有在解决现实问题中才能得到检验和充实。社会经济活动的实践涌现出来的许多金融方面的纷纭复杂的新情况、新问题，呼唤着金融理论工作者去探索、去研究，并作出科学的解答、总结和概括。广大金融理论工作者应当善于倾听实践的呼声和把握实践的脉搏，在理论联系实际和为实际服务上花费更大的力气。作为中国的金融理论工作者，特别要重视联系中国的实际，积极投身到中国的改革和现代化建设的伟大实践中去，深入实际，参加改革，服务改革。这是时代对中国金融理论工作者的呼唤，也是中国金融理论工作者义不容辞的历史使命。波澜壮阔的金融改革和金融发展的实践，为金融科学在中国的发展提供了深沉、厚重的基础。金融科学的理论之树，只要牢牢地植根于中国的改革和发展实践的沃土之上，就会有旺盛的生命力，就能茁壮地成长。

第二，要树立创新意识，勤于思考，勇于进取。同其他一切科学理论一样，金融科学理论的生命力就在于不断创新。创新是金融科学理论有所突破、有所建树的原动力，而故步自封，拘泥成说，墨守成规，则是金融科学理论发展的精神桎梏。因此，在金融理论的研究工作中，应当在坚持马克思主义基本原理的前提下，鼓励开拓创新，鼓励大胆探索，勤于思考，勇于进取。

金融科学理论的发展关键在于创新，广大金融理论工作者要充分认识到创新的重要性，真正树立创新意识，以执著、踏实和求新的精神来从事金融理论研究。惟其如此，才有可能取得对国家金融决策和金融学科建设具有重要价值的科研成果，从而为推动我国的现代化建设和繁荣金融科学作出应有的贡献。

第三，要发愤学习，注意自身的知识更新。在这知识经济已出现端倪的时代，从事各门经济学科研究的工作者都面临着知识结构的更新问题。知识和经验的汰旧求新，或吐故纳新，无论是对于金融理论工作者，还是从事金融实际工作的同志，都是极其必要的。作为金融理论工作者，只有发愤学习，努力吸取现代经济金融科学的一些新知识和社会经济活动的新经验，多读书和多积累，不断用各种新鲜的东西充实和丰富自己，才能拓展视野，开阔思路，具备胜任从事现代金融科学研究所需要的博识和才学。

第四，要重视培养学术骨干，让他们能担当历史重任。新中国成立后特别是改革开放以来，我国已培养和造就了一支覆盖金融类各个学科、各个专业，具有一定水平和实力的研究队伍，并涌现出了一些层次较高的学术带头人。但从总体上讲，这支队伍还存在不少问题，远不能适应金融科学理论发展的需要。其主要问题突出表现为总量不足、层次不够高、人才断层问题尚未完全解决，缺少中年骨干等。

任何研究工作，理论的也好，实用的也好，没有一支素质优良的高层次研究队伍是不可能取得大的发展的。在新世纪到来之际，着眼于金融科学理论在我国未来发展的需要，加快培养和造就一批理论骨干，让他们担当历史重任，成为推进金融科学在21世纪中国发展的中流砥柱，已是我国金融界和教育界的一项重要而又紧迫的战略任务。人类知识的薪接火传，不绝如缕，名师的传授功不可没。老一辈金融理论工作者，尤其是那些学术上有很深造诣并在高等财经院校任教的专家学者，还肩负着将金融科学知识薪火传递下去的重任。金融界的名师大家应当以强烈的历史责任感和敬业精神，花大力气做好这项工作。

（原载《金融与保险》2000 年第 1 期）

转型时期的中国经济学家

在当今中国经济体制转轨和社会变革的特殊时期，人们谈论最多的话题是经济方面的，最受媒体关注的是经济学家，经济学家们报纸上有名，电视上有影。改革和经济现代化的浪潮把经济学推到了“黄金学科”的位置，在此背景下，从事经济研究的中国经济学家生逢其时，特别风光。这些年来，中国的经济学家们东奔西跑，格外忙碌，他们的身影活跃在社会的各个角落。

特殊的历史条件使中国需要有更多的能够解决实际经济问题的专家，即所谓实践型的经济学家。经济学是专门研究资源高效配置、经济增长和财富创造秘密的学问。一般来说，它较之其他社会科学更具有实用性，历来被人们视为是一门实用性很强的学科，甚至有人把经济学称为致用之学。所谓致用，指的是经济学研究要紧密联系实际，为现实经济的发展服务。这一特点决定了需要有一大批经济学家面向经济建设的主战场，专注社会经济发展中的难点及焦点问题。相对于美英等成熟市场经济国家而言，处于经济转型期的国家大都面临着更多的经济发展难题，因而经济学研究的应用色彩也表现得尤为浓烈。当前中国正在进行前无古人的改革和现代化建设，中国的经济学家面临着诸如宏观调控、国企改革、环境保护、金融安全以及“三农”等诸多世界级的难题。对于中国经济学家而言，首要任务就是要能对转型时期的诸多经济难题作出科学的解释，并提出解决的办法，以使中国经济能更加平稳快速地向前发展。

在我国，多数经济学者都有着强烈的社会参与感和责任感，都很关心现实经济问题和经济政策，并以对现实经济问题的研究作为自己的主要职责。改革开放以来，我国的许多经济学者以满腔热情积极参与探讨经济转型时期的一些重大理论问题，思想活跃，新观点迭出，理论热点一个接一个，从而引发了经济研究空前繁荣的局面。他们的研究工作已为经济转型时期中国的改革和发展作出良多的重要贡献，立下汗马功劳，应当被肯定和受到赞赏。我们不能因为个别或某些经济学家的行为不端，名声不好，而从整体上否定中国经济学家，不能对经济学家们在中国社会经济20多年间发生的巨变中所起的积极作用视而不见。

在体制转轨和社会变革的特殊历史时期，促使经济学的研究更多地注重改革和发展中的现实问题，大量对策性研究不但突出了经济学家的地位，同时也推动了经济学在中国的发展。正因为中国经济学家面临着许多世界级的难题，他们的研究工作不仅具有重要的实践意义，而且还具有很高的理论价值和学术品位。这就如同美国著名经济学家米尔顿·弗里德曼所说的："谁能正确解释中国的改革和发展，谁就能获得诺贝尔经济学奖。"

在任何一个国家中，总要有一批经济学家以主要精力关注经济发展中的难点和焦点问题，并为解决这些问题出谋划策，从而为指导和促进经济发展作出扎实的贡献。同时，经济学家中还需要有一些人坚持从事与基础理论和方法论有关的所谓纯经济学理论研究。理论研究是应用研究的基础，是源头活水。如果没有理论的深入发展和创新，解决具体经济问题的对策研究就会失去科学的依据。我们的时代既需要大批实践型的经济理论专家，也需要有一定数量的专门从事纯学术研究的所谓书斋型的经济学者。这两类经济学家各司其职，各有不可或缺的作用。

近年来，我国经济学界对纯经济学理论研究的重视程度似乎显得不够，重应用轻理论的倾向比较明显。之所以会出现如此情况，这也许与纯经济学理论研究本身的特点及当今中国经济学家所处的学术环境不无关系。对纯经济学理论问题的研究本来就是一个寂寞的行当。翻开一些经济学著作，映入眼帘的是大量专业性的名词术语，种种干巴的符号、数字、图表和艰涩的文字分析。早在100多年前，苏格兰人托马斯·卡拉利曾把经济学称为“沉闷的科学”，这句话如今已是广为人知的名言。在许多人看来，经济学是沉闷的，枯燥乏味，不易使人发生兴趣。不仅如此，有些经济学理论还十分高深，不易弄懂。因此，从事纯经济学理论研究充满着艰辛和坎坷，需要没有“功利性”的杂念，能潜下心来，长久地孜孜以求，不断探索，方才可能有所成就。从事纯经济学理论研究就如同登山，唯有不畏劳苦，能不断努力攀登者，才有可能达到光辉的顶点。显然，在世风浮躁迷漫的环境里，是很少有人愿意专心这一不能立竿见影换取名利的工作的。

在经济转型时期的国家，浮躁是一种较为普遍的社会心态，处在转型时期的中国也不例外。社会主义转型时期的中国经济学家浮躁之风甚炽的现实境况难免会有一些从事纯经济学理论研究的学者耐不住寂寞，不甘心坐冷板凳，纷纷从书斋里跑了出来赶时髦、追热点。上述情况造成我国的经济学者对纯经济学理论问题较少有人问津，研究力量相对较弱。正因为如此，近年来不断有人呼吁要重视纯经济学理论问题的研究。

纯经济学理论问题的研究很重要。诺贝尔经济学奖只颁给对经济学理论或研究方法具有原创性贡献并取得重大突破的经济学家，就说明这个问题。在国外，从事经济学基础理论研究的经济学家大多在高校担任教职，诺贝尔经济学奖主要是针对这部分所谓学院派的经济学家。恩格斯说：一个民族想要站在科学的最高峰，就一刻也不能没有理论思维。包括经济学在内的哲学社会科学研究反映着一个民族思维的成熟程度和民族文化素质的高低。当今世界综合国力的竞争，说到底是民族素质的竞争，从这个意义上可以说，包括经济学在内的哲学社会科学的研究能力和水平，也就成为衡量一个国家综合国力的重要尺度。中国作为当今具有世界影响力的大国，不应当仅仅满足于能够为世界创造出巨大的GNP份额，中国的经济学家也应当能够为人类经济学理论研究的繁荣和发展作出重要的贡献。

我国的现代经济学理论研究起步较晚，近年来，在改革开放所勃发的无限生机的推动下，以市场经济快速发展为依托的中国经济学理论研究，虽然已呈现出长足发展的态势，但从总体上看仍处于起步的初创阶段，水平还不够高。具体说来，主要表现在以下几个方面：

1. 近年来我国经济学理论研究整体水平虽然大有提高，在我国经济学家中虽然也不乏有成就者，但却无声望卓著、能被国际经济学界公认的堪称大师级的学者，没有具有带动性甚至能够引领国际经济学潮流发展走向的顶尖人物。

2. 至今很少有中青年经济学者活跃于国际经济学界的学术论坛，能跻身于国际前沿并能在国外顶级刊物上发表文章者更是寥寥无几。至今仍无人在经济学领域中的某个方面作出开拓性、奠基性的巨大贡献，更没有创造出一个以中国人命名的定理、假说或模型。

3. 我国至今还没有形成自成体系且在国际上有一定影响的学术流派，而能否出现或形成不同的经济学流派，则是经济学理论研究成熟与否的标志。

4. 经济学的学术论坛进入门槛低，国内有些从未受过专门的经济学知识训练者也可以摇身一变而轻易地成为“经济学专家”，在举办的一些所谓层次较高的经济学论坛上高谈阔论，大讲经济热点问题。

从以上列举的几点看，我国的经济学理论研究水平确实还有待提高。当代的中国经济学家还面临着经济学科建设和经济学理论发展的繁重任务。对于中国经济学家来说，虽然当务之急是要努力解决面临的重大经济问题，但从长计议，也应当有一部分人在通往现代经济学殿堂的道路上探索。时代把中国的经济学家推到了创新和发展经济学理论的前沿。那么，中国的经济学家怎样才能不负时代的重托，提升中国的经济学理论研究水平，促进经济学理论研究在中国的发展呢？笔者认为，在现阶段这一特殊历史时期从事经济学理论研究的中国经济学者应当树立优良学风和崇尚实践这两种科学的治学态度。

首先，大力倡导优良学风，反对学风浮躁。

近年来，经济学界的浮躁之风甚嚣尘上，学术贬值，声誉跌落，甚至遭到大众的奚落、嘲笑和批判。就学风而言，社会公众对经济学界的批评主要集中在以下两点：（1）有些经济学家心浮气躁，急功近利，整天混迹于大众媒体，时而出现在报纸上，时而出现于荧屏间，或接受采访，或发表演讲，大谈自己的所谓“高论”、“创见”，炒作自己；（2）有些经济学家通过媒体的炒作和包装，把自己弄得神乎其神，成了无所不知的人，经常越出自己的专业范围，在自己不熟悉的领域发表一些令人十分费解甚至存在常识性错误的言论，出洋相，自然成了舆论批判的靶子。

近年来，我国经济学界之所以会出现诸多学风不正的现象，既是因为受当前社会上存在的腐败现象的环境、氛围的影响，也与经济学家个人科学精神的失落、学术品格的缺失不无关系。要净化学术环境，真正形成良好的学风，最要紧的是提高经济学家的学术品格。学者一生的标志是他的作品，而学者最可贵的品质就是学风严谨和潜心学问以及为科学献身的精神，而这些学术品质来自于学者的理想信念和价值追求。作为合格的经济学家，不仅要有扎实的经济学理论修养，而且还应当具有为国效劳和为民谋利的理想信念，胸怀民族的兴衰，情系民众的苦乐。学术品格和学术根底是学者的立身之本和成事之基。只有真正具备崇高的理想信念和价值追求，才能树立正确的学术荣辱观，以报效祖国和人民而开展学术研究为荣，以急功近利和弄虚作假为耻，不为利所惑，不为欲所动，不求闻达，耐得住寂寞，忍得住艰辛，在经济学理论的学术园地里辛勤耕耘，默默贡献。

其次，崇尚实践，坚持理论研究与实际相结合。

人们常说，经济学是“经世济民之学”。即使从事纯经济学理论研究的学者也不能蛰居于书斋，皓首穷经，“两耳不闻窗外事”。任何门类的经济学理论研究都不能闭门造车，经济学理论也不是凭空想出来的，纵观经济学说史，古往今来，大凡有成就的经济学家，无不重视理论与实践的结合，大都在实践中表现得十分活跃。美国著名经济学家西蒙·库兹涅茨就是其中的一个典型。西蒙·库兹涅茨长期致力于各国经济统计资料的收集、整理、比较和分析。他曾先后在旧中国和印度任职8年之久，深入城市、农村、企业、银行等地，考察发达国家对中印两国进行经济渗透及对中印两国在经济增长和国民生产总值方面带来的影响。西蒙·库兹涅茨深入实际的考察，为他的研究工作积累了丰富的材料。由于西蒙·库兹涅茨在研究人口发展趋势及人口结构对经济增长和收入分配关系方面作出了巨大的贡献，1971年荣获诺贝尔经济学奖。

经济学理论是从实际的经济生活中抽象和概括出来的。经济生活是经济学理论的源泉，只有扎根于社会经济生活实践中去，经济学家们才能找到自己的位置，有所作为。最近召开的党的十六届六中全会作出了《关于构建社会主义和谐社会若干重大问题的决定》，这是一个对实践具有重大指导意义的纲领性文件，反映了建设富强民主文明的社会主义国家的内在要求，体现了全党全国各族人民的不同愿望。置身于经济转轨和构建和谐社会这一特殊历史时期的中国经济学者，肩负着为促进经济和社会和谐发展作贡献的历史使命，面对着纷繁复杂的经济现象以及矛盾和问题，更应当深入实践，认真研究影响社会和谐的重大经济理论问题，在理论研究与实际相结合中勤读、勤思、勤写。我国正在发生的社会经济巨变和构建和谐社会的重大任务，这既为经济理论工作者们提供了许多重要的研究课题，也为他们施展才华，实现报效祖国和人民的价值追求提供了难得的历史机遇。转型时期的沸腾的经济活动实践，造就了一大批善于用自己的头脑思考中国经济问题并具有创新精神的人才。龙门陡开，江鲫飞跃，经过一段时间的积蕴，狂潮一旦喷涌，在泱泱古老文明的中华大地上必定会涌现出一批能流之久远的传世之作，孕育出一批享誉国际经济学界的学术泰斗。展望未来，事实将会如同当代一位经济学家所预言的那样，国际经济学大师将辈出于中国。

（原载《中国经济时报》2006 年 11 月 6 日）

也谈衡量合格经济学家的标准

经济学大师凯恩斯在谈论他的老师艾尔弗雷德·马歇尔时，曾经提出了对一个合格乃至优秀经济学家的要求并说道："优秀的甚至合格的经济学家却如凤毛麟角。"所谓经济学家，顾名思义，就是指研究经济学方面问题的专家。一般而言，"家"是指在学术上有一定成就的人。然而，如今"家"这种称号，其实用得已经很滥了。写几篇经济学文章，就有可能被人称为"经济学家"；在媒体上亮相多了，就有可能被说成是"著名经济学家"。在一个功利和浮躁之风盛行的环境之下，任何崇高的头衔和荣誉都有可能受到亵渎与贬值。如今成为"经济学家"似乎并不是太难的事情。在召开的一些有关经济学论坛的大型研讨会上，经济学家们简直成了过江之鲫，成群结队，纷至沓来。他们当中，既有大学教师，又有各种机构和政策研究部门的头头脑脑，还有达官贵人和社会名流，甚至还有个体私营企业主老板，真可谓形形色色。

由于我国经济理论研究队伍庞大，如今被称为经济学家的人多得车载斗量。数量多则不仅质量难免良莠不齐，而且还有真假即合格不合格之别。如今已不能看见标以"经济学家"，就望文生义地以为一律都是严格意义上的经济学家。在中国被媒体说成是经济学家的人多如牛毛，但真正合格者就如同凯恩斯所说的那样，"却如凤毛麟角"，寥寥无几。那么，什么是真正合格的经济学家？对此问题，经济学界仁者见仁，智者见智，不尽一致。

2005年，针对香港科技大学教授丁学良有关“中国经济学家不超过5人”的说法，与中国经济学界交往甚多的美国经济学家蒙代尔在接受记者专访时说道：中国的经济学家总体水平不是很高。蒙代尔认为，由于中国改革开放仅有25年，中国的教授们对经济领域的了解和研究才刚刚开始，而“经济学家的产生是长期积累的结果”。蒙代尔还认为，对经济的了解程度和具有创新思维是衡量合格经济学家的两大标准。我国有的经济学者则认为，经济学家就如同演员、厨师一样是种职业，但这种职业有两个基本要求，即受过经济学的基本训练，并从事经济学方面的基本工作。

笔者认为，要成为一名合格或优秀的经济学家并非易事，衡量一位经济学家是否合格的标准，应包括知识结构、学术能力和学术品格三个方面，缺一不可。

一、合格经济学家的知识结构

作为合格的现代经济学家，首先应当受过专门的训练，掌握扎实的经济学专业知识以及数学和其他人文科学方面的知识，具有较高的理论修养。理论根底必须丰厚，扎实的理论修养，是做好经济研究工作的前提和基本条件。

凯恩斯在谈及经济学家的知识结构问题时曾说道：合格的经济学家“他必须在各个方面都达到相当的水准，然后把这些很难捏合在一起的各种天分融为一体。在某种程度上，他必须既是数学家又是历史学家，同时还是政治家和哲学家。他必须能理会符号而又能诉诸言语。他必须在研究现在的同时回顾过去、展望未来。人类的天性与习俗没有哪些完全处于他的视野之外，他必须富有激情，追求目标而又排除先入之见。他必须像艺术家那样远离尘世，又像政治家那样脚踏实地”。在凯恩斯看来，合格经济学家的知识结构必须是“诸种天赋的集合”。凯恩斯的上述看法是有一定道理的。这是因为，现代经济学有一个突出的特点，就是经济学内部各分支学科间以及与其他社会科学和自然科学的交叉、渗透日益加强，相互依存和相互制约日益突出，出现了综合化的发展趋势，许多经济理论和实际问题，已不是单靠某方面经济学知识所能解决的。这就是说，现代经济学出现的综合化趋势的特点决定了经济理论工作要想在某一方面有所成就，就必须努力掌握尽可能多的知识，还需要与其他有关方面的专家携手合作，才能攻克某些经济学方面的难题。

笔者赞同国内有的学者对凯恩斯关于合格经济学家的知识结构问题论述的分析，凯恩斯的不足之处主要表现在，他过分强调学科的综合性而忽视了专业性。现代经济学已进入了不同学科合理分工和专业化发展的时代，一个经济理论工作者要成为某一分支学科领域的专家已十分不易，而要做到门门学科都精通，无所不知，无所不晓，已几乎不可能。因此，必须要有所专攻，有重点地选择某一门学科，把它作为钻研的对象，并花功夫真正精通它。经济理论工作者要“专”即必须“精”，不“精”就不能“专”。既要广博，又要精深，看似矛盾，其实不然，二者是辩证的统一。广博是精深的基础，只精深而不首先从广博方面着手，精深则不可得。

经济学的繁荣和发展在很大程度上有赖于经济理论研究工作者知识结构的完善和素质的提高。时至今日，作为合格的经济学家，不仅仅要具备扎实的专业知识，是经济学某一领域的奇才，同时又要求能掌握经济学领域里相关学科的基础知识以及其社会科学和自然科学的知识，是个学识广博，具备多种学科知识的通才。

二、合格经济学家的学术能力

大凡称职的经济学家都应具备很强的学术能力，这种学术能力具体表现在以下三个方面：一是观察能力。一个好的经济学家有能力在学术研究和现实经济生活中观察出问题并勇于提出疑问。对于任何一门科学来讲，观察和发现问题都是理论研究的起点，倘无观察能力，看不出问题，经济学理论研究工作也就无从谈起。二是分析能力。作为称职的经济学家，应具有很强的分析能力。国内学者将这种分析能力概括为两大类：（1）理论的——其中包括数学的分析能力和使用自然语言的分析能力；（2）实证的——其中包括案例（收集材料）分析和数学统计分析。三是创造力。所谓创造力是指具有独创精神和学术创造能力，能够为经济学的学术积累提供具有实质意义的增量。学术研究工作不同于知识的普及和教学，而是要增加知识量，创造新知识，写出人所不知，人所未讲的东西。这是一个更高的境界，它不仅要求经济学家和研究者具备丰厚的学识和敏锐的观察能力，还需要有超乎寻常的分析能力和学术勇气。

经济学家一般都有其代表性的学术成果问世。学术成果是表达学问的有效载体，是学术能力大小的集中反映。既然是代表作，就应当是作者的最好最得意之作，它能大体上反映作者已站在什么样的理论高度之上，达到了什么样的学术水平。有的人发表学术论文很少，拿不出像样的东西，却以经济学家自居，经常奔波于媒体之间。但是，单靠炒作获得的只能是泡沫般的虚名，是不可能成为合格的经济学家的。有的经济理论工作者虽然很勤奋，成果多，但其成果了无新意，没有独创性或原则性，这些人也难以跻身于合格经济学家的行列。作为合格的经济学家，就应当既具有独创精神，敢于独立思考，标新立异，大胆探索和提出不同的见解，又要真正能拿得出够分量、有水平、富于创见的代表作。

三、合格经济学家的学术品格

经济学家不仅仅是一种职业称谓，更是一种道德形象，因此，合格的经济学家应当是有道德含量的。真正能为社会公众所尊崇的经济学家，肯定不仅仅是因为他们“才高八斗”，“学富五车”，而更多的是因为他们既具有广博而又精深的知识，又具有高尚的情操。德国大作家歌德曾指出：“人格和坚定性”比“聪明博学”更重要。对于作家是如此，经济学家又何尝不是如此呢？

就经济学而言，虽然不是研究人的品质、道德之类问题的，否则经济学就等同于道德伦理学，但作为经济学家却应当是讲道德、讲学术品格的。学问与做人是两码事，只要是人，无论你是什么“家”，都有一个立身处事的立场和态度问题。做学问事，首先应做学问人。做人是不能不讲良心、道德的。文以载道，是古代文人的一条重要的为文原则。这“道”既是指做人之道，也可以理解为道德和正气。

作为当今时代的经济学家，更应当有道德和正气，应当是有良知的经济学道德人。一方面，他们是名副其实的专家、学者，有着扎实的学术根底和理论修养；另一方面，他们又是柏拉图所指的智者，或是现代的公共的知识分子，以学问造福社会公众，是舍小我而取大我者。笔者认为，只有真正具备崇高的价值追求和为科学事业献身精神的学者，才会有爱祖国之情深，爱人民之真切，爱自己之自尊，遵守学术规范，学风端正，淡泊名利，沉潜学问，探求真理。笔者认为，唯有这样的经济学者才是所谓合格的经济学家。

（原载《中国经济时报》2006年1月13日）

论经济学家的人文精神

一

近年来，“人文精神”在我国学术界是一个挺时髦的词汇，成了人们谈得很多的热门话题。对于什么是“人文精神”，我国学术界虽然是见仁见智，解释各异，但却有一定的共识，即大都认为所谓“人文精神”，其核心思想就是以人为本，关心人，重视人的价值。

经济学是一门经世济民之学，要把对人的研究摆在最重要的位置。马克思坚持将人的因素纳入经济学的分析之中，并给予充分的重视。在马克思和恩格斯看来，自己的理论是科学，但不仅仅是科学，更重要的是为了“人的解放，人的自由全面发展”。法国经济学家弗雷德里克·巴斯夏曾在《和谐经济论》一书中写道：“政治经济学的研究对象人，是从需要及满足需要的手段这个角度来考虑的人。因此，当然应该从人和人的本性开始我们的研究”。[①] 英国经济学家马歇尔在其撰著的《经济学原理》一书中更是明确指出：“经济学是一门研究财富的学问，同时也是一门研究人的学问”。[②]

经济学作为一门研究人的学问，它较之于其他社会科学更具

---

① 弗雷德里克·巴斯夏：《和谐经济论》，第 85 页，中国社会科学出版社 1995 年版。

② 马歇尔：《经济学原理》，第 23 页，商务印书馆 1981 年版。

有鲜明的“人文”特征。以经济学理论研究为业的学者也更具有“人文”气质，在许多经济学大师的身上都有股浓浓的“人文”味。他们大都怀有对人类的悲悯精神和对公平、正义的社会理想的追求。瑞典经济学家岗纳·缪达尔认为，所有的经济学家都应当满怀人类的同情心，献身于这样一个信条：公共政策的最终目标是全体人民的共同富裕。岗纳·缪达尔穷尽毕生精力将经济学淡忘已久的“平等”观念引入发展经济学中，使其经济学理论充满了人文关怀。

马歇尔是英国剑桥大学经济系的首任教授，他有一句名言：“经济学家就和所有其他人一样，必须关心人的最终目标”。年轻时的凯恩斯由于受剑桥经济系的传统和剑桥伦理学家摩尔的影响，大学毕业时打算写的第一本书是伦理学著作。凯恩斯早以经济学家的身份青史留名，但用他夫人莉迪娅的话来说，他又“不仅仅是经济学家”。凯恩斯热心公益事业，积极推动公共文化事业的发展，并创办了剑桥艺术剧院。这些贡献已超出了经济学的专业范围。因此，莉迪娅的话暗含着另一层意思：凯恩斯是个具有人文情怀的学者。弗里德曼是一个能与凯恩斯齐名的大经济学家，他也曾说道：“经济学家不仅仅是经济学家，他们同时也是人，所以他们的价值观念毫无疑问地会影响到他们的经济学”。

由于经济学研究对象的特殊性，人文精神对于经济学家尤显重要，经济学家的人文精神，除了表现为对真理与知识的重视和求索外，还突出地表现为具有崇高的价值追求和对道德人格的看重与追寻，以及对平等正义的渴望与呼唤等方面。作为经济学者，如果是一个真正具有人文精神的学者，首先应当有崇高的价值追求，即能以探索真理，造福公众，作为自己的理想信念和基本价值取向。探索真理，造福公众，是经济学家不可推卸的责任。有责任方有追求，有追求方有精神。社会生活中每个人都理应有自己的一份责任。尤其是经济学者，重任在肩，身系万众，任何时候都应以民生、国家的利益为念为重。如果没有对国家和人民大众利益的深切关注，就不会有对事业的执著追求和宽厚的人文情怀。一个有崇高价值追求和良好人文精神的学者，才会有爱祖国之情深，爱人民之心虔，爱社会之善举，爱家园之真切，爱自己之自尊，情系民众苦乐，关注社会经济发展，遵守学术规范和现代社会的文明规则。

二

经济学是当年中国人趋之若鹜的热门学科。任何学科一旦成为显学，受到许多人的追捧，就难免泥沙俱下，队伍庞杂，左道旁门奇出。当下的中国经济学界潜心学问者虽有不少，但也确有一些追名逐利之辈。近年来，我国经济学界浮躁之风日盛，经济学家人文精神的失落已成了不争的事实，弥漫在经济学界的诸多不正常现象已使经济学家群体的操守和人格受到广泛的质疑，特别是国内某些像明星一样的大牌经济学家，他们的诚信折扣也越来越大。近年来，中国的某些经济学家的道德和良知的缺失突出表现在以下两个方面：（1）弃义求名，躁于求利；（2）不顾公众利益，发表不负责任的言论。

近年来，中国经济学界不少人对于“名”看得很重，甚至连做梦都想出名。一般而言，想成名也并不是一件坏事。学者一旦成名，随之而来的是所谓名人效应。这种效应，往往能给当事者带来意想不到的利益和好处。因此，显誉于当代，流传于后世，“赢得生前身后名”，可以说是古今许多学者的共同夙愿。

古人云：“名者，实之宾”。有其实，方有其名。名声是种实力，是由成就营造。学者实力的标志是作品，特别是代表作。学者的著名，就是因其作品的影响大，代表作有创见、够分量、掷地有声。中国古代文人为了“一举成名天下知”，靠的是头悬梁锥刺股，靠的是十年磨一剑，靠的是“三年不窥园”的毅力和“铁杵磨成针”的耐心。古今不少学者皓首穷经，日积月累，著作宏伟，终于赢得赞誉。

如今的中国经济学界有些人虽然头顶著名经济学家之桂冠，报上有名，电视上有影，可谓大名鼎鼎。但是，他们中的许多人既没有能在国际上高规格、高品位的学术刊物上发表高水平、高质量的学术论文，提出代表经济学科发展前沿的学术思想、命题和观点，又无人能在国际上公认的高级别、有分量的科研奖项中获奖，更无人有能写入现代经济学教科书的理论思想。因此，尽管他们在国内叫座，但却不为国际同行所知晓。即使在国内，有的人除其名字著名外，其代表作及理论建树且不说著名，就连叫什么名字、有哪些，也没有几个人知道。现今的中国经济学界有的人学养肤浅，作品平庸，名却成了。有的人声名显赫，口气不小，架子很大，但却拿不出像样的作品。那么，他们是怎样成名的呢？主要是靠媒体炒作。经济学家有的人靠炒作成了“大名”，身兼一些大企业甚至地方政府的顾问，每年领取不菲的酬金，令一些人羡慕不已。

在当今商业化浓烈的环境下，学者的名字就如同商标，名气越大，身份就越高。名满天下，无人不知，就有可能财源滚滚，腰缠万贯。正因为“名”的作用如此之大，也就难免会有人用些手腕、心计、花样求名，力图通过扩大知名度，提高身价，捞钱。

我国经济学界有的人成名欲很强烈，喜好造名，信奉有名就有一切，没有学术实力如何造？炒作便成了捷径。近年来，我国经济学界有些人心浮气躁，急功近利，为了成名，整天混迹于大众媒体，时而出现在报纸上，时而出现于荧屏间，或接受采访，或在各种论坛上发表演讲，大谈自己的“高论”、“创见”，竭力炒作自己。他们不仅夸夸其谈，大吹大擂，自我炒作，请媒体帮吹喇叭，有的甚至还搬出学生和朋友来，让他们摇旗呐喊，加入炒作的队伍。

常言道：“君子爱财，取之有道”。对于名也是这样，名不正则言不顺。有名虽然是好事，但这名要正，要名实相符。经媒体炒作成名，那只是虚名，并不可靠。如果你不能以作品证明自己的实力，那么，你就只能是名噪一时，昙花一现。随着岁月的流逝，挥去历史的灰尘，终久会被人淡淡地忘却，重归默默无闻。文以载道，是古代文人的一条重要的为文原则。我们时代的学者论理更应当具有道德和正气，而现在经济学界有些人却不是这样。他们爱钱爱利，弃义求名，躁于求利，连起码的道德尊严都不要，还谈什么人文精神、社会责任和道德良知?!

在当今的中国学者中，经济学家是地位显赫又最受民众抨击的一个群体。经济学家受到民众批评和指责较多的另一个问题是，有的经济学家在金钱的诱惑下失去了应有的学术良知和社会公德，不顾社会公众的利益，时而发表一些不负责任的奇谈怪论，甚至公开充当少数利益集团的工具和代言人。对此，有关媒体已多有披露，下面且信手拈来地举出几例：“中国穷人上不起学是因为收费太低”；“起征点太高就剥夺了低收入者作为纳税人的荣誉”；“只有富人得到保护，穷人才可能变富”；“房就应该为富人建，房子、车子、飞机都是为富人的”；“经济适用房是政府讨好百姓的‘馊招’”；“8 亿多农民和下岗工人是中国的巨大财富，没有他们的辛苦哪有少数人的享乐，他们的存在和维持现在的状态是很有必要的”；“经济学者应该替百姓说话吗？很遗憾，这不是从事经济研究人员必然的义务或使命”等等。列举的上述几条言论虽然大都是出自所谓有点名气的经济学家之口，但都是不折不扣地胡言乱语，是有违良知、有悖常识、有逆人性的“昏话”。有些经济学家的名声不可谓不大，但却缺乏道德良知的训练，缺乏正常人都有的同情心。

作为公民，经济学家当然享有言论的自由，而且人非圣贤，言论也难免会有不妥之处。但是，经济学家作为学者发表见解又不同于一般公民表达意见。在老百姓的心目中学者是公平和正义的化身，公理之依托。然而，也正是这种信赖带来了相应的道德责任。经济学家以学者的身份发表意见时，应力求客观谨慎，有社会责任感，出发点必须是有利于促进整个社会的进步与和谐。百姓能够原谅经济学家言论中的某些错漏和不足，但不会容忍和姑息某些经济学家放弃责任担当，为少数利益集团所左右，随兴所至，信口开河地胡言乱语。

三

面对经济学家人文精神的失落，道德修养的缺失，时下许多人呼唤经济学家的人文精神，显然不是空穴来风。当前在我国的确有必要大力倡导和培育经济学家的人文精神。

经济学家掌握的是经世济民之学，有些经济学家还是政府有关部门的智囊，他们的见解对公共政策的取向有可能产生一定的影响。因此，通过人文精神的培育，让经济学家承载更多的人文关怀，这对于促进我国和谐社会的建设始终朝着正确方向前进无疑具有重要的作用。

那么，怎样在经济学家中倡导和培育人文精神呢？

（一）要永远心系广大民众，坚持“为广大民众服务的价值取向”

经济学是研究人的经济行为的科学，经济学的核心是人。经济学家的人文精神主要体现在对人特别是对广大民众的终极关怀上。经济学是一门科学，经济研究工作者无疑应当尊重科学，尊重事实，力求客观公正，但这并不等于就不存在为什么人服务的立场问题。经济学家要为广大民众服务，研究和判断问题要代表最广大民众的利益。这既是一种神圣的社会责任，也是作为合格经济学家的本色和基本要求。美国经济学家舒尔茨 1979 年在接受诺贝尔经济学奖时曾说过下面一段很著名的话：“世界上大多数人是贫穷的，所以如果我们懂得了穷人的经济学，那么我们也就懂得了许多真正重要的经济学原理”。温家宝总理在 2005 年全国“两会”的中外记者招待会上回答记者提问时曾引用过这段话。这段话讲的就是经济学家应当关注民生和为广大民众服务的问题。近年来，社会公众对我国有些经济学家的“屁股坐在哪里？甚至良心何在？”颇多微词。这实际上是指有些经济学家的出发点和落脚点不正确，批评他们为少数强势群体代言和谋利。

当今之中国社会，已是一个由多阶层民众构建起来的有机整体，各社会群体之间的利益协调与和谐相处，是保证国家稳定，社会祥和，民众安康的重要政治基础。由于中国人口众多，且是尚处于发展中的国家，特别是当前正处于社会经济体制转型及社会和阶层利益关系发生急剧变动的阶段。这种特殊的国情决定了对于平民阶层和弱势群体的利益应给予更有效的维护和更多的人文关怀。如果不强调经济学家要为广大民众服务，不重视对弱势群体更多的人文关怀，而听任某些经济学家一味地为少数利益集团抬轿子，唱赞歌，充当代言人，那么就有可能产生错误的导向和信号，并将因而进一步加剧两极分化和贫富差距，导致阶层对立最终影响社会的和谐稳定。

经济学既然是“人学”，经济学家也就离不开人，离不开广大民众。经济学家对人特别是对广大民众要有爱心，要有暖意，要有担当，即要有关爱众生的博大情怀。经济学家只有与广大民众保持紧密的联系，多关注那些与广大人民利益休戚相关的问题，与这个群体同呼吸共命运，经济学家的研究工作也才能更有声色，更有价值。经济学家倘若脱离了广大民众，就会如同安泰神离开了大地母亲一样，必将一事无成。

（二）加强自身修养，重视维护形象

人文，人之为人也。人文精神特别注重人的精神品格。学者的所谓精神性品格，笔者认为，主要指学者要有学术品格，即要有良知、有道德修养。我国民俗学泰斗钟敬文生前曾经语重心长地说道：“知识分子应该是社会的良心，是社会的中流砥柱。”学者本是社会良知的参照系，是用来检验社会道德的一把尺子，他们的行为往往是人们仿照、学习的标志。因此，学者更应当洁身自好，注重气节，好自为之。

经济学家要成为一个名副其实的学者，除了要具备扎实的理论功底和被同行认可的学术成就之外，更要有学术良知和道德修养。当然，在目前这个利益多元化的时期，要求每位经济学家都成为道德楷模也是不现实的。但是，经济学家作为学者毕竟不同于一般民众，理应有一种更高的人文和道德承担，在任何时候都必须坚持操守和道德底线。那么，究竟什么是经济学家必须坚持的道德底线呢？除了要为发展社会生产力和社会福祉服务，这个任何时候都不可忘却的社会责任之外，经济学家还应当特别注意以下两点：（1）要善待名利。重名声，争名利，是红尘社会的世

俗，过分热衷，孜孜以求，必为名所累所毁。固然不是君子不言利，但却不应当把经济学知识当成追名逐利的敲门砖，更不能见利忘义、一味逐利。(2) 用心维护学者的形象和声誉。一般而言，学者是社会声誉高，受到社会普遍尊重的群体。这个群体的成员理当具有较好的风范和修养。经济学家作为学者群体的成员，理当重视维护学者在民众中的形象和声誉，不辜负民众的厚爱和尊敬。

（三）坚持走淡泊、寂寞之道

伴随当今世界一些发达国家的经济奇迹曾造就了一批声誉很高的大师级经济学家，创造了举世瞩目经济奇迹的我国，却至今尚未能造就出海内外公认的经济学大家。这一令人诟病的事实反映出，我国的经济学家还缺少一种坚韧不拔探讨科学和潜心做学问的精神。

近年来，经济学界出现的急功近利和沽名钓誉的浮躁之气，对于经济学者的治学态度及经济学理论的学术创新和繁荣损害甚大。科学研究从本质上讲是一项非功利性的活动。学者一生做人为文，走的是淡泊、寂寞之道。“人总是要有一点精神的。”经济理论研究是一项艰苦的劳作。“天上不会掉下馅饼”。经济理论学术研究也不会有“免费的午餐”。要孕育和创造出能流之久远的精品力作，毕竟要经过苦其心智、劳其筋骨的钻研和磨炼。亚当·斯密著述《国富论》整整坐了十年的冷板凳。优秀的经济学者总是拥有一颗超越世俗的淡泊名利之心。大凡只为一己私利而蝇营狗苟算尽机关之人，是断然不能写出鸿篇巨制的。

做学问者，必须心正，心不正就不静，不静不甘寂寞，身在学术界，却心有旁骛，不能潜心钻研，就难以成大器。在当今充满着诸多诱惑的环境里，做学问者，正心、静心乃为首要。中国的经济学要走出困境，跻身国际前沿，中国的经济学家就应该而且必须克服急功近利和浮躁的心态，而以执著、淡泊、踏实、创新的精神，在经济学的园地里辛勤耕耘。

（原载《中国经济时报》2007 年 9 月 17 ~ 18 日）

学者应有的学术品格

学者以研究为业，学术研究是一种艰辛的劳作。漫漫学术路充满着荆棘、坎坷和艰难。社会科学特别是经济学理论是有很强的长期累积的特点。高水平的学术研究往往需要研究者长时间的呕心沥血，多涉甘苦的累积。只有经过长时间的苦其筋骨的钻研、磨炼和奋力跋涉，方能孕育和创造出有分量的学术精品。在学术成果未面世之前，许多学者大都长时间地处于默默无闻的状态。因此，社会科学特别是经济学理论研究是个寂寞的行当，静心至为重要。心不静，不甘于寂寞，于热热闹闹之中不能潜心深钻，就不能成器。经济学大师亚当·斯密写作《国富论》时在家闭门整坐十年冷板凳，清心寡欲，沉稳坚韧。只有具备亚当·斯密那种宁静致远和淡泊名利的学术品格的人，方能成大器。那些把大量精力花在争名于朝、逐利于市的人，与大师级的学术成果无缘，当然，也就肯定与大师无缘。

一般而言，文人学者在社会公众中的印象是好静的，寒窗孤灯，皓首穷经，为人风格不事张扬而习惯于蛰居书斋，沉潜学问。他们就好像农夫一样，以笔代犁，终日默默耕耘。然而，到如今这已是一张老黄历了。近年来，学术界的浮躁之风甚嚣尘上，已成了许多社会公众议论的重要话题之一。浮躁是近年来学术界表现最为突出的学术腐败现象。在学术界功利和浮躁之风颇盛的环境下，虽然有许多书生学者仍坚持远离名利场，在静心问学修行，但亦多见有人染上了浮躁病。如今我国学术界学术腐败的例子可谓多不胜举。对于学术界的种种腐败现象，诸如专家学者涉嫌抄袭、剽窃他人学术成果等事例，媒体已多有揭露。笔者认为，在包括经济学在内的社会科学领域还有以下几种比较突出的学风浮躁的现象，应当引起人们的特别关注：

其一，近年来，有的学者有了一点名气，就飘飘然起来，就再也耐不住寂寞，坐不下冷板凳。他们频频地亮相于报端和电视镜头前，走马灯似的到各地论坛上演讲和发表见解，炒作自己。有的学者通过媒体的炒作和包装，把自己弄得神乎其神，成了无所不知、无所不晓的人，不讲理性，无视科学精神。

其二，有的学者时而像影视界的明星那样制造轰动效应，哗众取宠，力图以此来提高自己的知名度。他们提出的“高论”、“创见”，往往使学者同仁感到很偏颇，很牵强，十分费解，甚至还有常识性错误，自然成了舆论批判的靶子。

其三，现今的学术界喜好吹捧，擅为吹鼓手、贴金匠者大有人在。有的将业内人士还知之不多的人说成是“著名学者”，有的把在学术上并无建树的人说成是“名师、大家”，有的把在某一领域研究方面取得了一点成绩的人说是“××理论之父”。

其四，近年来，有的高校教授“跑场子”、“赚票子”，忙得不亦乐乎。他们常常在祖国的天南地北，或拿着讲稿在风马牛不相及的多个研讨会上做着内容相同的演讲，或在某个论坛上做着没有准备的不着边际的讲话，或者行色匆匆赶到某个会场讲一两句无关痛痒的话露一脸，就拿着有时高达数万元的“酬劳”慌忙告辞。所谓教授者，顾名思义，当以潜心教书授业为本职。然而，如今有的教授却游离于大学高墙之外已悠悠乎久已。他们常常置本职工作于不顾，像影视界的明星一样“走穴”忙致富，追逐金钱。

其五，如今有的学者是“谁有钱就为谁服务”，傍大款，竭力为依附的大企业集团赚钱牟利出主意，抬轿子，唱赞歌。这些人已完全丧失了作为学者的独立人格和道德底线，把自己沦为某些利益集团的工具和代言人。中国古代文人学者出于清高“耻言钱”、“讳言钱”，然而如今有的学者的人品甚至连古人也不如。

仅从以上几个据媒体披露的例子看，我国的学术界的浮躁之风确实已达到不容忽视的严重地步。近年来，我国学术界的浮躁之风日盛，这绝非偶然。它既是受当前社会上存在的腐败现象的环境、氛围的影响，也与学者个人的学术素养、学术品格不无关系。由于我国理论研究队伍庞大，如今被称为学者的人多得车载斗量，数量多则质量难免良莠不齐。虽然学风浮躁的只是少数一些人，但近年来迷漫在学术界的诸多学风不正的现象已使我国专家、学者的群体形象和品格受到许多社会公众的质疑，特别是某些所谓“著名”学者的诚信度折扣也越来越大。不仅如此，学风过于浮躁，科学精神的失落，学术品格的缺失，都是腐蚀科学理论研究队伍、造成原始创新能力薄弱以及世界级学术大师难以产生的重要原因之一。

古诗云：“问渠哪得清如许，为有源头活水来。”就如同人需要清新的空气和洁净的饮水一样，学术研究也需要培育良好的学术生态，净化学术环境。只有这样才能催生学术新苗，培育科研人才，也才能从根本上提高我国的自主创新能力。倡导优良学风，反对学风浮躁现已成为我国理论界的一项十分紧迫的任务。在同学风浮躁和学术腐败现象作斗争中，广大理论研究工作者要从严自律，争做表率，从我做起，带头弘扬学术道德，反对浮躁浮夸作风。社会科学理论工作者虽然不都是研究人的品质、道德之类问题的，否则社会科学就等同于道德伦理学了，但是，社会科学理论工作者本身却应当都是讲道德、讲学术品格的。

在我国现有的理论工作者中相当多的一部分是大学教师，其中不少人是大学教授。古人云：学高为师，身正为范。要为师为范，就必须学高身正，学高是指学术上有造诣，学问精深。身正是指学风端正，品质高尚，受人推崇。大学讲师、教授是有道德含量的，不仅仅是一种职业称谓，更是一种道德形象。从根本上来说，学风、文风，是包括大学教师在内的学者的基本品质的反映，这就如同俗话说的“文如其人”。因此，要真正形成良好的学风，最要紧的是提高学者的道德品质，洁身自好，做个道德品质高尚的人。

学者作为精神劳动者理应比其他从业者有更强的精神需求。作为学者，不仅要有扎实的理论修养，而且还应当有崇高的价值追求。那么，学者的基本价值追求或者价值取向是什么呢？笔者认为，每一个负责任的学者，都必须把报效社会主义祖国，服务人民大众，探求科学真理，作为自己的基本价值取向。只有真正具备崇高价值追求和为科学献身的精神，才会有爱祖国之情深，爱人民之真切，爱自己之自尊，不以名喜，不为利悲，不浮不飘，不急不躁，不畏攀跻之艰，不畏攻坚之苦，以严谨、执著、求实和求新的态度，潜心求索，辛勤耕耘，在学术路上孜孜以求，永不停步。唯有如此，才有可能取得对国家重大决策和学科建设具有重要价值的科学成果，创造出在理论上有所建树的真正的精品力作，为我国的现代化建设和学术的繁荣作出应有的贡献。

（原载《光明日报》2005 年 3 月 16 日）

时代呼唤经济学大师

最近，中央领导同志对培养大师级人才提出了殷切期望。这对经济学者既是鞭策，也是警醒。改革开放近30年来，我国经济学研究发展较快，对改革发展实践产生了巨大的推动作用。但从总体上看，我国经济学研究尚处于探索阶段，水平还不够高，至今还没有出现在现代经济学重要领域进行原创研究并作出开拓性贡献的学者，没有产生能够引领国际经济学思潮和发展方向的大师级人物。我国是当今世界最大的经济体之一，在国际经济学界理应有中国学者的声音。

只有立足中国，服务发展，才能领先世界。经济学是经世致用之学。随着我国经济体制改革的不断深入和经济的持续快速发展，作为社会经济活动理论表现的经济学必定会有一个更大的发展，在经济发展中发挥更大的作用。任何一门学科的发展前景。从根本上讲，主要取决于社会实践的需要。恩格斯说："社会一旦有技术上的需要，则这种需要就会比十所大学更能把科学推向前进。"我国建设小康社会和构建社会主义和谐社会的实践需要经济学理论，这种需要必定极大地推动经济学理论的发展。相对于发达国家而言，处于经济转型期的我国面临着更多的经济发展问题，诸如完善社会主义市场经济体制、国有企业改革、环境保护、能源短缺、收入差距拉大，金融安全以及"三农"问题等，都是世界级难题。运用经济学理论和方法对这些问题作出科学解释，提出切实可行的解决办法，不仅具有重要的实践意义，而且具有很高的理论价值和学术意义。美国经济学家米尔顿·弗里德曼曾说，谁能正确解释中国的改革和发展，谁就能获得诺贝尔经济学奖。而最有资格正确解释中国改革和发展的，无疑是中国自己的经济学者。当越来越多的国外经济学者把目光投向蓬勃发展的中国时，中国的经济学者更应该当仁不让，走在最前面。中国的经济学者只有立足中国，着眼和着力于解决国内现实经济问题，才能发挥优势，取得世界领先的研究成果。

只有潜心学问，力戒浮躁，才能铸造精品。近年来，国内发表和出版的经济学文章及论著成倍增长，但原创性的研究成果却如凤毛麟角。有的经济学者虽然勤于笔耕、著作等身，但其论著大都题目旧、老话多、新意少，缺乏独创性或原创性。学术研究以独创为贵，创新为治学之魂。唯有潜心学问、力戒浮躁，着力进行原创性研究，才有可能摘取经济学皇冠上的明珠。经济学理论研究十分复杂和艰苦，不仅要有强烈的创新意识，而且要有埋头苦干的精神。在经济学理论研究中，要想创造出能造福当代并流传后世的学术精品，就必须静下心、沉住气，不慕浮华、甘于寂寞，大胆探索、不懈奋斗。

只有注重积累，打牢根底，才能攀登高峰。深厚的理论根底和学术修养是出成果、造就大师的基础条件。一个经济学者倘若学术根底不扎实，研究工作就难有深度，思想观点就难有高度，学术视野就难有广度。经济学者能否取得高水平的研究成果，在很大程度上取决于自身学识和素质的高低。学习是提高理论修养、增强研究能力的基本途径。经济学者必须发愤学习、注重积累，努力提高学术修养。经济学大师头顶上的耀眼光环，是无数辛勤的汗水结晶而成的。当然也应当认识到，天下之书读不尽，经济学论著浩如烟海，而我们的时间和精力都是有限的。因此，还应当善于学习，在广泛涉猎经济学及其他相关知识的同时，选择一个方向深入钻研，努力成为学有专长、学有所成的专家，并不断向学术高峰攀登、向大师境界迈进。

（原载《人民日报》2007 年 6 月 6 日）

要创建独具中国特色的经济学学派

近年来，特别是中共中央制定的《关于进一步繁荣发展哲学社会科学的意见》颁布后，在我国哲学社会科学界重视学说、学派的人已日趋增多。这与学术环境的宽松和学术氛围的营造，以及对外学术交流的更加频繁和学术视野的开阔不无关系。

无论是哪个科学领域，产生与出现不同的学派，不仅是科学研究发展过程中的正常而健康的现象，而且是科学研究达到一定深度和规模的标志。经济学理论研究也同样如此。人们在探索经济学某个领域的问题时，由于研究条件、掌握材料、探索的角度和深度不同，以及思考和研究方法的差别，必然会在经济学某一领域或同一问题上出现不尽一致的见解和思想体系。于是，便在经济学的学术研究中产生了争鸣或交锋，进而逐渐形成了不同的经济学学派。学派的形成又促进争鸣或交锋更加广泛和深入持久地开展起来。正是学派之间的较量和争鸣，相互质疑和碰撞以及学派内部的团结协作，相互启发，共同奋斗，推动着经济学理论的创新和向更高层次发展。

近几十年来，国外继斯密、马歇尔和凯恩斯等人后，经济学派林立，战旗猎猎，学术思想活跃，新的概念和术语名词及方法层出不穷。在西方国家，不同的经济学派风格各异，或重宏观分析，或重微观论证；或重实证，或重推理；或取定性研究，或取定量分析；或重归纳，或重演绎；或重考究源流，或重抢占学术制高点，挺进理论前沿等。仅从学派的类型来看，可谓多不胜举。

例如，有以大学为名的如剑桥学派，有以城市为名的如芝加哥学派，有以研究领域为名的如货币学派，有以杰出代表人物为名的如凯恩斯学派，有以原理为名的如边际效用学派，有以研究方法为名的如心理学派、数理学派等。

综观各经济学流派，尽管探讨的重点各异，研究的方法有别，所持的见解和观点不同，但却有一个共同的特点，即都有其公认的权威和代表性的著作。大凡经济学学派都有代表人物，只有当出现了杰出的代表人物及高水平的研究成果，并能引起学术界的许多人关注、认可和学习借鉴的时候，才有可能形成学术流派。学派是一面旗帜，它犹如一根强有力的纽带将一些观点相近、意气相投、关注问题相关度较大的学者紧密地维系在一起。学派在其内部是一个具有向心力、凝聚力的学者群体，其外部则通常表现为一个颇有学术竞争力的学术派别。

西方发达国家的经济学流派大多活跃于高等学府，拥有顶尖经济学专业的院校，更是流派众多，各具特色。据报载，每年春天，美国芝加哥大学经济学院各学派都要轮流举办论坛，由该学派的领衔人物作学术报告，阐述本学派对某一理论问题的学术见解，其他学派的学者则静观台下认真思考或发问。正是这种定期举行的争鸣或交锋，经济学者之间相互碰撞，相互启发，激发出智慧的火花和创造能力。芝加哥大学经济学院之所以能成为诺贝尔经济学奖的摇篮（先后涌现出九位诺贝尔经济学奖获得者），并产生出弗里德曼、舒尔茨、斯蒂格利茨等世界级的经济学大师，与该校经济学院重视扶植学派及其浓厚的学术气氛不无关系。

学派并非可有可无的东西，而是经济学理论能否不断创新的必要条件。无可讳言，由于我国对现代经济学理论研究起步较晚，我国经济学界虽然不乏有成就者（有的经济学者也常有思想的闪光点和真知灼见），但从总体上看，仍处在起步的初创阶段。近年来，我国虽然已有人打出经济学派的旗号，实际上至今还没有形成能自成体系且在国际上有一定影响的经济学学派。我国经济学界在一系列重大的经济学理论问题上，并不是没有不同的见解和观点，也并非没有过学术上的争论。学派的缺席，使得我国经济学界缺乏规范有序的学术争鸣，有时甚至出现把学术争鸣降格为非理性的攻击谩骂的现象。经济学者中许多不同的见解和观点，很少是通过自由讨论即学术争鸣和正面交锋去解决的。如今我国的经济学者们著书撰文大多是各说各的，即使在著述中偶尔有商榷或发表不同的看法，也只是蜻蜓点水，隔靴搔痒。由于学派的缺席，不仅使我国经济学者失去了一个很好的进行学术争鸣和交流的平台，导致经济学者们的创造力难以尽情地发挥，而且还难以积聚团体的力量，完成在国际上有重大影响的经济学理论课题，在国际经济学界也难有我们的地位和声音。学派的缺席，同时还使青年学术骨干的成长大受制约。由此可见，没有经济学学派，对我国经济学的发展来说，确实是一个很大的问题。那么，在我国如何才能创建自己的经济学派呢？笔者以为应重点抓好以下几方面的工作：

第一，要以人为本，尊重人才。学派的产生关键在于人，特别是领军人物。如果没有能站在当代经济学理论前沿的优秀学术带头人，没有一定数量功底扎实、锐意进取的人才，就谈不上建立自己的经济学派。

第二，学派是在争鸣或交锋中形成的，要遵循学术发展的特点，努力营造更加宽松的学术环境，充分发扬学术民主，提倡不同看法、不同观点的学者之间的相互切磋和争鸣，提倡充分说理的批评和自我批评。这不仅有利于活跃经济学界的学术空气，促进学术创新，而且还有助于引导那些观点相同或相近并具有独创意识的学者走到一起，从而形成学派。

第三，学派大都是以学术精英举旗的社团作为组织载体。要对遵守国家法律法规并能对经济学界的学术研究发挥一定的组织带动作用的社团，特别是民间社会组织采取一定的扶持政策。

建立经济学学派虽然绝非易事，但也并非高不可攀。目前，我国对现代经济学理论研究的水平虽然还不够高，但发展速度较快。目前国内各地高校及社会科学院已成立了数量颇多的经济方面的研究机构。近几年来，国内出版的经济学理论方面的论著成倍增长，各种以经济学理论为主题的研讨会接连召开，国内外经济学界的学术交流也日益活跃。特别是在我国有着人数众多的具有创新能力的经济学家和一批出色的学科带头人，在经济学理论的某些领域有着自己的比较优势和一定数量学术价值较高的研究成果。这些都为经济学学派的产生提供了一定的条件。学派建设是一门学科学术思想发展的一面镜子、一种尺度。我国的经济理论工作者应当加强协作，争取能在经济学部分研究领域有重大突破。我们不仅要努力在国内形成众多的经济学流派，而且还要争取在国际上形成一个独具特色并有较大影响的中国经济学学派，以特有的风姿朝气蓬勃地步入国际经济学学派之林。

（原载《中国经济时报》2005 年 3 月 15 日）

在改革发展的实践中推进经济学理论的发展

理论与实践的关系是马克思主义理论中的一个基本问题。任何科学理论，从本质上来讲都是对实践经验的概括和总结。包括理论经济学和应用经济学在内的任何门类的经济学理论，都是通过分析、总结社会经济活动的实践经验而形成的，又回过头来指导社会经济的实践活动。党的十八大以来，习近平总书记在哲学社会科学工作座谈会和经济形势专家座谈会等重要会议上发表的讲话中，对理论与实践的关系作了更进一步的深刻论述，强调包括经济学在内的哲学社会科学理论研究必须与实践相结合，特别是要注重研究中国改革和发展实践中的问题。习近平总书记的讲话，既是对包括经济学在内的哲学社会科学工作者的殷切期望，也为推进包括经济学在内的哲学社会科学在中国的发展指明了方向。

实践是理论的源泉，而理论则是实践的先导，没有正确的理论就不会有成功的实践。改革开放以来，我国经济发展所取得的举世瞩目的成就中，经济学理论工作者功不可没。他们中许多有胆识的学者，在马克思主义政治经济学理论指导下，对我国历史上从未有过的大改革大开放中的一些重大理论问题所做的富有创见的探讨，不仅为推动我国改革和发展作出了良多的贡献，也促进了经济学理论在我国的发展。近 30 多年来，我国经济学理论研究，无论是实际操作还是学科理论建设都已呈现出长足发展的态势，并已对我国的经济发展产生了相当重要的影响。但是，由于我国对现代经济学理论的研究起步相对较晚，从总体上看，学科体系、学术体系、话语体系建设水平还不够高，学术原创能力还不够强，还远远落后于我国改革和现代化建设实践的需要。既与客观经济形势的发展不相适应，也同我国的综合国力和国际地位不太相称。

当今的中国已成为世界上的第二大经济体，到21世纪的中期还有望成为世界上最大的经济强国。作为一个经济大国，中国就不应当仅满足于能够创造世界上最大的GNP份额，还应当努力提升我国的经济理论研究水平，争取能在国际经济学界有更多的发言权和更强的声音。包括经济学在内的哲学社会科学研究水平反映了一个民族的思维能力、精神品格、文明素质，因而也就成了当今世界一个国家的综合国力和国际竞争力的重要部分。“一个没有发达的自然科学的国家不可能走在世界前列，一个没有繁荣的哲学社会科学的国家也不可能走在世界前列。”

任何一门科学的发展前景，从根本上讲，取决于社会实践的需要。我国近30多年来现代化建设的发展史迫切需要理论总结，实现中华民族伟大复兴的“中国梦”更迫切需要理论的指引。“这是一个需要理论而且一定能够产生理论的时代，这是一个需要思想而且一定能产生思想的时代。我们不能辜负了这个时代。”

当代中国经济学理论工作者，肩负着促进经济学理论研究繁荣和发展的历史使命。那么，中国的经济学理论工作者怎样才能不辜负时代的重托呢？

习近平总书记明确指出：“中国特色社会主义政治经济学只能在实践中丰富和发展，又要经受实践的检验，进而指导实践。”这个论述具有极其重要的指导意义。经济学较之其他社会科学更具有实用性，甚至被人称之为致用之学。经济学的这一显著特点，决定了中国的经济学理论研究工作者要在繁荣经济学理论研究中有所作为，就必须立足于经济实践，紧密联系实际，在改革和发展的实践中促进经济学理论的发展。

古今中外，大凡在经济学理论研究领域有建树者，无不崇尚实践，无不重视理论研究和实践相结合，大都能坚持在经济的实践活动中孜孜以求。习近平总书记在哲学社会科学工作座谈会上的讲话中谈到，翻阅从柏拉图的《理想国》到西蒙·库兹涅茨的《各国的经济繁荣》等十多位学术大师的著作，“一个重要感受就是这些著作都是时代的产物，都是思考和研究当时当地社会突出矛盾和问题的结果”。以美国著名经济学家西蒙·库兹涅茨为例，他就是其中的一个十分重视理论研究与实际相结合的典型人物。西蒙·库兹涅茨长期致力于各国统计资料的收集、整理、比较和分析，曾先后深入旧中国和印度的城市、乡村、工厂和银行等，考察发达国家对中印两国的经济渗透及对中印两国在经济增长和国民生产总值等方面造成的影响。西蒙·库兹涅茨不畏劳苦深入实际的考察，为他的相关研究积累了相当丰富的资料。由于西蒙·库兹涅茨在研究人口发展趋势及人口结构对经济增长和收入分配关系方面作出了重大贡献，曾因而荣获诺贝尔经济学奖。

置身于大变革大发展这一特殊历史时期的中国经济学理论工作者，在沸腾的改革和发展的实践中，怎样才能成为经济学理论繁荣和发展的推动者与践行者呢?

一、要坚持以马克思主义政治经济学为指导

习近平总书记在全国哲学社会科学工作座谈会上的讲话中强调指出：“坚持以马克思主义为指导，是当代中国哲学社会科学区别于其他哲学社会科学的根本标志，必须旗帜鲜明加以坚持。”

“在我国，不坚持以马克思主义为指导，哲学社会科学就会失去灵魂、迷失方向，最终也不能发挥应用作用。”马克思主义政治经济学是马克思主义科学理论的重要组成部分。在我国从事经济学理论研究工作，特别是要以马克思主义政治经济学为指导。马克思主义政治经济学不仅是照耀我国经济实践前行的指路明灯，而且也对我国经济学理论研究工作具有极其重要的指导作用。中国有自己的特殊国情，中国的发展道路和经验与西方国家有着本质的差异，不能简单地照搬西方经济学的理论框架、模型来分析中国的现实经济问题，否则就会食洋不化，削足适履。在进行改革和现代化建设的今天，中国的经济学理论工作者扎根实践，面向实际，要认识和阐释现实经济生活中涌现出来的新情况、新问题，就必须坚定不移地以马克思主义政治经济学理论为指导，同时借鉴西方经济学理论中的有益成分。

广大经济理论工作者，除了要认真学习和掌握所学的经济学专业知识外（诸如金融学、财政学、会计学、经济管理学等），还应当自觉地认真学习马克思主义政治经济学著作，努力掌握马克思主义政治经济学的基本原理，不断提高自己的理论素养。如果马克思主义政治经济学的学术功底不牢，缺乏基础理论修养，分析问题就难有深度，理论观点难有厚度，学术视野难有广度，甚至还有可能在实践中迷失方向。重视学习马克思主义政治经济学理论，并坚持以马克思主义政治经济学理论为指导，是卓有成效地探讨中国现实经济问题的一个必要条件。中国的经济学理论工作者，只有学习掌握并坚持以马克思主义政治经济学理论为指导，才能更好地运用自己的经济学专业知识，对改革和现代化建设中的大量纷纭复杂的新情况、新问题作出科学的解答、总结和概括，也才能更加有效地发挥经济学理论对经济实践活动的先导作用。

二、立足本国实际，注重研究本土问题

处于改革和经济转型时期的国家大都面临着较多的经济发展问题，因而经济学理论研究的应用色彩也表现得尤为浓烈。在经济进入新常态的新形势下，我国面临着更多的经济发展难题，诸如经济结构调整、产业升级、经济发展动力转换、国企改革、环境保护、金融安全及“三农”等。对上述诸多难题的研究，不仅具有重要的实践意义，而且还具有很高的理论研究价值和学术品味。习近平总书记在哲学社会科学工作座谈会上的讲话中提到的美国经济学家米尔顿·弗里德曼，曾经说过一句很有名的话：“谁能正确解释中国的改革和发展，谁就能获得诺贝尔经济学奖。”在全世界的经济学家中最有资格正确解释中国改革和发展的当然是中国自己的经济学家。中国的经济学理论工作者应当“立足本国实际”，以对本国的现实经济问题的研究视为自己的主要职责，花费更多的精力踏实研究本土问题。中国经济学理论工作者对本土问题最有发言权，具有不可比拟的优势，更容易产生在世界上领先的研究成果。

中国的经济学理论工作者立足本土，在充分研究中国改革和发展实践的基础上，必须着力构建中国特色的经济学理论，在指导思想、学科体系、学术体系、话语体系等方面充分体现中国特色、中国风格、中国气派。只有如此，经济学理论才能更好地发挥对中国经济实践的指导作用，才会有旺盛的生命力，才能植根在中国这块沃土上茁壮成长。

广大哲学社会科学工作者应“立时代之潮头”，与整个社会经济的发展同步，紧跟时代，密切关注和深入研究时代提出的新课题和新任务。就当下而言，我国经济学理论研究工作者的首要任

务，就是要在马克思主义政治经济学理论的指导下，运用经济学有关学科的专业知识对上述诸多经济发展中的难题进行分析研究，并提出切实可行的解决办法。当前特别是要加强对供给侧结构性改革、创新驱动发展以及“一带一路”等新思想新战略的研究阐释，钻艰探深，攻坚克难，努力用发展的理论指导发展的实践，以促使中国经济朝着全面建设小康社会的目标更好地向前发展。

三、勇于大胆探索，不断开拓创新

习近平总书记指出：“理论的生命力在于创新。创新是哲学社会科学发展的永恒主题，也是社会发展、实践深化、历史前进对哲学社会科学的必然要求。”同其他社会科学理论一样，经济学理论的生命力就在于不断创新。倘若没有创新，经济学理论研究就只能在低水平徘徊，甚至处于僵化窒息状态，失去生气和发展的动力。创新是经济学理论之树得以常青的不竭之源。

包括经济学在内的哲学社会科学的理论研究，实质上是对未知领域的创造性探索，已所揭示的各种社会现象的规律指导人们的社会实践，使人们在社会实践中少走弯路，并以最小的付出取得最大的效益。由于经济活动实践与其他社会实践一样，是动态和不断发展变化的，会不断地出现新的情况和新的问题，这就要求经济学理论研究工作者必须与时俱进，不断跟踪研究社会经济现象的变化，并进行理论分析和概括，根据实践中出现的新情况推出新的理论对策，以新的理论指导社会经济新的实践。创新既是经济学理论研究本身发展的内在要求，更是社会经济发展实践的客观需要。

目前，我国经济学理论研究水平还不够高，主要表现在“学术原创能力还不够”，缺少力透纸背的经典力作，缺少能站在高端位置，处于国际经济学界的前沿地带，能引领经济学科建设发展方向的顶尖经济学者，“还处于有数量缺质量、有专家缺大师的状况”。

经济学理论研究水平的高低，直接关系到能否为改革发展提供坚实的理论支持。而要提高经济学理论的研究水平，就必须注重理论的创新。实践中的探索前进需要理论上的开拓创新。创新是提高经济学理论研究水平的根本途径。那么，怎样才能提升我国经济学的创新能力和研究水平？

1. 要营造良好的学术生态氛围。包括经济学在内的哲学社会科学理论繁荣与否，在很大程度上取决于有没有一个良好的外部环境。要遵循哲学社会科学理论学术发展的规律和特点，坚持和充分发扬学术民主，活跃学术空气，鼓励探索和大胆创新，尊重差异，包容多样，提倡不同观点的学者之间相互切磋，开展平等、健康、活跃和充分说理的学术争鸣。唯有形成民主、宽松、和谐的良好学术氛围，才有助于张扬研究者的创新思维，点燃创造火花，踏进更多的未知领域，从而创造出有更高学术价值的佳作。

2. 要有问题意识，敢于独立思考，大胆质疑。问题或疑问是指思维的疑难和矛盾。正是为了解决这些理论和实践中产生的疑难和矛盾，才会有创新思维，因此，离开了问题意识和发展问题，经济学理论创新就无从谈起。学贵有疑，学术问题只有敢于独立思考，不拘成格，大胆质疑，才能突破旧框，发现新问题，去探索新的未知领域，提出富有新意的独创性见解。习近平总书记指出：“问题是创新的起点，也是创新的动力源。”唯有敢于大胆质疑和善于发现问题并勇于探索的经济学理论工作者，才有可能为推进经济学理论的发展作出创造性的贡献。

3. 厚实的理论功底是实现经济学理论研究创新的必备条件。经济学作为一门哲学社会科学，其学术研究具有很强的积累性。

只有注重学术积累和知识增长，才能在厚积中薄发，在积累中求创新。经济学理论的创新和发展，在很大程度上有赖于研究者自身的学术积累和素质的提高。因此，经济学理论工作者必须发奋学习，认真读书，注重知识的积累。特别是要重视学习本学科及相关学科最先进的知识，不断用各种新鲜的东西充实和丰富自己。事实证明，只有哪些掌握本学科及相关学科最新知识的人才，思路更开阔，更具有敢于创新的精神，因而更容易取得对国家经济决策和经济学科建设有建树的研究成果。

四、倡导崇高的价值追求，树立为人民做学问的理想

习近平总书记指出："我国的社会科学要有所作为，就必须坚持以人民为中心的研究导向"，"树立为人民做学问的理想"，"自觉把个人学术追求同国家和民族发展紧密联系联系在一起，努力多出对得起实践、人民、历史检验的研究成果"。

经济学是一门经世济民之学，作为合格的经济学理论研究工作者，必须把"树立为人民做学问的理想"作为自己的价值追求。当前，我国"哲学社会科学领域存在一些不良风气，学术浮夸，学术不端，学术腐败现象"。在这种情况下，更应当而且必须在广大经济学理论工作者中大力倡导树立理想信念和崇高的价值追求，增强社会责任感、使命感和为社会科学研究事业献身的精神。

在经济学理论的探索中，没有"免费的午餐"。要孕育和创造出能显誉当代和流传后世的学术精品，就必须经过艰苦的劳作，苦其心智、劳其筋骨的钻研和磨炼。有理想信念方有追求，有追求方有精神。只有真正具备了崇高的价值追求和"树立为人民做学问的理想"的经济学理论研究工作者，才会有爱社会主义祖国

之情深，爱人民之真切，爱自己之自尊，遵守学术规范，学风端正，勇于开拓创新，以执着、求实和求新的态度，在经济学理论的学术园地里辛勤耕耘，潜心求索，默默贡献。

习近平总书记指出："当代中国正经历着我国历史上最为宏大而独特的实践创新。这种前无古人的伟大实践，必将给理论创造、学术繁荣提供强大动力和广阔空间。"当代中国正在进行的波澜壮阔的改革和发展的实践，为经济学理论的发展提供了深沉、厚重的基础。沸腾的改革和发展的现实经济实践，不仅有对旧的经济学理论的反思，更有对新的经济学理论创新的热切呼唤。当今中国不仅有旺盛活力的经济，而且还拥有世界上最大的经济学理论研究工作者群体，特别是其中不乏有才华同时又富有创新精神的人才。我们完全有理由乐观地相信，在马克思主义政治经济学理论的指引下，经过若干年不懈的努力以及孕育和积蓄，在泱泱古老文明的神州大地上，经济学理论研究领域必定会呈现出空前繁荣兴旺的景象，必将产生出一批在世界上具有流传久远的经典之作，必定能培养出一批享誉国际经济学界的一流经济学大师，并因而会在人类现代经济学说史上留下具有长远影响的辉煌篇章。

（原载《金融时报》2016年8月22日）

关于经济科学学科分类问题的探讨

如何对门类繁多的经济科学进行学科分类，是经济科学中的一个重要的理论问题。苏联经济学界曾就此问题作过多次专门的讨论，[①] 但我国经济学界研究这一问题的论著至今仍不多，本文拟对此问题谈一点肤浅的看法。

一

经济科学是研究人类社会中的经济关系及其发展规律的科学。这里所讲的经济关系，其内容是多方面的，生产关系只是它的一部分。因此，经济关系并不等于生产关系。经济关系所包含的内容，远比生产关系所包含的内容要丰富。经济关系除包括生产关系之外，还包括生产力内部的经济关系以及非生产领域里的经济关系。以上几个方面的经济活动或经济关系，共同构成了经济科学的研究对象。

从研究对象来看，经济科学是一个很复杂的客体，所涉及的领域十分广泛。由于人们从多种不同的角度，采用不同的方法，研究经济关系的某一侧面、某一个领域，因而便形成了门类繁多的分支学科。凡是研究经济关系这个总体对象某一个方面的学科，均属于经济学科。

---

① 参见切尔科维茨：《经济科学要为实现加速发展的方针服务：经济科学体系问题讨论总结》，载［苏］《经济问题》，1986（4）。

自从人猿相揖别，人类就已有了经济活动。人类探讨经济活动问题由来已久，如果从古希腊的色诺芬写作《经济论》算起，人类对经济活动问题的研究已有2300多年的历史了。但是，早期的经济理论是和伦理哲学混生在一起的，相间杂处很难分开，早期的经济思想家往往同时是哲学家和伦理学家。经济科学的历史沉思虽然很古老，但只是到了近代手工业时期，人类智慧在这一领域的努力才获得了突破性的进展，经济理论思维才构造出较为完整的体系，从而使经济科学确立了独立的地位。正如马克思所指出的，经济科学作为一门独立科学是工场手工业时期才产生的。

经济科学作为一门独立的科学出现后，在一段比较长的时期里是没有学科分类的，其内容处于浑然一体的状态。那时，政治经济学几乎囊括了经济科学的所有领域，各门具体的经济学科都还处在襁褓之中，统归在政治经济学的门下，以致经济科学被称为政治经济学。然而，从混合到分化，这既是实践的需要，也是经济科学本身发展的一个必然趋势。由于社会经济活动的不断扩展，客观上要求人们对许多不同的经济问题进行分门别类的研究，因而造成了经济科学的分化并产生了众多不同层次的分支学科。随着人们对社会经济活动认识的不断深化，经济科学内部专业越分越细，学科越来越多。时至今日，在社会科学领域里，经济科学已发展成为一个门户繁多兴旺发达的大家族。在经济科学这个大家族内部，又组成了各种经济学科的大家庭。例如，单是以流通问题为主要研究对象的经济学科，就有商业经济学、贸易经济学、货币银行学、物流经济学等，其中商业经济学又衍生出商业管理学、商品经营学、商业经济效益学、商业地理学、商业心理学、商业物价学、商标法学、商业计划学、商业统计学、商品包装学等。有的学者把现代经济科学形象地比喻为“多枝树”，现代经济科学确实犹如一棵生机盎然的大树，其枝干纵横，并不断萌蘖新枝。

现代经济科学是由许多具体学科组合而成的学科体系或学科群。在由门类众多学科组成的庞大的经济科学体系内，各门经济学科以其研究对象的共同性相互联系着，又以其所研究的具体经济问题的相异性和所提供的经济知识的不同而相互区别。经济科学体系的构成与经济科学的分类有密切的关联。根据不同的分类就会有不同的构成，而分类则是以一定的标准为转移的。所谓经济科学的分类，就是把众多的经济学科按照一定的标准，进行分门别类的排列组合，使其形成相互区别又彼此联系的整体。

二

对于门类繁多的经济科学如何科学地进行分类，我国经济学界对这一问题尚缺乏深入的研究，专门探讨经济科学分类的论著不仅不多，而且由于分类标准的不同，在具体划分上意见也颇不一致。因此，弄清科学分类标准，对于正确划分经济科学的门类，具有极为重要的意义。

那么，究竟什么是划分各门经济学科的正确标准呢？

笔者认为，区分科学门类的关键就在于研究对象的不同。各门学科之间的最大差别就在于研究对象的差别，决定一门学科性质的只能是它研究的着力点和主攻方向，即研究对象的特殊矛盾性所决定的内容和特征。因此，应该以由各不相同的研究对象的特殊矛盾性所决定的差别作为区分学科和进行分类的主要依据或标准。正如毛泽东同志所指出的那样："科学研究的区分，就是根据科学对象所具有的特殊的矛盾性。"[①] 我们对各门学科知识进行划分和分类时，首先应当从认识论上弄清各门学科研究对象所具

① 《毛泽东著作选读》上册，第 148 页，人民出版社 1986 年版。

有的特殊矛盾性及内容和基本特征，只有在此基础上，才能科学地区分和排列各门学科。经济科学也不例外，我们在对经济科学进行分类时，同样要以各门经济学科研究对象具有特殊的矛盾性所决定的内容和特征作为主要依据或标准。

根据研究对象的内容和特点的不同，笔者认为，现代经济科学大致可以划分为以下三大类：（1）理论经济学。它的主要职能是探索社会经济领域的运动、变化和发展规律。理论经济学通常主要是指政治经济学，此外还包括发展经济学、经济发展战略学、宏观经济学和微观经济学等。从广义上讲，理论经济学还应当包括另一大类，即研究经济现象演变过程的经济史学。经济史学又包括国民经济史和研究经济科学（包括各门具体经济学科）本身发展过程的经济学说史。（2）应用经济学。它是相对于理论经济学来讲的学科，主要侧重于经济理论在实际应用方面的研究。由于现代经济科学具有应用性不断增强的特点，因而一般来说应用经济学要比理论经济学发展得更为迅速，它涉及的范围更为广泛，包含的分支学科也更加繁多，大体上可以分为两大类：A. 具体经济学科。它是研究某一具体经济领域的特定经济问题并加以应用的学科。根据研究的空间范围或内容构成范围的不同，这一类学科又可划分为部门经济学、区域经济学和专门经济学三个子系统学科。部门经济学是研究国民经济各个具体部门经济活动的特殊规律的学科，如工业经济学、建筑经济学、交通经济学等；区域经济学是研究某一区域或跨地区、跨国家的经济活动的内在规律的学科，如城市经济学、国土经济学、世界经济学等；专门经济学是研究国民经济某个领域中的经济运行过程和一些专门的经济问题的学科，如劳动经济学、投资经济学、货币银行学等。B. 组织与管理经济学科。它是研究对具体经济活动和经济问题如何进行组织管理、监督、核算、决策的学科，如经济管理学、工业企业管理学、银行管理学、经济预测学、计划经济学、审计学、会计学等。（3）边缘经济学科。它是经济科学与其他社会科学和自然科学相互渗透过程中逐渐派生出来的交叉学科。从这类学科产生的原因和特点来看，它可以划分为以下两大类：A. 同社会科学交叉的边缘经济学科，如人口经济学、经济社会学、经济法学、经济哲学等；B. 同自然科学交叉的经济学科，如生态经济学、经济控制论、计量经济学、地质经济学等。

根据如上分析，关于经济科学的结构和分类模式，可以用图1来表示。

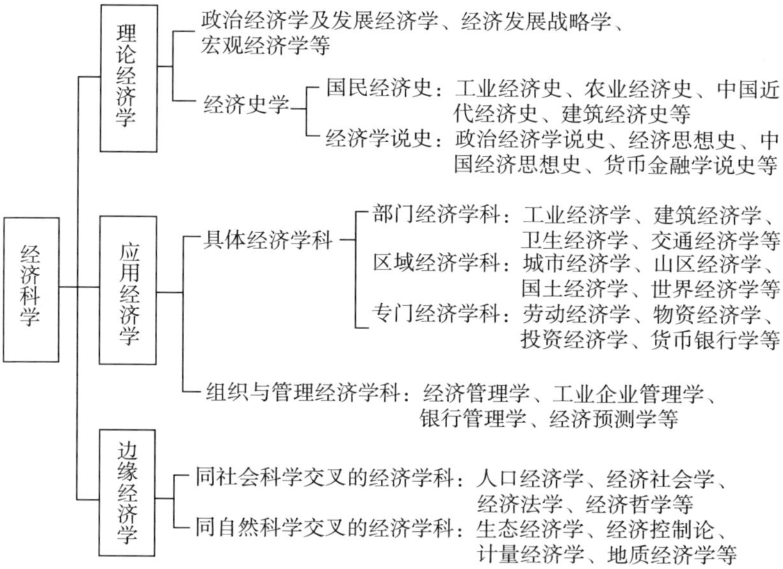

图1　经济科学的结构和分类模式

图1表明，经济科学可以分成以上三大门类。从这三大门类来看，它们之间存在着密切的内在联系和相互统一的关系。理论经济学是整个经济科学群体结构中的基础科学，应用经济学是把理论经济学的基本原理应用于不同的实践目的，而边缘经济学则是理论经济学和应用经济学同其他科学相互渗透交叉的产物。在过去一段比较长的时期内，人们曾把经济科学主要划分为理论经济

学和应用经济学两大门类。边缘经济学作为一个独立的门类，崛起于理论经济学和应用经济学之间，虽然打破了把经济科学划分为两大门类的格局，但构成现代经济科学主体的仍然是理论经济学和应用经济学两大类，它们类似于自然科学中的基础科学和应用科学。

三

对经济科学进行分类，初看起来似乎只不过是简单的排列组合，实际上却是一件很复杂的事情。由于许多经济学科具有多种学科的特点，因而界限往往不易把握。例如，技术经济学、教育经济学和卫生经济学等学科虽然都具有明确的应用目的，可以划归应用经济学，但由于这些学科的研究内容跨越多个学科领域，呈现出交叉性和边缘性的特点，因而它们又都可以列入边缘经济学科。经济学科研究内容的相互渗透和交叉，使得学科的分类复杂化了。这种研究内容的不确定性，尽管给分类带来了一定的困难，但并不影响经济科学的以上大致分类。这是因为，任何科学分类都只有相对意义，都只能依据某个学科的主要特征来决定其归属。

这里还要指出的是，经济科学的分类体系并不是固定不变的。任何科学分类都反映着当时人们的认识水平和科学发展水平，一旦人们的实践和认识有了发展，科学分类也将随之改变。正如大科学家爱因斯坦所说的："像爬山一样，越是往上爬，越能看到新的更广泛的视野，并且越能显示出我们的出发点与其周围广大地域之间出乎意外的联系"，"如果要更加深入地理解各种联系，那就必须用另外一些离直接经验领域较远的概念来代替这些概念"。这就是说，科学是一个积累过程，过程都具有阶段性，每一阶段构成自己的体系，当旧阶段完结时，其分类体系也必定会随之改变。经济科学也是这样，其分类体系是伴随着人们的社会经济活动的发展和认识水平的提高而不断发展、不断演变和完善的。

在研究经济科学理论时，把它视为一个知识体系，认真探讨其内部分类结构，这不仅具有理论方法论（即认识论）的意义，而且对社会主义现代化建设也具有现实意义。

第一，科学分类是制定正确的科研规划的客观依据。对各门经济学科进行科学的分类，有助于经济理论工作者和实际工作者根据社会主义现代化建设发展的要求以及经济科学的发展趋势，研究各门经济学科的科研远景规则，确定其近期的研究方向、任务，协调各门学科、各个领域之间的关系，最合理地分配人力、物力和财力，缩短科研工作周期，提高科研工作效率，以便更好地发挥各门经济学科的作用。

第二，每门学科在经济科学总体系中都应有符合自己“身份”的地位，正确进行科学分类，就是为了揭示各门经济学科之间的区别和联系，确定它们的位置，使这些学科“居有其所”，各就其位。这对于研究和解决主要问题有好处，因为许多问题混在一起，眉毛胡子一把抓，很难把所要研究的主要问题弄清楚。经济科学的内容十分庞杂，只有进行科学的分类，使每门学科的对象、范围明确，才能有目标、有计划、有步骤地致力于所要解决的某一方面的主要问题，从而更有效地进行研究工作，较好较快地达到预期的目的。

第三，经济学科分类的完善，可以起到相当于门捷列夫元素周期表的作用，不仅能科学地确定现有学科的位置，而且能预测可能产生或必然产生的新学科。有些现代化建设迫切需要新的经济学科，甚至可以由经济理论工作者或实际工作者，根据记载着新学科密码的“元素周期表”，像培植“试管婴儿”一样，催促其衍生和发展。

总之，弄清经济科学体系内部的分类问题，对于更有效地开展各门具体经济学科的研究工作，促进经济科学的繁荣和发展，更好地发挥经济科学在社会主义现代化建设中的作用，都具有十分重要的意义。

（原载《马克思主义研究》1989 年第 3 期）

略论经济科学新学科的产生和特点

一

所谓经济科学新学科，是相对于经济科学中的传统学科（如政治经济学、经济学说史、工业经济学、会计学等）而言的。20世纪30年代以来，特别是第二次世界大战后，经济科学新学科发展很快，传统学科分支衍生，许多富有时代气息的新兴学科纷纷脱颖而出，不断为现代经济科学这棵大树增添新的枝叶。据统计，仅近30多年来，由经济科学派生出来的新兴学科就多达100多门。诸如生态经济学、技术经济学、经济控制论、信息经济学、能源经济学、资源经济学、旅游经济学、文化经济学、教育经济学，等等。

目前，经济科学新学科的增长势头还在发展，一些与社会经济活动密切相关的新兴学科仍在分蘖滋蔓，不断抽发新枝。从这些新学科的产生情况来看有一个显著的特点，就是它们的出现反映了社会科学和自然科学的相互渗透与合流。这一特点的具体表现是，在新兴的经济学科中边缘学科特别繁多。什么是边缘学科？简言之，边缘学科就是一种交叉学科。所谓交叉学科，主要是指自然科学和社会科学之间的交叉而产生的新学科。交叉学科除包括边缘学科之外，还包括横断学科（如信息论、控制论和系统论）和综合学科等。现代科学在其自身发展中所出现的互相交叉、互相依存的整体化趋势，必然会影响到经济科学的发展。由于这种影响，使得经济科学同自然科学和其他社会科学之间的关系日益密切，互相渗透、交叉产生的边缘学科也因而逐渐增多。

一般来说，经济科学中的边缘学科主要是通过“移植”和“杂交”两种方式产生的。“移植”，是指用某一学科的原理或方法去研究解决另一学科中的某些问题。例如，用数学方法计算和研究经济科学中的某些数量方面的问题，便产生了数量经济学；用经济理论研究和解决海洋、地质、卫生、建筑中的某些经济方面的问题，便产生海洋经济学、地质经济学、卫生经济学和建筑经济学。“杂交”，是指不同学科间互相渗透、合流，“内在地、有机地结为一体”而形成的新学科。例如：生物学和经济科学相结合，便产生了生物经济学；心理学和经济科学相结合，便产生了经济心理学；等等。

边缘学科同其他交叉学科一样，其特点一方面是从“母体”学科中分离、独立出来，又藕断丝连，而另一方面，又将其触角伸展到别的“母体”学科以至多种“子”学科之中，它是把其“母体”学科和邻近其他“母体”学科的合理内核结合而产生的新学科。由于经济科学在社会科学中门类最多、联系最广，因而它同自然科学或其他社会科学交互作用产生的边缘学科特别繁多。

边缘学科的大量涌现，使经济科学自身的性质发生变化，具体表现在二重性大大增加了。现代经济科学具有二重性，即社会性和自然性。作为一门重要的社会科学，现代经济科学不同于物理学、化学、医学和数学，它同大多数社会科学一样，也具有鲜明的社会属性或阶级属性。研究经济理论的人，从各自不同的阶级立场出发，对社会经济关系有着不同的评价标准，因而会得出不同的结论。众所周知，政治经济学就是一门具有鲜明阶级性和党性的学科。除具有社会性之外，现代经济科学既不同于自然科学，又不同于一般的社会科学（如政治学、哲学、法学、史学等），它还具有另一种特殊的属性，即自然性。从自然属性看，经济科学是人类知识的结晶，它可以为一切人所应用。

现代经济科学是一个总称，它是由一系列具体学科组成的。在由门类众多学科组成的庞大复杂的经济科学体系中，包容许多既可归属于社会科学又可隶属于自然科学的新兴的边缘学科。诸如生态经济学、环境经济学、卫生经济学、人口经济学等。这些学科可以说是“一手拖两家”，一边联结着社会科学，一边又联结着自然科学。因此，这些学科既包含有社会性，又包括有明显的自然性，它们既不是纯粹属于社会科学的东西，也不是纯粹属于自然科学的东西，而是二者兼而有之，它们是社会科学和自然科学的综合体。从一定意义上说，现代经济科学本身就是社会科学和自然科学相结合的产物，没有这种结合就没有现代经济科学。

在传统经济学科里，自然科学的成分较少，而新兴经济学科里，自然科学的成分则相对较多，有的新兴边缘经济学科，甚至主要是以自然科学中的某些问题作为自己的研究对象。例如，资源经济学就是一门以自然资源作为主要研究对象的经济学科。从趋势上看，新兴边缘学科越发展，经济科学与自然科学的交叉度就越大，经济科学中的自然科学的成分也就越多，从而导致经济科学的二重性不断增强。

现代经济科学已变成了一个集合概念。以往的资产阶级经济学和无产阶级经济学的划分，只是在个别理论经济学科（如政治经济学、经济学说史等）领域内才具有充分的意义。如果我们把视野扩展到整个经济科学领域，这种简单的划分显然已不适宜了。许多新兴的经济学科，特别是那些边缘经济学科，并不是阶级关系的理论表现，而主要是经济科学同自然科学交互作用的产物。这些学科基本内容大多是没有阶级性的，也没有国界，可以为一切人所应用。但是，长期以来，我们的一些经济研究工作者，却把经济科学仅仅看作社会科学中的一个重要分支，而看不到现代经济科学与自然科学的密切关系，更看不到现代经济科学本身所具有的自然科学的属性和所包含的自然科学的内容。这是人们对现代经济科学认识上的一种偏颇，这种偏颇不仅不利于充分发挥经济科学在社会实践中的作用，也不利于经济科学本身的发展。

二

在经济科学领域里，由于新兴学科大多是边缘学科，因此，同传统学科相比，新兴的经济学科具有如下特点：

1. 开拓性。新兴经济学科大都是以社会经济活动中新产生出来的边缘性课题作为主要研究内容，这些课题是传统经济学科未能顾及的，是经济科学认识上的空白地带。新兴经济学科研究新的对象，涉足新的领域，可以不受已有的一些传统观念的约束，以尝试性的姿态提出一些新见解、新思想。在这些新见解、新思想中，常常带有突破经济科学旧的科学规范，创立新的科学规范的丰富信息，蕴含着积极的创造性的科学潜能。对于经济科学新学科的研究是一种拓荒性的劳动，只要善于在这些学科涉足的领域里进行开拓和耕耘，就有可能采集到新的有价值的认识成果，为人们从事经济活动提供新的知识和新的武器。

2. 综合性。经济科学新学科大多是两门或两门以上学科知识的“化合物”，具有综合性。就经济科学新学科的研究课题来看，其内容往往涉及多种学科，因而需要综合运用多种学科的知识。以技术经济学为例，其研究对象是一个很复杂的客体，同不少其他学科都有很密切的关系，特别是同自然科学技术（如农作物栽培、农田水利、畜牧饲养、林业、农业机械、能源、化工、冶金、土木、交通、环保等）和经济科学（如政治经济学、经济统计学、经济地理学等）的关系最为密切。技术经济学就是以经济科学和自然科学技术这两类学科的知识体系为主，吸收有关学科的理论而形成的一门综合性很强的新兴边缘学科。技术经济问题，一般都不单纯是科学技术问题，更不单纯是经济科学问题，不是单靠经济学家或技术专家就能解决的，而需要许多行业的专家协同工作，共同努力，才能攻克难关。其他许多新兴的经济学科，如生态经济学、城市经济学、经济管理学、教育经济学等，都是两门以上学科知识的“化合物”，它们的研究课题也都带有综合性。这些新兴学科综合了经济科学和其他一些学科的特点，使之成为知识跨度大、应用范围广、在实践中十分活跃的学科，它们的作用是传统经济学科所不能替代的。

3. 应用性。经济科学中的传统学科大都比较注重抽象的理论分析，而新兴的经济学科一般都更加讲求实用、管理和决策，带有明显的务实性。新兴的经济学科，多侧重于对现实经济问题在应用方面的研究，能以其研究成果直接为经济建设服务。就每一门新兴的经济学科所要研究的课题或所要解决的问题而言，其应用性都表现得十分具体和明确。但所谓应用性，并非完全排除理论，新兴经济学科同样有很强的理论性，其立论的论证往往要涉及一些比较高深的理论。在经济科学的传统学科中，理论部分和应用部分的界限一般都比较清楚，新兴经济学科则不同，它们具有理论性和应用性相统一的特点。这个特点决定了我们在对新兴经济学科进行研究时，既要把应用性（或可行性）放在很重要的突出的位置，同时又要理论和应用兼顾，认真探讨有关基本理论问题。

认识新兴经济学科的上述特点，对于我们进一步开展对这些学科的研究，扶植这些学科的成长，促使这些学科更好地在经济科学前沿发挥作用，都具有十分重要的意义。

三

近几十年来，经济科学新学科之所以大量产生，从根本上说，是因为社会实践发展的需要。正如恩格斯所指出的，一旦实践对科学提出了需要，就会比十几所大学对科学发展的推动力量要大得多。现代社会经济是一个社会—经济—科研—生态的复合体，具有错综复杂的联系网络和无穷变化的系列，各种经济的和其他的现象、过程纵横交错，互相联系，互相渗透，融为一个统一的、复杂的、网络型的特大系统。传统的经济学科体系已不能解释和包容这一系统的全部运动形式和规律，而必须由传统学科和新兴学科组成的新的经济科学体系来担当此任。在当今时代，人们要真正富有成效地解决所面临的许多重大社会经济发展问题，如果没有传统的经济学科与新兴的经济学科的和谐发展，并在实践中协调一致地发挥作用，是不可能做到的。

社会实践的需要是推动经济科学新兴学科产生、发展的原动力。社会实践的需要，不仅包括现代社会经济发展的需要，还包括经济科学本身发展的需要。尽管前者是主要的，但后者也很重要。统一完整的经济科学体系的形成及其综合化、一体化的发展趋势，使传统的经济学科的具体研究方法显示出一定的局限性，只有重视和发展新兴的经济学科，才能更好地对经济科学的体系结构和发展规律进行整体的综合性的研究，从而把经济科学的研究工作推向前进。

科学史表明，科学的突破点往往发生在社会需要与科学内在逻辑的交叉点上，而许多新兴经济学科正是诞生在这种交叉点上。因此，尽管许多新兴经济学科处于初创阶段，其理论体系还不够完善，甚至内容、范畴、术语、研究方法还具有不确定性，不少问题需要进一步探索。但是，这些学科却是发展中的“朝阳学科”，它们有着旺盛的生命力和广阔的发展前途。

经济科学新学科的大量产生，极大地拓展了人们的视野。它表明了经济科学横向扩散与纵向探微的发展趋势，即对象越来越多，领域越来越宽广，研究的深度也越来越加强了。在宏观和微观上都出现了这样的情况：经济科学过去有许多不可能研究的对象和领域，现在可以涉足了，甚至可以做一些比较深入的研究；有些过去在经济研究中不可能考虑到的领域（或者是因为思想认识还达不到，或者因为实践还没有提出问题，或者因为研究手段还不具备），现在也都提到研究日程上，列为研究课题了。经济科学的这种新的发展趋势，既为经济研究工作拓展了新的研究领域，同时也给经济研究工作者提出了更高更多的要求。

在新学科、新知识迅速发展的当今时代，作为经济研究工作者，既要立足于经济科学本身现有学科的深化，又不能囿于狭窄的专业领域，而要着眼于跨科越界，涉足新的领域，根据需要和可能尽量拓展自己的知识面。经济研究工作者除了要认真学习和掌握马克思主义经济学的基本原理之外，还应当努力学习现代科学的各种新知识和社会实践的新经验，尽量用各种新鲜的东西充实、丰富自己，使自己具有新的较广博的知识和开阔的思路，只有这样，才能胜任对许多新的“边缘”综合性课题的研究工作，并在推动经济科学发展中有所作为。

（原载《学术论坛》1990 年第 6 期）

关于现代金融科学学科建设的思考

加强学科建设，不仅是金融科学自身发展的内在要求，而且也是社会经济发展实践的迫切需要。本文拟就与金融科学学科建设有关的几个问题作点粗浅的探讨，意欲投石问路，抛砖引玉。

一

近些年来，我国经济金融界以极大的热情关注和参与探讨金融体制改革中的一些重大问题，金融研究的热点问题一个接一个，引发了金融研究的空前繁荣的可喜局面。但是，从我国目前金融研究的现状来看，对策性研究居于十分突出的主流地位，而作为对策性研究科学依据的基础理论问题却相对较少有人问津，现代金融科学学科建设中的一些重要理论问题，公开发表的研究论著至今仍不多见。与重视研究金融热点问题相比，金融科学本身的学科建设已明显地滞后于新形势的要求。作为一门实用性很强的学科，金融科学无疑应当特别注重与实践紧密相关的热点问题的对策性研究，但也不应当忽视其学科本身的建设，加强金融科学学科建设，提高其本身的科学性和系统性，有助于它在社会经济生活中发挥更大的作用。

伴随着现代市场经济的建立和发展，以及金融业在国民经济中扮演着日益见重的角色，现代金融科学在经济科学领域中的地位也随之提高。随着金融科学地位的上升，一方面给金融科学在我国的发展提供了难得的历史机遇。另一方面，由于金融科学在我国还是一门发展中的学科，还没有形成比较成熟的理论体系。因此，它又面临着自身学科建设的繁重任务。这一任务已历史地落在我国当代经济金融理论工作者的肩上。广大经济金融理论工作者应当以邓小平的建设有中国特色的社会主义理论为指导，融汇吸收国内外在金融科学学科理论方面的研究成果，并紧密结合我国当前的金融体制改革和现代化建设的实践，通力合作，努力探索和开拓创新，为构建具有中国特色的金融科学理论体系，作出自己应有的贡献。

二

探讨金融科学的学科建设，首先碰到的是金融科学学科归属上的定位问题。对于此问题，我国学术界目前尚无完全统一的看法。有的人把金融科学等同于货币银行学，并认为它从属于理论经济学范畴，是政治经济学的一个分支。笔者认为，这种看法是不正确的。

现代金融科学是一个总称，它是由包括货币银行学在内的一系列具体学科组成的。现代金融科学既不能与货币银行学画等号，更不是政治经济学的一个分支，而是一门与政治经济学并列的独立的经济学科。从学科的归属来讲，它从属于应用经济学范畴。

应用科学是相对于理论科学或基础科学而言的，把经济科学划分为应用学科和理论学科只具有相对的意义。这是因为，应用经济学科和理论经济学科的主要区别在于，应用经济学更具有实用功能，而理论经济学则主要具有认识和指导的功能。我们说金融科学是一门应用经济学，原因就在于它有实用功能，带有明显的务实性。与一般的经济学科相比，金融科学中的学科大都更加讲求实用、管理和决策，多侧重于对现实经济问题在应用方面的研究，能以其研究成果直接为经济建设服务。例如，金融市场学、金融工程学、证券投资学、金融会计学、金融管理学、保险学、金融信托学等。从这些学科所研究的对象或所要解决的问题来看，无不是为应用的目的，它们的应用性表现得十分明确和具体。

这里讲的所谓应用性，并非完全排除理论。金融科学内的大多数学科同样有很强的理论性，其立论的论证往往要涉及一些比较高深的理论。同其他科学领域一样，金融科学也有基础理论与应用理论之间的差别，其基础理论的基本内容也具有一般科学意义上的“共同性”，可以为一切人所应用。例如，金融科学中的关于货币供求与均衡理论、利率理论、证券投资理论、资产负债管理理论、货币政策工具与传导机制理论等。这些理论的许多基本内容，虽然都是一些有着不同的社会、历史与文化背景的人所发明和发展的，但它们却是人类共同的财富，是没有国界和社会属性的。这个特点反映在学科建设上，要求我们在构建具有中国特色的金融科学学科理论时，应当重视学习和借鉴国外学术界的一些有价值的研究成果（包括不同社会制度、不同学派）。金融学科既带有明显的应用经济学性质，同时又具有理论经济学的特点，这就决定了我们在进行金融科学学科建设时，既要把应用性（或可行性）放在很重要的突出位置，同时又要理论和应用兼顾，十分重视探讨有关基础理论问题。

三

任何一门科学都有其不同于其他学科的相对的理论体系。在我国，对于金融科学学科建设的研究还处于起步和摸索的阶段。要使之发展和完善起来，就必须根据市场经济的需要，科学地构建其理论体系。笔者认为，应当主要从以下几个方面来设计金融科学的理论体系：（1）对象，即金融科学的定义和研究内容；（2）原理，即金融科学的基础理论，包括一般概念、基本内容、主要流派及理论价值和实践意义；（3）应用，即金融实务基本知识；（4）分支，即金融科学的各个分支学科与主干学科的关系，以及它们与相近学科间的联系和区别；（5）方法，即金融科学所具有的主要研究方法；（6）趋势，即金融科学理论在国内研究的现状和发展前景。

在上述各点中，以金融科学的研究对象最为重要。一般来说，研究对象是建立学科理论体系的出发点。理论体系不以研究对象为前提，本身就失去了赖以存在和发展的基础。因此，探讨金融科学理论体系的构建，首先必须弄清楚金融科学的研究对象。在我国目前已出版的众多有关金融知识的词典或百科全书中，几乎都没有将金融科学作为一个词条单独列解。我国学术界对金融科学概念的诠释尚无定论，笔者认为，所谓金融科学，简言之，就是以货币金融活动及其理论和政策作为主要研究对象的科学。

对于金融科学的定义和研究对象，究竟如何更准确地表述，还有待于人们作更深入的探讨。此外，关于金融科学基础理论所应包括的主要内容、一些基本概念的释义、学科体系框架的界定及内部学科的分类等重要问题，目前也都没有比较一致的看法。大凡一门重要学科，其理论体系的构建，都要经历一个漫长而又艰难的探索过程，不可能一蹴而就，对于金融科学这样一门在经济科学园地里居举足轻重地位的学科来讲尤其如此。

四

就任何一门独立的学科而言，总是有与其相适应的特定的研究方法。现代经济科学的一个重要趋势就是它们普遍处于数学化的过程之中。金融科学也不例外。现代金融科学发展的一个显著特点就是已由过去主要注重质的分析的定性研究逐渐转向对货币金融活动的量的研究，从而导致数学化、定量化趋势的加强。

金融科学之所以能够进行定量研究，或者说，数学手段之所以能够应用于金融科学领域，也正是由金融科学的研究对象所决定的。同任何其他经济活动一样，货币金融活动中也存在大量的数据。在进行金融科学理论研究时，必须收集和掌握这些数据，并运用数学工具对货币金融活动运行中的利率、汇率、货币供应量、资金运用率、价格指数、收益率、利润等数据进行分析，才有可能在量化的基础上得出精确的结论。近一二十年来，派生或衍生证券的产生和发展，给现代金融科学提出了一些极其复杂的数学问题，包括金融变量的描述、各种金融变量之间的关系分析、金融系统的优化处理、市场风险的计算与控制等。

金融科学理论研究中的定量分析主要有两种方式：一是理论的模型化，即用数学的语言来描述金融科学中的某一理论的基本内容；二是实证研究的定量化，即运用实际的统计数据来验证金融科学中的某一理论判断的正确与否和适用范围。定性分析和定量分析是金融科学的两种基本的研究方法，二者缺一不可。如果不做好数量分析，质的规定性就难以把握，但如果忽视定性研究，单纯注重研究量的变化亦无意义。只有在定性指导下进行定量分析，在定量分析的基础上进行定性综合，把两者有机地结合起来，才能得出正确的判断和结论，更好地揭示货币金融活动运行的规律性。

马克思说："一种科学只有成功地运用数学时，才算达到了真正完善的地步。"这话当然也适用于金融科学。金融科学的理论框架要真正实现科学化和系统化，就必须先使其研究方法现代化。

而要使金融科学研究方法现代化，就必须用现代数学知识武装我们的经济金融工作者的头脑。作为经济金融工作者，只有努力掌握现代数学知识，并使之成为自己得心应手的工具，才能在推动金融科学的学科建设和繁荣我国的金融科学理论研究中发挥作用。

（原载《金融时报》1997 年 2 月 23 日）

再谈现代金融科学的学科建设

金融科学在我国还是一门发展中的学科，有许多基本理论问题尚待进一步的探讨。本文拟就与金融科学学科建设有关的几个问题，再谈点粗浅的看法。

一

任何一门科学之所以有独立存在的价值，首先就在于它有自己专门的研究和考察的领域。同样，金融科学也拥有自己特殊的研究对象。所谓金融科学，顾名思义，是研究货币金融问题的一门学科。其研究对象，简言之，就是金融理论、金融政策（亦称货币政策）和金融实践。作为金融科学的共同研究对象，这三者是相互依存，缺一不可的。就金融理论和金融政策的关系而言，金融的基本理论是制定、执行金融政策的指导和依据；而金融政策在贯彻实施过程中所取得的经验，又可以不断丰富金融理论。就金融理论、金融政策与金融实际工作的关系而言，金融理论、金融政策是通过分析、总结金融工作的实际情况和实践经验而形成的，又回过头来指导金融的实际工作。

现代金融科学的研究领域，既包括货币金融活动的理论和政策，又包括金融实务；既要构建理论体系和进行政策分析，又要考察货币金融的实际运作情况；既能给人们提供分析货币金融活动的理论和方法，又能给人们提供解决具体货币金融问题的对策与手段。它是一门理论性、政策性和实践性都很强的学科。

金融科学与经济科学有着十分密切的关系。从一定意义上讲，金融科学就是将经济科学研究的诸多内容中的金融这一课题独立出来、加以深入研究的一门学问。因此，金融科学是经济科学中的一门分支学科。在目前尚不够清晰的经济科学分类表上，金融科学是作为二级学科而与政治经济学、财政学、工业经济学等学科居于并列地位。

经济科学与金融科学二者是源和流的关系，经济科学是基础和前提，对金融科学的研究工作具有指导作用，而金融科学的发展，又有助于经济科学研究内容的扩展和深化。金融科学的繁荣和发展，在很大程度上有赖于金融理论工作者本身素质的提高和研究方法的创新。作为金融理论工作者，必须具备良好的经济科学素养，具有比较扎实的经济科学理论知识，并能不断地学习和吸取现代经济科学研究的一些新观点和新方法，能够把握经济科学的发展趋势及其规律。

现代金融科学的研究在我国起步较晚，迄今还没有形成完整的学科体系和明确规范的概念术语系统。因此，要树立把金融科学作为一门学科来研究的“学科意识”，重视和加强金融科学本身的学科建设。从理论上认真探讨金融科学学科建设中的一些重大问题，诸如定义、概念、对象、内容、分类、方法、原理等。学科理论是否系统和科学，是衡量一门学科是否成熟的主要标志。而构建成熟的金融科学学科体系，对于正确认识和把握金融科学的发展规律，更加充分地发挥金融理论对货币金融活动的先导作用，具有十分重要的意义。

二

目前，金融科学在我国虽然尚处于探索和创建阶段，但它在我国却是一门大有发展前途的学科。

金融业在现代市场经济中地位特殊，影响重大，尤其是在我国社会主义市场经济的培育和发展中，金融业具有至关重要的作用。从金融科学的发展趋势来看，随着我国金融体制改革的深入和金融业在国民经济中的地位进一步提高，作为金融活动理论表现的金融科学必将有一个更大的发展。任何一门科学的发展前景，从根本上讲取决于社会实践的需要。恩格斯说："社会一旦有技术上的需要，则这种需要就会比十所大学更能把科学推向前进。"① 我国改革和发展的实践需要金融科学，这种需要必定会极大地促进和推动金融科学在我国的发展。20 世纪 80 ~ 90 年代，金融科学是中国一个热门的发展中的学科，而到 21 世纪则必将成为一门体系严谨的成熟的经济学科。

实践是一切理论产生和发展的源泉。金融科学的产生和发展，不仅离不开社会实践的需要，而且其学科本身的许多基本理论问题也只有在解决现实问题中才能得到检验、充实和发展。广大金融理论工作者应当善于倾听实践者的呼声和把握实践的脉搏，在理论联系实际和理论为实际服务的环节上花费更大的力气。作为中国的金融理论工作者，在进行金融科学的学科建设时，特别要注意紧密联系中国的实际，体现中国特色，力求金融科学学科建设中国化。金融科学理论之树，只有牢牢地植根于中国的改革和发展实践的沃土之上，才会有旺盛的生命力，才能茁壮地成长。

三

金融科学发展到今天，已变成了一个集合概念，它是由许多具体学科组合而成的。在由门类众多学科组成的金融科学体系内，

---

① 《马克思恩格斯选集》第 4 卷，第 505 页，人民出版社 1972 年版。

各门金融学科以其研究对象的共同性相互联系着，又以其所研究的具体金融问题的相异性和所提供的金融知识的不同而相互区别。对于门类较多的金融学科如何科学地进行分类？此问题我国金融学界虽已有零星的研究论文发表，但至今尚无比较公认统一的看法。

根据各自的研究对象的内容和特点的不同，笔者认为，现代金融科学大体上可以分成以下三大类：

1. 理论金融学，即金融基础理论学科。它主要是研究金融领域里的一般理论问题，诸如货币形式与货币制度、信用形式与信用工具、利息与利息率、金融市场、金融监管、金融创新、金融运行机制、货币政策、金融机构、货币供求与均衡、外汇与国际收支等。理论金融学科通常主要是指货币信用学，此外还包括国际金融学、中央银行概论等。从广义上讲，理论金融学科还应当包括另一大类，即研究货币金融活动发展演变过程的金融史类学科，主要有货币学说史、金融学说史、古钱学等。

2. 应用金融学。它是相对于理论金融学来讲的学科，主要侧重于金融理论在实际应用方面的研究。由于金融科学具有很强的实践性，从本质上讲属于应用经济学范畴，因此它所包含的应用分支学科也较多，诸如金融管理学、银行会计学、商业银行经营管理学、国际结算学、金融统计学、金融服务学、外汇管理学、金融稽核学等。

3. 专门金融学。它是研究金融领域中的某个方面的货币金融活动运行过程及一些专门的金融问题的学科。这种专门化的研究易于向纵深发展，从而有助于深化对一些金融问题的剖析。这类学科的数量也较多，诸如金融工程学、储蓄心理学、金融市场学、金融法学、金融数学等。

任何学科的分类都具有一定的相对性，各个学科之间也没有绝对的界限。在进行金融科学学科建设时，把它视为一个知识体系，探讨其内部的科学分类，不仅具有理论和方法论意义，而且还具有实践意义。由于科学的研究内容较庞杂，只有对它进行科学的分类，使每门学科的对象、范围明确，才能有目标、有计划、有步骤地致力于所要解决的某一方面的主要问题，从而更有效地组织研究工作，从而更加充分地发挥金融科学在社会经济生活中的作用。

（原载《金融时报》1997年8月20日）

用科学的发展观指导金融学科建设

我国高等金融教育有起步晚、起点低的特点。改革开放以来，特别是近十年来，我国高等金融教育呈现出前所未有的快速发展的势头。在“金融热”的驱动下，除众多财经院校一般都设有金融专业外，一些理工、农业、师范、外语等院校也不顾条件，追逐热点，纷纷盲目增设金融专业。据不完全统计，至1999年全国高校金融类专业的设点已超过600个。众多高校金融类专业的开办，尽管在一定程度上促进了金融教育和金融学科的发展，但是，高校金融类专业数量虽多，却普遍存在着师资力量不够强，教学内容、课程体系、教学方法陈旧、教学改革滞后等问题。从总体上看，我国高校金融类专业的教学质量和学术水平不够高。

目前，我国高校金融类专业正经历着从追求“量”的增加到追求“质”的提高的转变，从处于迅速扩张转到稳定发展的阶段。现在，金融教育的主要特征是：稳定金融类专业的数量，提高质量。那么，怎样才能提高高校金融类专业的质量呢？关键是要树立科学的发展观，从粗放型、外延式的数量扩张转变到注重学科建设的内涵式发展上来，真正把学科建设放在突出位置。

学科建设是承载高校教学、科研、产业等工作的基础和载体，是体现高校办学水平、办学特色和社会声望的主要标志。高校科研能力的增强和教学水平的提高，主要取决于学科的发展水平。综观我国金融界比较著名的学者，大都集中在国内为数不多的几所高校一流的金融学科。只有高水平的学科，才能聚集一批高水平的名教授，并使社会对其产生认同感、信任感，因而也才有可能承接重大的科研项目，并培养出高素质的人才。一流的金融学科因有名师举旗，学术气氛浓厚，在高层次的交流和相互切磋中，教师们耳濡目染，科研和教学水平自然能得到提升。

改革开放以来，我国在金融科学理论研究和学科建设方面虽然取得了长足的发展，但由于我国对现代金融科学学科理论研究起步较晚，目前还处于初创阶段，其内容和理论框架体系都还不成熟，学术上也尚无构建理论体系不可或缺的充足的研究成果作基础。因此，在我国还面临着金融科学学科建设的重任。这里要指出的是，金融科学学科建设不仅仅局限于人们通常所理解的科研水平和能力，除此之外，还包括与高校金融类专业的学术声望、学术成果质量密切相关的教学、信息服务等其他领域。

办好高等金融教育的关键，就是要以科学发展观为指导，充分重视学科建设的龙头地位，花大力气抓好学科建设。而要抓好金融学科建设，很重要的一点就是必须注重特色，突出重点。金融科学发展到今天，已变成了一个集合概念，它是由许多具体分支学科组合而成的。其分支学科众多，诸如货币银行学、国际金融学、金融工程学、证券投资学、农村金融学、保险学等。设有金融类专业的各高等院校，应突出重点，建设具有自身特色的具体分支金融学科。即使金融类专业具有较强实力的高校，也不可能使其每门分支金融学科都居于国内一流的地位，但必须有一个或几个分支金融学科（例如，证券投资学、金融工程学或保险学）是国内顶尖的学科。一所高校，如果有一个或几个真正的高水平的分支金融学科或独具特色的金融学科，这所高校就会在国内金融界乃至国际学术界产生影响，就能在社会立足，并带动整个学校的金融类学科和其他相关学科的发展。因此，设有金融类专业的各高等院校应根据国内外金融学科发展的情况、自身学科发展的历史和现状，特别是教师队伍的结构，扬己所长，发挥自身的优势，选准自己重点建设和发展的学科。一旦选准，就要“有所为，有所不为”，集中人力、物力扶持重点，在进人指标、职务晋升、房屋分配等方面都应向该学科倾斜，加快该学科的发展，使其在教学质量和科研方面跻身全国高校同类金融学科的前列。

学科建设的发展和学术水平的提高关键靠教师，特别是高水平的学术骨干。金融教育工作，无论是科研也好，还是教学也好，没有一支高素质的能发挥主导作用的学术骨干队伍，是不可能取得大的发展的。学术骨干，即有知名度的学者。如果没有知名学者，那么大学也就不成其为大学了。学术骨干或知名学者对任何一门学科而言，都是实力的象征，地位的象征，声望的象征。杰出的学术骨干的作用是一般人才无法相比的。他们可以凝聚一支优秀的学术队伍，带动一个学科，开创一个领域，形成一门有影响的名牌专业。一个学科，往往几位举旗的学术带头人在学科就在，领头的几位学术带头人走了，这个学科也就垮了。由此可见，学术带头人对学科建设的作用之大。

新中国成立后特别是改革开放以来，我国已培养和造就了一支覆盖金融类各个具体学科、各专业，具有相当水平和实力的教师队伍。在金融教育的各个领域都涌现了一些较高层次的学术带头人，但从总体上讲，这支队伍还远远不能适应金融教育和金融学科建设发展的需要，在宏观布局、档次品位、开发利用等各个方面都存在着大量问题。突出表现为：总量不足，层次还不够高，为学术界公认的高层次专家所占比例较低。在分布上，层次较高的专家大都集中于名牌高等院校和科研机构。此外，缺少中年骨干，人才断层问题也未完全解决。目前要巩固、扩大、爱护金融教育领域里的现有的学术骨干队伍，并争取能在这支队伍中形成一些更高层次的代表人物和代表著作，让更多、更强的代表人物与著作涌现出来。

人才问题，始终是高校改革和发展中的核心问题和头等大事。“国以才立，政以才治，业以才兴”。要牢固树立人才为本，人才强校的观念，充分认识人才在学科建设中的重要作用。要振兴我国的金融教育，除了要重视全面提高各高校金融类专业教师的整体素质之外，还必须高起点、大力度地选拔培养优秀学术骨干人才。金融类院校把振兴金融教育的着力点放在培养和造就优秀学术带头人上面，就如同抓住了“牛鼻子”，可以牵一发而动全身，能较快地推动我国的金融教育向新的更高的层次发展。加快培养和造就一支与金融教育发展相适应的高层次的学术骨干人才队伍，乃是金融教育界的一项带有根本性和战略性的大事。

那么，在金融教育领域，怎样才能培养和造就一支素质优良、层次更高的学术骨干队伍呢？

一、要改革现有的金融教育体制，重视多学科最新综合知识的通才教育

我国金融教育界里现有的一些学术带头人，虽然勤于笔耕，成果不少，甚至在经济金融界还有一定知名度，但很少有人能推出在国内外有较大影响的课题和成果，其重要原因之一就是知识结构单一，视野不开阔。

知识经济对从事金融理论研究的人员提出了新的更高的要求，其中最重要的一点就是要求必须是具有新型知识结构的、全面发展的新型人才。这样的人才不仅要具备扎实的专业知识，是金融学科某一领域的专才，同时还要掌握经济科学领域里相关学科的基础知识以及其他社会科学和自然科学的基础知识，是个学识广博，具备多种学科知识的通才。唯有掌握多种学科知识的人才，

才具有开阔思路和敢于创新的精神，善于把握和抓住学科建设的前沿，提出有学术价值的独到见解，并带领本学科始终走在学科建设的前列。针对目前我国金融教育领域里学科和专业设置比较单一以及专业知识结构单一的现状，应当贯彻“通才教育”的方针，改变按金融机构分类设置专业，打破国内金融与国际金融的界限，并对学生尽可能多开发一些其他学科特别是文理相通的选修课。要把改变专业设置和课程开设，培养具备多学科综合知识和具有最新知识结构作为金融教育改革的一个重点。通才教育能使学科带头人在学生时代就受到多学科综合知识的良好教育，有助于他们从狭隘的专业中走出来，从整体上考察学科的发展趋势。这对于启迪思维，开阔视野，培养和造就新的更高层次的学术带头人有重要作用。

二、要努力营造有利于优秀学术骨干脱颖而出的体制、机制和环境

为了营造一个能使优秀的年富力强的中青年学术骨干脱颖而出的环境，应当采取一些积极有效的措施。（1）在用人机制上优化管理，倡导爱护人才，珍惜人才，尊重人才，不拘一格选用人才，形成人才辈出和能施展才干的良好氛围。（2）要打破平均主义和论资排辈的旧观念，政策资源应向所在学科、所在专业的佼佼者和领军人物倾斜。对那些出类拔萃并有突出贡献的中青年学术骨干，要加大支持力度，给予特殊荣誉和奖励，鼓励和支持冒尖。（3）要不断强化竞争意识和进取精神，建立公平竞争，择优聘用的机制，形成优胜劣汰，激励向上，百舸争流，人人不甘落后，奋发努力增长才干的成长局面。

三、实行导师制，积极开展各种形式的学术研讨活动

老一辈学科带头人是高等金融教育事业发展的宝贵财富。他们中的许多人学识渊博，业务精良，为人师表，教书育人，尽职尽责。由这些老一辈学科带头人中的资深教授担当导师，以便更充分发挥他们对新一辈学科带头人和骨干教师的传帮带作用。除在科研经费、人力、物力等方面给予适当支持之外，还应当对资深教授实行不占岗位职数的终身教授制，以使他们能安心从教，潜心治学，积极培养学术骨干。在治学严谨和功底深厚的老教授的教导、关切、帮助和学术熏陶下，有助于中青年学术带头人更快地成长为金融科学某些领域里能承担重任的科研骨干。

此外，还要建立各具特色的学术论坛和学术报告制度，定期开展形式多样的学术研讨活动。一门学科走向繁荣的一个重要表现就是一系列论著、教材的出版及相应的学术活动的开展。众多高校金融类专业学术论坛活动的举行，有助于中青年学者之间经常接触和交流理论信息、增长见识，开阔视野，并能对金融界的学术研究发挥组织带动作用。

四、加强国际性的学术交流活动

应积极创造条件，争取使尽可能多的中青年学术带头人有机会出现在国际金融界的学术论坛上，进行交流和研讨。通过国际性的学术与教学交流，取长补短，提高我国的金融科学理论的学术水平和教学水平。从我国目前的情况看，至今仍很少有中青年学者活跃于国际金融界的学术论坛。这不仅反映出我国的金融理

论研究水平还不够高，而且也说明我国的金融理论研究尚未与国际接轨。我国的金融理论界和教育界不能老是停留于“拿来主义”，向外国“拿来”，我们需要的是现代金融理论知识和教学经验。我国金融教育界的中青年学者也应该勤奋学习，努力提高自身的学术素养、理论研究水平和外语水平，争取推出一些能被国内外特别是国外金融界同行认可的具有重要学术价值的优秀研究成果，从而使自己能有机会更多地出现在国际金融界的学术论坛上。这不仅有助于国际金融界的同行了解中国金融理论研究的状况，而且也能为促进国际金融界的学术繁荣作一定的贡献。

五、要大力倡导潜心做学问的精神

学术研究是一种艰苦和富有创造性的劳动，需要有强烈的社会责任感、使命感和“十年磨一剑”的坚韧不拔的毅力，不畏劳苦，心无旁骛，沉潜学问。在当前我国经济金融学界少数人中存在急功近利与浮躁学风的情况下，应当而且必须在中青年学术骨干中大力倡导潜心做学问的精神和为社会主义祖国服务的献身精神，鼓励他们以严谨、执著、求实和求新的态度，扎扎实实地努力探求，辛勤耕耘。只有这样，才有可能取得对国家经济决策和金融学科建设具有重要价值的科研成果，涌现出一批对现代金融科学理论有所建树的真正的精品力作，并孕育出一批卓有成就和享誉海内外金融界的学术大家。

（原载《金融理论与实践》2004 年第 7 期）

论学术创新与人才培养

近年来，学术创新成了人们谈得很多的一个话题。但是，究竟何谓学术创新，却是“仁者见仁，智者见智”。笔者认为，所谓学术创新，简言之，就是指学术研究工作者能够创造出新的东西，言人所未言，写人所未写，创造出以往所没有的而又具学术价值的研究成果。学术研究工作不同于知识的普及和教学，其本质就在于创造，在于出新，在于能够为学术积累提供有实质意义的知识增量。就哲学社会科学而言，其创新性大体上表现在以下某一个或者几个方面：（1）对前人或他人尚未曾涉足的特定研究对象作了有价值的探讨，从而拓宽了该学科的研究领域；（2）站在前人或当代学人研究成果的高点上，对某一个领域发展前沿的学术思想、命题和观点做出与时俱进的论证，从而能在更高的“学术海拔”向上攀登；（3）为某门学科引进或创立了进行学术研究的新方法，从而为这门学科增添了新的研究工具和手段。

创新对学术研究的兴衰和发展具有至关重要的作用。学术研究最重要的是要有独创或创新的精神。做学问，研究问题，写文章，都应该有所创新，不唯书，不唯上。创新是一个向上、向前、向未来的永不停歇的过程。倘无创新，学术研究便会失去生气，失去发展和兴旺的动力。创新是一切学术研究的本质和生命力之所在，也是创造学术精品的唯一途径。学者的职责就在于能推动学术的发展，而要能推动学术的发展，就必须进行原始创新性研究，能写出人所不知，人所未讲的东西。如果研究者所取得的成果了无新意，只是人云亦云地重复前人或他人已有的理论和观点，那么他就没有通过自己的研究工作为学术积累提供增量或为提供增量作出贡献。对于学术的发展来说，这位研究者的工作实际上是毫无价值的。

近年来，在我国改革开放和现代化建设所勃发的无限生机的推动下，我国的学术研究工作已呈现出创新和长足发展的态势。但是，从总体上看，我国的学术研究水平还不够高，创新能力还不够强。与一些发达国家相比，我国的学术研究的实力和水平仍然较低。学术研究的成果大都是通过论著的发表而公布于世的。学术论著是学术研究创新成果的重要载体，其水平如何是衡量学术研究创新性高低的尺度。

以哲学社会科学中的经济学为例，经济学是当今中国人趋之若鹜的热门学科，虽然从事经济学学习和研究的队伍庞大，国内每年发表的经济学论著也可谓不少，然而具有原始创新性的研究成果却不多，高层次、够分量并能在国际经济学界产生重大影响的研究成果更是寥寥无几。我国至今仍无在经济学的某个领域中作出开拓性、奠基性的巨大贡献，更没有创造以中国人命名的定理、假设或模型。在国际经济学界所发挥的作用还与我国的大国地位很不相称。

包括哲学社会科学中的经济学在内的学术研究水平反映着一个民族思维成熟的程度和民族文化素质的高低，正是在这个意义上，学术研究的能力和成果，已成为当今综合国力的重要组成部分。中国是一个历史悠久的国家，经济起飞之后也需要科学文化和学术的兴盛。中国要成为被世界尊重的大国，就不应当仅仅满足于能为世界创造出巨大的 GNP 份额，还理应能向世界推出具有国际影响力的重大原创性的研究成果，能为引导国际学术思潮和发展方向作出学术贡献。为此，必须努力推动我国学术研究的创新和发展。

学术研究的发展，关键靠人才，特别是靠高层次创新型的学术骨干。新中国成立后特别是改革开放以来，我国已培养和造就了一支具有相当水平和实力的研究队伍。但从总体上看，这支队伍的学术层次还不够高，为学术界公认的高层次专家所占比例较低，能跻身国际学术前沿参与国际竞争的拔尖人才更是奇缺。高层次创新型学术骨干人才的匮乏是制约我国学术研究发展的瓶颈。

针对上述情况，我们既要在提高学术研究队伍的质量和整体实力上狠下功夫，更要重视选拔和培养一批高层次的创新型的学术骨干人才。千军易得，一将难求。一般人才固然重要，但并不难得，难得的是能站在高端位置，处于前沿地带，引领学科发展方向的创新型学术骨干人才。我们把着重点放在加快培养和造就高层次创新型学术骨干人才上面，就如同抓住了"牛鼻子"，可以牵一发而动全身，能较快地推动我国学术研究队伍向新的更高层次发展。因此，加快培养和造就一批具有深厚学术底蕴和深广学术气度的高层次创新型的学术骨干人才，已是摆在我们面前的一项带有根本性和战略性的重要任务。

早在20世纪80年代，邓小平同志就已提出要造就优秀拔尖人才的任务。他说："要创造一种环境，使拔尖人才能够脱颖而出。改革就是要创造这种环境。"① 要在我国营造一种能使拔尖人才脱颖而出的良好学术生态环境，需要做的事情较多，笔者认为应当着重抓好以下几项工作：

一、发挥学术民主，活跃学术空气

学术研究和学术发展，需要研究者个人创造精神的发扬，需

① 《邓小平文选》第3卷，第109页，人民出版社1993年版。

要研究者个人创造力的充分涌动。因此，要遵循学术研究和学术发展的规律或特点，充分发扬学术民主，倡导不同看法和不同观点之间相互切磋和争鸣。唯有形成民主、宽松、和谐及相互探讨的良好学术氛围，才有利于点燃优秀研究人才心中潜伏的学术圣火，激活他们勇于探索和创新的精神，从而创造出有独到见解的佳作。

二、强化竞争意识，激励发奋学习，打牢学术功底

厚实的学术底蕴是做好学术研究工作不可或缺的条件。学术研究工作能否取得高水平创新型的研究成果，在很大程度上取决于研究者自身的学识和学术修养的高低。学习是提高学术修养和增强研究能力的基本途径。因此，要通过深化改革，建立和完善公平竞争，择优聘用，优胜劣汰的机制，强化学术研究人员的竞争意识和进取精神，激励他们发奋学习，注重学术积累，打牢学术功底，努力增长才干。

处在日新月异的当今时代的学术研究人员，不仅要努力学好本学科的专业知识，争取成为本学科领域的专才，同时还要尽可能多地学习相关学科知识，争取成为学识广博，具有多种才能的通才。事实表明，唯有那些掌握多种学科知识的人才，思路更开阔，更具有创新能力，更容易创造出有重大学术价值的研究成果。

三、大力提倡潜心做学问的精神

学术研究是一种充满艰辛和富有创造性的劳动，不仅需要有扎实的学术功底和强烈的创新意识，而且还需要有很强的社会责

任感、使命感和坚韧不拔的毅力。在当今中国学术界存在急功近利和浮躁学风的环境下，应当而且必须在学术研究工作者中大力倡导潜心做学问的精神和为推动学术发展献身的精神，不浮不飘，不急不躁，不畏劳苦，在学术路上孜孜以求，永不停步。对学术的执著追求和良好的学风是进行学术创新并创造出精品力作的必备条件。

（原载《人民日报》2011年10月27日）

现代市场经济呼唤
提高国民金融意识

改革开放以来，随着社会主义市场经济在我国的建立和发展，金融业在国民经济中的地位和作用日显重要。如今各种金融机构遍布城乡各地，金融活动已不仅渗透到社会经济生活的各个方面、各个环节，而且日渐与每个国民息息相关。股票、债券、基金、信用卡、商业保险、异地托收、托人理财等，一个个新鲜而又颇具诱惑力的金融字眼纷纷跃入人们的耳际，走进千家万户，金融与普通百姓的生活越来越贴近，关系越来越密切了。现在的中国老百姓，已不再是谈起金融只知道银行，说起理财只知道把手头富余的钱存到银行吃利息。玩股票、买保险、投资债券、参加住房公积金等诸如此类的理财，已成了百姓街谈巷议的话题。我国国民的金融意识，已随着百姓经济收入的增加以及金融业的发展和地位的提高而增强。

近年来，我国国民的金融意识虽然已有了很大的提高，但还有待于进一步增强。据有关资料，在当今的日本，金融已深入渗透到普通百姓的日常生活之中，并给人们带来了极大的方便，因而国民熟知金融的程度也较高。几年前，日本的专门机构做过抽样调查，对象包括工人、农民、职员、学生和家庭主妇，其结果是：100%的人知道金融机构是干什么的，80%的人能说出金融机构的分类，99%的人在银行有存款，87%的人手中持有股票，80%的人购买了债券，38%的人接受了银行贷款。总之，每个成年人都具有一定程度的金融知识，就连上小学的孩童们，对金融也多少知道一点。

与日本等市场经济高度发达的国家相比，我国普通百姓的金融知识和金融意识差距较大。据某金融机构于1996年的一次调查表明，在我国城市居民中，尚有80%的人不知道电子货币为何物，63%的人不知道信用卡的功能，95%的人不会使用ATM取款，就连银行储蓄，甚至还有多达70%的人不懂得如何选择最佳的存款方式。

文化素质相对较高的城市居民的金融知识尚且如此，至于普通农民对金融就更知之不多了。我国普通百姓金融知识贫乏、金融意识淡薄，下面列举几种主要表现：

1. 改革开放以来，我国金融业顺应社会经济发展的客观要求，先后推出了各种各样的金融产品，从而为社会和国民个人提供了许多更便于资金增值的机会和途径。虽说如今国民已有多种可供选择的投资渠道，但由于国民金融知识缺乏，对众多的金融产品缺乏足够的认识、了解，不善于比较和选择适合于自己特点和需要的其他金融产品。因此，绝大多数城乡居民仍习惯于把收入结余主要以储蓄形式存放到银行，结果造成目前国民储蓄和手头现金占个人金融资产的比重过大，个人金融资产较为单一的现状。近年来，央行曾多次频繁调整存贷款利率，但社会民众反应平淡，老百姓的钱虽然“分流”了一部分去购买国债和股票，银行储蓄存款总额仍然呈上升态势，每年新增储蓄存款有7000亿~8000亿元之巨。

2. 即使银行储蓄这一最简单的投资行为，也有相当多的国民不知道如何运作。例如：有的人对自己的定期存款超期1~2年才取，结果使超期的定期存款变成了活期存款，利息收入大大减少；有的人对自己的大额可转让定期存单到期不会及时办理支取和兑换手续，使有息资金变成了无息资金；目前储蓄品种有活期、定期、零存整取、存本取息、通知存款、定活两便等，由于不少人不会合理选择储种，使利息收入大打折扣；有的人在银行存款时，为了获得更多利息，把自己手头的钱统统存成定期，一旦发生急需，由于不懂得个人小额抵押贷款和定期存款可部分提前支取等方法，结果导致定期变成活期，白白损失了一些利息。

3. 有些城乡居民对银行汇票、信用卡、转账支票等金融工具知之不多，不会使用，往往仍按传统的老办法，身带巨额现金，乘火车坐飞机，走南闯北，以致遭人偷盗、抢劫。有的人不善于识别真假金融工具和交换手段，以致被假信用卡、假银行汇票、假支票、假存单、假人民币所蒙骗，经济损失惨重。

4. 近年来，我国保险种类不断增加，买保险的人也日渐增多，但在我国的买保险者中，真正了解保险的人并不多，其中相当数量的人是冲着保险的高息盲目跟风而投保的。由于许多人买保险只是为了图利，因而不大留意保险的功能，到头来发现所买险种并不适合自己。

5. 有的城乡居民缺乏起码的金融法规知识，随意把自己的印章、身份证借给他人，并为他人借款担保。贷款到期后，由于借款人无力偿还或逃之夭夭，银行按合同的印章追款，只好自己替人还债。

6. 在近年来股市一度“火爆”的情况下，有些普通百姓眼见股市来钱快，特别是眼看有的人因买卖股票而大发其财，出于攀比心理作怪，便在自己的金融知识很贫乏的情况下，到银行取存款，向亲友借钱，东拼西凑，盲目跟风，涉足股市。在近年来新入股的散户投资者中，不知股票投资 ABC 的不在少数。这些人以为炒股来钱快，可以稳赚不蚀。他们不懂得炒股的基本知识，更不了解股市的高风险性就贸然入市，结果相当多的人被高位套牢，损失很大，有的甚至血本无归。

7. 近些年来，在利率多次下调的背景下，有些地区曾一再出现高息“集资热”。高息集资无章无规，潜在风险很大，既会严重扰乱金融秩序，又会损害广大投资者的利益，属政府明令禁止的行为，但却屡禁不止。有些普通百姓在高利率许诺的迷惑下，上当受骗，被卷入了“集资热”的浊流中，掉进了高息集资的“陷阱”，有些发财心切的百姓甚至因收不回本金而弄得倾家荡产。这些人何以会上当受骗，从根源上讲，就是因为金融知识缺乏，金融意识淡薄。

上述种种情况在我国老百姓的日常经济生活中并不鲜见，事实表明我国国民的金融意识确确实实还有待于进一步普及和增强。在当前形势下，大力普及金融知识，强化全体国民的金融意识，对于更好地利用金融手段促进经济发展并有效地防范金融风险，具有十分重要的意义。

随着我国国民手头富余资金的增加，百姓投资的需要也越来越强烈。现在百姓手里多少都有点钱，有钱不用就是死钱，投资就是使钱变活、增值的途径。那么，钱往何处投呢？我国绝大多数国民长期依赖银行储蓄和国债，其实目前国内居民投资可供选择的金融工具较多。投资理财是一门操作性很强的学问。善于投资理财就能根据自身的风险能力、投资偏好，在众多金融商品中做出合理的选择和比例搭配，从而获得在既定风险下的投资边际收益的最大化，实现价值的有效增值，使钱生更多的钱。相对较高的收益又有助于进一步提高居民的投资热情，使居民个人手中的闲置资金得到更加充分有效地运用。这对于刺激内需和促进国民经济的发展，显然具有不可忽视的积极作用。

普通百姓的家庭是社会最小的独立核算单位。作为寻常百姓的家庭，在投资理财中也存在着一定的金融风险。只有学会科学投资理财，提高风险防范意识，才能更加全面地考虑收益与风险之间的对立统一关系，减少投资的盲目性和投机性，控制对资金的不合理运用，使个人投资更趋理性，从而回避风险，理好家财，实现收益最大化或风险最小化的理想目标。

金融知识是理财的金钥匙。要学会理财，就必须了解金融，熟知金融。如果你的金融知识丰富，金融意识强，就能够娴熟地运用金融手段，灵活自如地调配金融资产，做到更好地生活和理财。1997 年召开的全国金融工作会议提出："要在全社会广泛深入地开展金融知识、金融法规和金融风险教育。"广大城乡居民应当自觉地学习金融，熟知金融，增强金融意识，学会运用各种投资技巧，恰当地选择金融产品。只有这样才能使自己手头有限的资金产生最大的效益，从而把家庭金融资产这块蛋糕做大，使自己的生活更快地富裕起来。

普及国民金融知识，强化国民的金融意识，是市场经济条件下人们的一门必修课。很难想象，在一个国民金融意识缺乏的国度，能够建立起现代市场经济并使之高效运转；同样难以想象的是，在一个国民金融意识缺乏的国度，能为经济快速增长创造良好的投资环境。我们应当从提高国民素质和振兴国家经济的战略高度，抓好普及国民金融知识和强化国民的金融意识这项工作。下面笔者拟就此问题谈几点建议：

1. 普及金融知识要从娃娃抓起。应当在中小学课程中加进一些浅显的金融知识方面的内容，让孩子们从小就知道什么是银行、股票、信用卡等，使国民从小就受到金融知识的熏陶。

2. 利用电台、电视机、报纸、杂志等各种新闻媒体，开展旨在普及现代金融知识的形式多样的宣传活动。例如，知识竞赛、演讲会、报告会、专题讲座等，以使更多的社会公众了解金融，提高金融意识。

3. 各级金融机构在努力搞好自身业务的同时，还应当走向社会，把宣传和广泛普及大众化的金融知识作为自己的一项重要任务，并作出应有的贡献。

（摘自《中国个人金融年鉴》，中国经济出版社2003年版）

加强国民金融教育的若干思考*

一、引言

金融教育可以从不同的主体和角度去理解。对高校大学生而言，主要是一种金融专业（学历）教育；对金融从业人员而言，主要是一种职业教育；而对全体国民而言，则是一种公共金融教育。本文所论及的是国民金融教育，指针对全体国民的金融知识和金融常识的启蒙和普及教育，内容比较广泛，包括教育人们正确运用金融、有效规避金融风险、改革理财模式、增强风险意识和信用意识、加强诚信建设等，旨在提高国民的金融素养。在金融电子化、信息化、综合化、国际化日益加深的背景下，国民金融素养不仅影响着人们的日常生活，而且还关乎着国家金融业发展的质量和国家的金融安全，因而，加强国民金融教育显得尤为重要和迫切。

二、加强国民金融教育的迫切性

下面从人们日常生活、金融行业发展、国家金融安全三个层面来理解国民金融教育的迫切性。

---

* 本文系作者与博士后王修华合写，原载《金融时报》2010 年 11 月 15 日。

（一）金融教育关乎人们日常生活

改革开放以来，随着社会主义市场经济的建立和发展，金融业在国民经济中的地位和作用日显重要。如今各种金融机构遍布城乡各地，金融活动不仅渗透到社会经济生活的各个方面，各个环节，而且日渐与每个国民息息相关。股票、债券、基金、信用卡、保险、期货等金融产品逐渐走进人们的视野之中。当前，我国人均 GDP 接近 4000 美元，已由生存型社会进入发展型社会新阶段。生存型阶段的主要目标和任务是解决温饱问题，进入发展型社会，尽管经济发展水平还有待提高，但多数人的温饱得到初步解决，发展的目标开始逐步聚焦于人的全面发展。其中表现之一就是人们希望通过金融理财、投资实现财富的增值，而实现这个理想的理性途径就是接受金融教育。只有金融教育才能提升国民的金融素质，进而实现个人和家庭的财富梦想。

（二）金融教育关乎金融行业发展

随着社会主义市场经济的发展，金融在调节经济运行、服务社会发展方面的作用日益增强。大力普及金融教育，有利于进一步改善金融生态环境，促进金融业健康快速发展，从而优化金融资源的配置，提高投融资效率，为经济发展增添活力。同时，经济发展的现实需求是推动金融创新发展的根本动力，通过国民金融教育，宣传普及金融知识，能够促进社会需求与金融产品开发的良性互动，拓展金融创新和金融市场发展的空间，奠定金融发展的基石。

人民群众是金融产品与服务最广大的消费者，也是金融安全最坚实的基础。如果大家都来接受金融教育，我国的金融发展与安全就有了可靠保证。党的十七大报告首次提出“创造条件让更多群众拥有财产性收入”，要求我国银行业金融机构进一步创新金融产品和服务方式，拓宽投资渠道，为广大投资者拥有财产性收入创造条件。未来金融工具和产品日趋多样化和复杂化，在为金融服务消费者提供多种选择渠道的同时，也增加了理解、使用和风险识别的难度。人民群众的金融知识相对薄弱现状得不到改变，不仅人民群众无法享受现代金融带来的便利，金融业的发展步伐也会受到阻碍。

（三）金融教育关乎国家金融安全

金融脆弱性理论告诉我们，金融业是个高风险的行业，金融业经营的是风险。如果管理不当，风险失控，有可能导致金融机构破产倒闭，甚至引发连锁反应，发生金融危机，对国家金融安全构成威胁。近期爆发的美国次贷危机，对全球金融安全产生了巨大影响，使金融安全问题再度成为各国政府和社会各界关注的焦点。金融教育是防范金融危机、维护金融安全的重要手段。金融危机之下，“信心比黄金和货币更重要”。公众的信心来源于对中国经济发展的期望，也来源于对中国金融业发展的良好预期，这种期望和预期则建立在足够的金融知识储备的基础之上。金融风险和危机的化解，不能只依靠政府、监管部门和金融机构，还需要全体社会公众的共同努力。广大金融产品消费者是抵御金融风险和危机的重要基础。因此，必须通过金融教育，提高社会公众对金融风险的认识和警惕，可以说金融教育和金融安全之间的关系是一种本源关系。金融安全是本，金融教育是源。只有抓好了金融教育这个源，才能保住金融安全这个本。金融安全根植于金融教育。金融教育渗透于金融安全。金融安全和金融教育之间的关系是一种纲目关系。金融安全是目，金融教育是纲。纲举才能目张。

三、我国国民金融教育的现状

近年来，我国有关部门开展了一些金融教育活动，进行了一些有益探索。例如：2007 年中国人民银行组织编写了大众化的金融知识普及性读物《金融知识国民读本》，中国银监会先后举办了三次面向社会公众的理财讲座及“送金融知识下乡”活动；2008 年中国人民银行联合共青团中央开展“金融知识进社区，青春共建促和谐”活动；2008 年中国金融教育发展基金会在中西部贫困地区实施“金惠工程”的教育计划，培训县及县以下农村金融机构的信贷业务骨干、村信贷联络员以及广大农户、乡村微小企业主，向他们普及反假币、防范金融诈骗、诚信观念、金融服务和家庭理财等方面知识。此外，银监会还开设了国内首个面向社会公众开放的公益区域———中国银监会公众教育服务区，作为为公众提供学习金融知识的场所，同时督促商业银行开展公众金融教育，加强各类金融产品的风险揭示和信息披露，履行社会责任。这些活动和举措对国民大众产生了一定的积极影响，然而，与金融市场迅速发展、金融产品日新月异、金融创新层出不穷的态势相比，我国国民的金融教育显得较为滞后，成为金融体系建设的“短板”之一。

美国不仅是金融强国，在金融教育理论和实践方面也一直走在世界的前列。自 20 世纪 90 年代美国启动金融教育战略以来，他们在该领域已经有不少成果积累，在国民金融教育方面也积累了不少先进理论和实践经验。因此，通过与美国国民金融教育实践的比较，可以反映出我国国民金融教育的现实差距，具体表现在以下几个方面：

一是缺乏明确的战略定位。目前国民金融教育在我国只是相关部门在积极推动，履行义务，国家层面并没有明确金融教育在国民经济中的重要地位。相比之下，美国政府高度重视金融教育，把对国民的金融教育看作是未来重要的国家战略之一。2003 年 12 月 4 日，颁布了 FACT 法案（公平交易与信用核准法案），在该法案第五项“金融扫盲与教育促进条例”中明确提出正式成立美国金融扫盲与教育委员会（The Financial Literacy and Education Commission，FLEC），把面向美国国民的金融教育正式纳入国家法案。该条例指出，金融扫盲与教育委员会成立的目的就是通过实施金融教育国家战略，提高美国国民的金融教育程度。美国国家政府、地区政府、私人机构、非盈利机构以及公共机构都将成为美国金融教育战略的制定者和执行者。FACT 法案的颁布和实施，确立了金融教育在美国国民经济和国民教育中的重要地位。

二是没有专门的机构推动。金融教育应该是一个完整的体系。在我国目前的金融体系中，还没有一个专门的机构来履行金融教育的职责，缺少明确的金融教育组织领导机构。国民金融教育的实施分散在多个部门，虽然相互之间也有职能分工和信息沟通，但由于缺乏统一的组织，难以形成合力。相比之下，美国的国民金融教育架构体系相对完善。为了更好地推行金融教育这一国家战略，美国政府成立了专门的高规格的金融扫盲与教育委员会（FLEC）。这一委员会由 20 家政府机构成员组成，美国财政部和联邦储备局是委员会的核心成员。此外，还有教育部、劳动部、农业部、商品期货交易委员会、联邦贸易委员会、国民储蓄管理局、国家信用联盟管理局、证券交易委员会、小企业管理局等其他 18 家重要的部委和机构组织。该委员会受制于美国国会，由财政部部长兼任委员会主席。随着委员会的诞生，由组织者、参与者和实施者构成的美国金融教育体系框架也逐渐形成。其中，政府是关键的组织者，在实施金融教育战略中扮演着重要角色。

三是金融教育内容缺乏系统性和连贯性。金融知识对于普通百姓来说专业性较强。在我国国民金融素质整体水平较低的情况下，为了让社会大众能够接受、消化，金融教育需要针对公众的特点，精心设计，循序渐进，教育内容应具有系统性和连贯性。而在现实工作中，金融机构往往只注重在“宣传月”、“宣传周”等集中教育活动时间进行突击性的金融教育，常年性的工作则进行得较少。相比之下，美国的金融教育内容则比较系统，涵盖个人储蓄教育、房产所有权教育、退休储蓄教育、信用风险教育、纳税人权利教育、大众投资者教育等多个方面。当然，值得注意的是，虽然美国的金融教育非常先进，但仍然发生了次贷危机。这说明在资本市场日益复杂和金融衍生产品不断增多的情况下，金融教育不仅要长期推进，而且也要注重内容的更新。只有这样，才能取得更好的成效。

四是金融教育形式单一，导致受众面范围狭小，没有达到普及化的效果。我国的国民金融教育更多地停留在金融知识的启蒙教育层次上，缺乏对风险意识、法制意识、诚信意识等更高层次的教育，这显然跟不上金融业的发展步伐。国内也没有相应的研究机构，理论研究相对薄弱。相比之下，美国的金融教育形式多样，不仅搭建公众学习平台，而且还针对特别的受众（如大众媒体、工作场所、大中学校、居民社区、少数民族、边远地区等）制定不同的传播策略，开发有针对性的传播渠道。同时，政府部门对实施过程进行监察和跟进，确保传播渠道畅通有效。政府与私人机构伙伴关系的建立大大促进了金融资源的利用率和传播效果。值得一提的是，美国还建立了金融教育研究体系，使金融教育在理论和实践层面上同时展开。研究成果不仅为政策制定者提供参考，也为实践者提供指导。

四、加强我国国民金融教育的途径

现阶段，我国的国民金融教育还缺乏普及化、系统化和规范化，国民接受金融教育的程度相对较低，大多数人金融知识缺乏，金融意识较为薄弱。如果不尽快补齐这一“短板”，将成为金融业快速发展的掣肘，国家金融安全的隐患。为此，借鉴美国国民金融教育先进经验，我们应当从提高国民素质和振兴国家经济的战略高度，尽快建立与复杂的经济环境和多变的金融市场相适应的国民金融教育体系。

（一）加强国民金融教育立法

普及国民金融知识，强化国民的金融意识，是市场经济条件下人们的一门必修课。国家应考虑将国民金融教育写入法律中，明确各有关部门、各类金融中介、各社会团体在金融教育工作中的权利义务。在此基础上，以国务院令形式出台《国民金融教育管理办法》，确保国民金融教育的规范化、制度化。

（二）将国民金融教育纳入国家战略

以规划先行为统领，国家应尽快研究制定加强国民金融教育的总体规划，同时将国民金融教育提升到国家战略高度，纳入现代国民教育体系。现代国民教育体系全面涵盖各地区、各民族，各个产业、行业、专业领域及各种职业、职业群。因此，将金融教育纳入国民教育体系，能够合理配置现有的教育资源，将金融知识的教育融入受教育者的各个阶段，有效解决金融知识教育中存在的教育对象的局部化与金融体系建设全局化的矛盾。

将金融知识教育纳入国民教育体系，就可以从小学阶段对学生进行初步的金融知识教育，让学生从小就接触金融、了解基本金融知识；在中学阶段逐步增加有关金融知识课程，帮助学生熟悉生活中经常遇到的金融现象，树立初步的金融消费、理财理念和金融安全观念；在大学阶段，把金融学有关课程作为各专业必修的公共科目。通过小学、中学、大学三个阶段的系统学习，能够形成完整的金融知识体系。总之，把学校作为金融教育的重要阵地，对于提高国民的金融意识和水平，推进金融体系建设具有非常重要的现实意义和战略意义。

（三）构筑完善的金融教育架构体系

中国人民银行作为我国的中央银行，承担着维护我国金融体系安全和向社会提供金融服务的职责。普及金融教育既是人民银行义不容辞的责任，也是人民银行自身建设的需要。因此，应该由中国人民银行作为我国的金融教育领导机构，负责推动国民金融教育工作。同时，建立由中国人民银行牵头，银监会、证监会、保监会、教育部、文化部、广电总局、新闻出版总署等部委共同参与的国民金融教育联席会议制度，并在省、市、县建立相应的机制。此外，还要组织各金融机构成立国民金融教育基金，由人民银行统一管理和运作，资金来源是各金融机构，使得开展金融教育有稳定和持续的资金支持。

（四）整合各方资源，充分发挥联动效应

国民金融教育的普及是一项长期的、系统的社会工程，涉及广泛的公众利益。由于其对象的广泛性和知识的专业性，国民金融教育需要金融主管部门、教育部门、金融中介机构、新闻媒体、社区组织等社会各界的通力合作。因此，要整合各类资源，发挥各自优势，形成系统联动的工作局面，共同提高金融知识教育普

及的效果。在推进过程中，确立政府部门而非中介机构在金融教育中的主导地位。各金融中介虽也担负教育功能，但更多的是只起辅助作用。一方面是因为利益差异，与政府部门相比，广大中介机构其实和公众存在利益竞争关系，其立场也相对不如政府部门客观和中立；另一方面是因为职责差异，教育和管理是政府的职责，监管部门自身应在这方面多花点力气，而不是推给金融中介机构。金融中介机构最多只有告知义务，而无教育义务。

（五）国民金融教育要注重城乡差异

我国是一个城乡发展极度不平衡的国家，这种特殊的国情决定了在开展国民金融教育中，既要做到一般意义上的全面普及，也要根据城乡差异注重教育内容、形式、方法等方面的差异。当前要把农村金融教育作为金融教育的重点。我国农村金融发展滞后，一个重要的原因就是农村金融教育的滞后。很多农民的金融意识还停留在计划经济时代，认为金融是政府的事，对金融市场认识不够，这在一定程度上阻碍了农村金融的发展。近年来，送金融知识下乡活动虽然开展得如火如荼，但对农民来说，普遍存在着兴趣不高、听不懂、效果差的现象，根本原因就是没有注意到农村农民的实际、需求和差异性。因此，农村金融教育首先要做市场需求调查，准确的需求调查是有效设计和实施金融教育的基本前提。在此基础上，从需求性、实用性出发，把各种金融知识按照轻重缓急的次序，采取浅显易懂、灵活多样、寓教于乐的方式传授给农民。

知识经济呼唤
加快高等金融教育改革

在人类社会即将进入21世纪之际，知识经济的浪潮正在悄然兴起。知识经济是建立在知识和信息的生产、分配和消费之上的新兴经济，它代表着21世纪的发展潮流。面对来自知识经济的挑战，金融作为现代经济的核心，能否发挥其在社会经济生活中的重要杠杆作用，主要取决于金融企业的素质，而金融企业素质的提高，关键又在于人。现代金融，其管理的复杂性以及它所要求的电脑应用程度，决定它是一种知识密集型的行业，因而需要拥有一大批高智能、高创造力、高层次的专业人才，这是能否充分发挥其职能作用的最重要的前提条件。

从目前的情况来看，我国金融业的基础设施建设与发达国家的差距已明显缩小，但金融从业人员的知识技能水平同发达国家相比仍有较大的差距。我国高级金融人才缺乏，整体素质偏低，同我国金融业务的快速发展极不适应。因此，尽快培养和造就一大批高层次金融专业人才，已成为我国金融业素质提高和向前发展的紧迫需要。

学校是知识的生产地、集散地和输出地，人才的培养主要靠学校教育，特别是靠高等院校。知识经济的扑面而来对我国高等金融教育提出了严峻的挑战，也为我国高等金融教育的改革和发展提供了前所未有的良好机遇。面对世纪之交的机会和挑战，我们如何顺应知识经济的潮流，大力推动我国高等金融教育的改革和发展呢？笔者拟就此问题谈几点个人的浅见，以求教同仁。

一、突出重点，实施名牌战略

近10多年来，在“金融热”的驱使下，除众多的财经院校一般都设有金融专业外，一些理工、农业、师范、外语等院校也不顾条件，追逐热点，纷纷盲目增设金融专业。据统计，到1995年全国设有金融专业的高校已多达400多所。有的高校缺少金融专业师资就以转行补充，没有教材就以引进赶编充数，有的专业课开不出来就以其他课凑合。这样的高等院校的金融专业，又怎能培养出适合于知识经济时代需要的高层次金融人才呢？

目前，我国金融业对应用型、操作型的人才需求，正经历着从“量”的增加到追求“质”的提高的转变，从由急剧扩张到稳定发展的阶段。笔者认为，当前各高校的金融教育应适当控制招生规模，并大力调整教育结构，提高人才培养的质量。我国目前金融业最为短缺的已不再是一般的从业人员，而主要是高层次的专业人才。

要培养高层次的金融专业人才，需要有良好的高等金融教育。我国开设金融类专业的高校数量已不少，但大多学术层次不够高，培养高层次金融类人才的能力较薄弱。高等金融教育分散办学，不仅难以形成一定的优势和合力，而且还造成明显的教育投入的分散与不足。针对这种状况，教育主管部门应当遵照“共建、调整、合作、合并”的方针，大力推进高等金融教育体制改革，将分布在全国各高校的金融院系进行适当的调整、集中和合并，特别要限制那些没有条件的高校再开设金融专业，对于有些高校近年来已开设的金融专业要进行严格评估，质量较差的要限期整顿或撤并。通过调整全国各高校金融院系的设置，有助于优化金融教育资源配置，提高办学效益和人才培养的质量。

笔者认为，我国的高等金融教育应突出重点，实施名牌战略。政府教育主管部门应集中有限的财力保证重点，加大对基础雄厚、实力较强，并有一定知名度的高等金融类院系的投资力度，充分发挥名牌的先导、示范和辐射效应，以带动我国高等金融教育整体水平的提高，并争取能有若干所以金融学科为重点的高校早日跨入世界先进行列，使之成为我国培养高层次金融人才的重要基地。

二、优化课程结构，更新教学内容

知识经济对金融人才提出了新的更高的要求，作为知识经济时代的高级金融人才，应当是具备坚实的经济金融理论基础知识、熟悉现代金融业务、掌握现代电子应用技术、懂法律、会运作，具有风险意识、创新精神和效益观念的高级人才。

在经济全球化和知识经济浪潮到来的大背景下，作为培养高级金融人才摇篮的高等院校，首先要依据新形势和金融市场发展对金融教育的需求，对高等金融教育的功能进行正确的定位。高校的金融教育应由过去注重培养单一学科人才，转为培养面向21世纪的国际型、交叉型、复合型的人才，以便最大限度地满足知识经济时代的到来和我国金融业跨世纪发展的需要。

我国高校金融院系承担着十分重要的历史使命，只有通过深化改革，加快自身建设与发展，才能在培养高级金融人才和促进我国金融业发展中起更大的作用。针对我国高校金融院系普遍存在着学科分类过细，专业口径越改越窄的问题，首先应当按照“厚基础，宽口径，重实践”的原则，调整专业设置，拓宽专业口径，优化课程结构，更新教学内容。我国高等金融教育部门还应当学习和借鉴发达国家培养高级金融人才的成功经验，加大实务操作、模拟教学、现场观摩和案例分析的分量，以更好地体现金融类专业所具有的实践性、应用性很强的学科特点。

深化金融教育改革虽然有很多的事情要做，但其中很重要的一项就是必须尽快系统地改进我国各高校金融院系的课程设置和教材建设问题。特别是如何适应新形势做好教材的更新工作，更是需要认真研究和统筹考虑解决的问题。教材陈旧，知识老化，就很难培养出能担当跨世纪历史重任的高级金融人才。

改革开放以来，我国高校的金融类教材建设尽管已取得显著的成绩，但仍存在不少问题。我国高校金融类教材大体上有两类：一是由国内高校教师编写的；二是由中国学者根据国外教科书翻译过来或直接使用国外的原版教科书。前者大都传统内容较多，与日新月异的现实脱节较大；后者主要存在选择不当的问题，据说有的高校近年来使用的国外金融类教材竟然是20世纪70年代出版的版本。

目前我国高校金融院系使用的主要是国内出版的统编教材，这类教材其中不少缺乏新意，适用性不强，在体系、内容、结构等方面与现代金融业的发展和变化的实际很不相适应，内容亟待充实或更新。例如，在当今经济全球化的大背景下，强调防范金融风险和维护国家的金融安全具有十分重大的意义。防范金融风险工作应从加强金融教育入手，要把金融教育放在优先发展的战略地位。就我国的情况看，金融机构的从业人员对金融风险管理业务大都知之不多。他们中的不少人虽然是从高等财经院校毕业的，但在大学期间基本上没有学过有关防范金融风险的课程，参加工作后又没有接受过这方面的专门知识和技能的培训。尽管也有些高校的金融院系开有期货、期权等课程，但因教材适用性不强，远不能满足实际工作的需要。又如，目前在北美及欧洲的金融市场上，对冲基金的运用和操作已十分普遍，但因我国高校金融类教材很少有介绍对冲基金方面的内容，不少师生甚至不知何谓对冲基金。

要解决高校金融类教材在内容方面适用性不够强和质量不够高等问题，关键是重在建设。要舍得花力气组织编写出版质量更高、适用性更强、品种更齐全，能反映现代金融科学的最新研究成果，符合我国实际、在内容和体系上有明显特色的教材。要在继续坚持金融类专业教材统编的基础上，同时积极引进国外近年来出版的关于金融业经营管理和业务操作方面的教材与资料，重视跟踪当今世界金融业发展的最新动态。只有培养大批真正系统掌握现代金融最新知识、熟悉国际金融业务、具有金融风险决策能力、能够在国际金融市场上搏风击浪的高级金融人才，我国的银行业、保险业、证券业以及对外贸易等领域，才能更大幅度地对外开放，我们才有能力应付面临的期权、期指、对冲基金及与国际联动的股市和汇市等方面风险的冲击，我们也才有可能在风云变幻的国际金融市场上运筹帷幄，有效地维护国家的经济利益和金融安全。

三、加强师资队伍建设，重视培养优秀学术带头人

新中国成立以后特别是改革开放以来，我国已培养和造就了一支具有一定水平和实力的金融专业师资队伍，并从中涌现出了一些层次较高的学术带头人。但是，由于过去长期对金融教育重视不够等原因，从总体上讲，这支师资队伍还远不能适应金融教

育事业发展的需要。在宏观布局、年龄结构和档次品位等方面都存在一些问题，突出表现在：总量不足，层次不够高，公认的名师更是寥寥可数。

培养人才，教师是关键。只有高素质的师资队伍，才能培育出高素质的人才群体。要充分认识加强师资队伍建设的重要性和紧迫性，当作金融教育发展的头等大事来抓。要通过举办各类针对性强的高级研修班，利用发达国家的师资和教材举办系统的专题讲座，尽可能为中青年骨干教师提供攻读博士及送往国外著名学府深造的机会等方式，着力提高专业教师的理论水平和业务能力，培养一支老中青相结合，以年轻教师为主力的高素质的教学科研队伍。

除要重视全面提高教师队伍的整体素质外，还应当高起点、大力度地选拔培养优秀学术带头人，并努力从中造就一些名师。所谓名师，是指能在本学科领域里发挥主导作用的顶尖的知名教授。常言道：名师出高徒。一个功底深厚的名师，可以带出一支拔尖的学术梯队，形成一门优势的学科，创出一个有声望的名牌专业。国内外的一些名牌大学，之所以人才辈出，能在教育舞台上领一代风骚，主要是因为这些高校拥有众多的名师，有众多名师的辛勤耕耘。早在20世纪80年代邓小平同志就提出要造就优秀拔尖人才的任务。他说："要创造一种环境，使拔尖人才能够脱颖而出。改革就是要创造这种环境。"① 笔者认为，金融教育把着力点放在加快造就一批出类拔萃的学术带头人或名师上面，就如同抓住了"牛鼻子"，可以牵一发而动全身，有助于提高我国高校金融院系师资队伍的整体素质。

① 《邓小平文选》第3卷，第109页，人民出版社1993年版。

总之，我国高等金融教育改革任重而道远，我们应当紧紧抓住历史赋予的机遇，加快改革的步伐，大力振兴我国的高等金融教育，为实施科教兴国的战略和迎接知识经济的到来作出应有的贡献。

（原载《金融时报》1999 年 2 月 27 日）

建立与大国金融相适应的高等金融教育

金融是现代经济的核心。在现代市场经济条件下，以融资为己任的金融业在整个社会经济发展中扮演着至关重要的角色。发展经济离不开金融的助推和支持。在经济全球化和金融全球化以前所未有的广度和深度发展的当今世界，各国的战略已发生了很大的变化，大国已从争夺自然资源转向争相开发金融资源领域，包括国际货币的发行权、货币资本的配置权、金融衍生品的开发权和资产、资源的定价权在内的全球金融控制权已成为大国博弈的战略制高点，各国都力争能在国际金融新格局中抢占更有利的地位。例如，美国早已行动。美国著名的国际政治理论家塞缪尔·亨廷顿在《文明的冲突与世界秩序的重建》一书中，明确地把"控制国际银行系统"、"控制硬通货"和"掌握国际资本市场"列为控制世界的14个战略要点的第一、第二和第五项。又如，日本在1998年时也已把金融列为安全保障七大要点的首位。在21世纪的今天，金融已成为世界大国竞争最重要的领域。随着我国实体经济长达30多年的快速发展，经济规模迅速扩大，经济地位不断提高，如今我国已经成为全球性的经济大国。大国经济必须要有大而强的金融作后盾。我国需要构建与经济崛起相适应的具有强大聚集功能和资源配置效率的现代金融体系。

我国实体经济的快速发展和全球金融格局的深刻变革，客观上形成了促使我国金融崛起并迈向金融大国的历史机遇。近年来，我国金融的实力扩张迅速，国际地位空前提升。银行业是我国金融的主体，银行业的市值国际排名已达到了前所未有的水平。从国际公认最权威的英国《The Banker》杂志公布的世界大银行排名看，2008 年前 10 家大银行中，我国占据四席，工、建、中、农四大国有银行分别列第一名、第二名、第四名、第八名。前 1000 家大银行最新排名，我国占据 52 席。我国的股票市场从无到有，发展迅速。2008 年底，上交所股票市值已位居全球第六，亚太第二。从外汇储备规模看，2009 年底国家外汇储备余额为 23992 亿美元，雄踞世界第一位。从以上几个数量型指标来看，毋庸置疑，我国已进入了金融大国的行列。但是，从诸如创新水平、监管能力、机构的公司治理、国际化程度和市场体系的发育程度以及人才资源等质量型指标来看，与发达国家相比，我国的金融发展还处在一个较低的水平。特别是我国金融从业人员的知识技能水平，同发达国家相比仍有较大的差距，缺乏具有战略眼光、熟悉国际金融业务并具有防范金融风险能力的高层次金融人才。

现代金融，业务技术性强、风险大，加之现代金融业务创新层出不穷，这种情况决定了它是一种知识密集型的行业，因而需要拥有一大批高智能、高创造力、高层次的专业人才。这是能否充分发挥其职能作用的最重要的前提条件。我国高层次金融人才匮乏，致使金融企业整体素质不高和创新能力不强，这既与金融大国的地位不相匹配，也不能适应我国金融业务快速发展和国际竞争的需要。要做强我国的银行、保险、证券等金融行业，能迅速应对国际竞争和国际金融市场风险，需要从多个方面努力，首当其冲的是人才。高层次人才缺乏是制约我国金融业做强的主要瓶颈。因此，要加快培养和造就一大批高层次的金融专业人才。

学校是知识的生产地、集散地和输出地，高层次金融人才的培养主要靠高等金融院校。我国高等金融教育具有起步晚、起点低的特点。改革开放后，特别是近十多年来，我国高等金融教育呈现出前所未有的快速发展势头。在“金融热”的驱动下，除众多财经院校一般都设有金融专业外，一些理工、农业、师范甚至外语等院校也不顾条件，追逐热点，纷纷增设金融专业。金融热使得各高校的金融专业如雨后春笋般冒出来。据不完全统计，至1999年全国高校金融类专业的设点已超过600个。众多高校金融类专业的开办，尽管在一定程度上促进了金融教育和金融学科的发展，但我国高校金融类专业数量多，却普遍存在着师资力量不够强，教学内容、课程体系和教学方法不够新，教学改革滞后等问题。从总体上看，我国高校金融类专业的教学质量和学术水平还不够高。

目前，我国金融人才市场已出现了较为严重的供需脱节的矛盾：一方面高校金融专业毕业生供给过剩，就业难；另一方面，许多金融企业却又找不到适用的高层人才，影响到业务的拓展。据《羊城晚报》所做的2003年高校毕业生供销调查，金融专业毕业生最为过剩。(《羊城晚报》2002年12月24日）金融专业“产品”买方市场的出现，意味着社会对金融专业人才培养规格与质量提出了更高的要求。事实证明，当今我国金融业最为短缺的已不再是一般的从业人员，而主要是以下几种高层次的金融专业人才：（1）以金融企业家为主要代表的领军人物和经营管理人才；（2）精通研究分析、产品开发、风险控制、熟悉和掌握国际金融操作规则的高端应用型人才；（3）在金融学一个或几个相关领域具有比较扎实的专业理论功底和复合知识结构的研究型人才。

市场既是企业也同时是高校发展的指挥棒。创造适应市场需求的有效供给，是高校金融专业生存和发展之根本。我国作为正在崛起的经济大国和金融大国应该认真思考金融教育的未来发展方向。我国在建设金融强国的进程中，必须把金融教育置于更加基础、更加重要的先行地位。金融教育在今天的中国比任何时候都更重要。如何顺应我国金融业的发展和建立金融强国的需要，提升我国高等金融教育的水平，尽快培养出大批高层次的金融专业人才，已是摆在我国广大金融教育工作者面前的一项重要而又紧迫的任务。那么，怎样才能振兴我国的高等金融教育，建立与金融大国相适应的高等金融教育呢？笔者拟就此问题谈点个人的浅见。

一、从数量扩张到注重学科建设转变

鉴于我国开设金融专业的高校数量已不少，但大多数学术层次和教学水平不够高，培养高层次人才能力薄弱的状况，我国的高等金融教育必须从粗放型、外延式的数量扩张转变到注重学科建设的内涵式发展上来。金融专业的数量需要稳定，重点需要突出，质量需要提高，切实把学科建设放在最重要的位置。学科建设是承载高校教学、科研等工作的基础和载体，是体现高校办学水平、办学特色和社会声望的主要标志。高校科研能力的增强和教学水平的提高，主要取决于学科的发展水平。因此，要办好高等金融教育，就必须充分重视学科建设的龙头地位，花大力气抓好学科建设。笔者认为，从我国高校金融类专业目前的状况看，要重视和抓好以下几项工作。

（一）稳定专业数量，优化教育资源配置

目前高校金融专业尽管已是数量偏多，但有的高等院校甚至还在争办金融专业。这只是过热的一种表现，并不能代表该学科的发展方向。金融教育分散办学，不仅难以形成一定的优势和合力，而且还会造成明显的教育投入的分散与不足。教育主管部门

应当稳定金融专业的数量，适当控制招生规模，特别是要限制那些没有条件的高校再开设金融专业。对于已开设的金融专业要进行严格评估，质量太差的要限期整顿或撤并，适当淘汰一些没有竞争实力的高校金融专业。通过调整全国各高校金融专业的设置，有助于优化教育资源的配置，提高办学效益和人才培养的质量。

（二）突出重点，塑造品牌

要提高高等金融教育的质量，很重要的一点，就是要突出重点。没有重点就没有政策，政府教育主管部门应根据师资力量、教学水平和学术声誉，择优挑选若干所高校的金融专业作为重点的扶持对象，集中有限的财力加大投资力度，使之在教学质量和科研水平方面更加突出，成为社会公众认可的“国家队”或品牌。在金融类高等院校的学科建设中，塑造几个品牌，并重视充分发挥品牌的先导、示范和辐射效应，有助于带动中国高等金融教育整体水平的提高。

（三）扬长避短，办出特色

要抓好金融学科建设，必须注重专业特色。注重特色是学科建设的应有之义，也是其魅力所在。每所高校都应当有自己的追求目标，体现出与别的大学的差异性。综观中外高校名牌专业，无不是各具特色，没有特色就不可能成为品牌。这就如同一个企业没有品牌产品，就不可能成为知名企业一样。现代金融学是一个集合概念，它是由许多分支学科组合而成的。其分支学科众多，除传统的货币银行学、保险学、证券投资学、农村金融学等之外，还有金融工程学、行为金融学等。这些学科都是从某一个侧面入手对某方面的金融问题进行研究。设有金融专业的高等院校，应根据国内外金融学理论发展的情况、自身学科发展的历史和现状，特别是教师队伍的结构，扬己所长，发挥自身的优势，选择建设具有自身特色的具体分支金融学科。即使金融类专业具有较强实力的高校，也不可能使其每门分支金融学科都居于国内一流的地位，但必须有一个或几个分支金融学科跻身全国高校同类金融学科的前列。不论中外，凡具有较强实力和较高社会声誉的高等院校，从其学科结构上看，大都是通过突出一个或几个优势专业，以其独特的竞争优势而屹立于世。一所高校，如果有一个或几个真正的高水平的分支金融学科或独具特色的金融学科，这所高校就会在国内金融界乃至国际学术界产生影响，就能在金融教育界立足，并带动整个学校的金融类学科和其他相关学科的发展。

二、转变金融教育理念，改革课程体系设置

培养高素质人才，是高等教育的根本主旨。因此，能否培养出符合社会需求的合格人才，理应成为评价高等教育对社会贡献大小最重要的指标。“金融教育”也不例外，我国的高等教育必须顺应社会对金融人才需求的变化，转变金融教育的理念，以便为社会培养出更符合需求的合格人才。

（一）要从重视传授理论知识向传授金融理论和实务知识并重转变

金融学是一门实用性很强的专业，理论知识固然重要，但应突出实用特征，重视应用型人才的培养。金融教育要重在务实，金融教育能否突出务实，能否培养出大批善于资金运作并具有风险防范能力的实用型人才，是衡量金融教育成功与否的一个重要尺度。

（二）要从培养单一的专门型人才向培养适应能力更强的复合型人才转变

现代科学与技术出现的不断交叉和融合的趋势，使得各职业之间的界限日趋模糊。现代科学与技术的这种发展趋势，对高等院校人才的培养模式与知识结构提出了新的要求，高等院校所培养的人才不仅需要具备本专业的知识，而且还必须具备其他相关专业更为宽广的知识与技能。目前高等教育已呈现出从专才教育向复合型“通才”教育变化的趋势，金融是一门涵盖内容十分广泛的学科，更应当重视具有多学科最新综合知识的“通才教育”。

（三）要从只注重为国内金融业培养人才向重视培养外向型人才转变

在经济全球化的浪潮下，高等金融教育不仅要面向本国金融业，也应当面向国际金融市场。高等金融院校要努力培养出更多掌握国际金融运作规则和具备博弈能力，能够代表国家在国际金融舞台上发挥作用的金融人才。

培养目标的定位和人才培养模式的改革，最终需要落实到课程的设置和教学内容的调整上。应用型、复合型和国际化的金融人才的培养目标，要求改革和更新金融教育课程体系以及教学方法。

1. 课程设置微观化。经过多年持续不断的教学改革，我国高等金融专业课程体系已有很大程度的改进，但还有必要进一步优化。与国外著名大学相比，我国目前的金融专业与金融市场相关的微观金融和务实性类课程偏少，宏观金融类课程偏多。我国高等金融专业在课程体系调整中，要在适当压缩宏观金融理论课程的同时，增设一些能反映金融微观运行需要并有助于培养专业技能和实践能力的课程，这样可以使金融教育更接近于现实和服务于社会，提高金融专业人才的适应性和就业能力。

2. 教学内容综合化。针对我国金融教育领域里专业设置比较单一及知识结构单一的现状，要培养出“金融通才”，就必须在课程设置的部署中，特别重视金融学与数学、统计、法学、网络技术等相关学科的交叉、融合，尽可能多开发一些其他相关学科的课程，力求使金融专业的教学内容趋向综合化。重视多学科综合知识的“通才教育”，能使从业人员在学生时代就从狭隘的专业中走出来，开阔视野，拓宽知识面，增强适应能力和应变能力。

3. 教材选用国际化。我国金融教育，应立足长远，面向国际，课程体系设置、教学内容、教学手段和教学模式等诸方面都应瞄准国际先进水平，逐步与国际接轨。金融教育要面向国际化有不少事情要做，其中很重要的一项就是要积极引进国外近年来出版的关于金融业经营管理和业务操作方面的教材与资料，重视跟踪当今国际金融理论与实务的最新发展动态。在教材的选用上要尽量采用能反映现代金融理论最新研究成果的原版教材，力求教学内容具有国际先进水平。这不仅能使学生在采用原版的双语教学中提高专业外语水平，而且还有助于培养掌握现代金融最新知识的高层次金融人才。

4. 教学方法多样化。教学方法是教学活动的重要环节。在金融课程的教学过程中，应大力推广启发式、专题讨论式教学以及案例教学和模拟实验教学。对于操作性强的金融学课程，要特别重视案例教学和模拟实验教学。通过案例教学和模拟实验教学，能使金融教学更贴近实际，有助于增强学生对书本知识的感性认识，训练和提高学生的独立思考能力和分析判断能力及对金融实务的动手操作能力。

三、抓好师资队伍建设，确保人才培养质量

改革开放以来，经过多年持续不断的努力，我国高校金融专业已培养和造就了一支具有一定水平和实力的教师队伍。我国高校金融专业师资队伍无论从规模、层次、数量还是质量等方面近年来都有了长足的进步。但是，从总体上看，这支队伍还远远不能适应金融学科建设发展的需要。我国高校金融专业师资队伍仍存在不少问题，比较突出的有以下两点：一是学术层次不够高，为学术界公认的高层次专家所占比例较低。特别是能站在高端位置，引领学科发展方向的拔尖人才奇缺，能跻身国际学术前沿并享有国际声誉的金融学教授更是凤毛麟角。二是由于受传统高等金融教育模式的影响，许多专业课教师都缺乏在金融机构一线工作或培训的经历，往往是教期货投资理论的不懂得做期货，教国际金融方面理论的不会外汇交易操作。

教师是教学的主体，高素质的教师队伍是保证教学质量和培养高层次人才的关键。教育大计，教师为本。我国的高等教育要跟上世界一流水平，就必须要建设世界一流的师资队伍。

加快培养和造就一支与金融教育发展相适应的高层次教师队伍，乃是我国金融教育界的一项带有根本性和战略性的大事。针对我国高校金融专业教师队伍存在的突出问题，笔者认为应着重抓好以下几点。

（一）高起点，大力度地从海外引进杰出人才

任何一门学科的师资队伍建设，最关键的因素是要有学术带头人。我国金融教育的发展，需要高起点大力度地从海外引进一批具有真才实学的优秀人才。许多身在海外的优秀人才在国外高

校受过严格系统的训练，有的甚至还有在国外著名金融机构担任职务的经历，他们具有扎实的现代金融理论知识并比较熟悉现代资金运作规则。他们作为学术骨干加盟进来，有助于加速我国金融教育发展的进程，在较短的时间内迅速提升我国金融教育师资队伍的学术层次和整体实力。

（二）重视培养在国内受过教育和训练的教师

由于在今后相当长的一段时间内，大多数高校金融学科的师资主体仍将是在国内高校受过教育和训练的教师。因此，我国高校金融专业师资队伍建设应当实行“引进与培养相结合，重在培养”的方针，舍得花大力气培养在国内受过教育和训练的教师，特别是青年教师。为了营造使现有教师队伍中的优秀人才能脱颖而出的良好环境，笔者认为可以采取以下有效措施：（1）通过举办各类针对性强的高级研修班，利用发达国家的师资队伍和教材举办系统的专题讲座，选派有潜力的专业教师到国外著名学府或金融机构学习和深造，以提高现有教师的理论水平和业务能力；（2）完善师资队伍的考核评价机制，强化竞争意识和进取精神，公平竞争，择优聘用，努力创造能激励人人不甘落后，勤奋向上增长才干的良好环境；（3）积极创造条件，争取使尽可能多的功底扎实的青年教师有机会出现在国内外金融界的学术论坛上，进行交流和研讨。通过参加学术和教学方面的交流，取长补短，提高学术水平和教学水平。

（三）加强学校与金融机构之间的联系和往来

高等金融院校应努力密切与银行、保险公司、证券公司等金融机构之间的关系，争取让专业教师能有较多的机会与金融机构的有关人员合作从事项目研究，同时邀请有关金融机构的专家到学校担任教职。采取“走出去和请进来”的策略，通过与金融机构有关人员的频繁接触和紧密联系，提高专业教师对现代金融实务知识的了解和熟悉程度，并使教师的知识结构及教学和研究能力紧跟金融发展的客观实际，与金融业的发展同步前进。

四、逐步实现从模仿和跟随向自觉发展转变

在计划经济时代，我国的金融教育主要是照搬苏联的教育模式。改革开放后，我国的高等金融院校在课程设置、教材、案例等诸多方面，越来越多地模仿美国等西方国家的金融教育。笔者认为，对国际一流高等院校金融专业的教学内容、课程设置以及教学方式的学习和借鉴是十分必要的。这不仅有利于与国际金融教育界的沟通、对话和交流，而且还有助于加快中国金融教育的发展步伐。我国金融教育存在着与其他许多学科教育相同或相似的一个突出问题是学习和借鉴多，自主创新少。我国的金融教育不能总是停留在“拿来主义”的阶段，不能总是主要依靠从国外“拿来”需要的现代金融理论知识和教学经验。我国的金融教育工作者也应该通过勤奋努力迅速提高自身的学术素养和教学水平，争取推出一些能被国内外特别是国外金融教育界认可的有分量的教学经验和研究成果。我国金融教育发展到今天，应当逐步实现从模仿和跟随向自觉发展的转变。这不仅关乎着我国金融教育的兴衰成败，而且还直接影响到我国金融业的未来发展及在全球金融格局中的地位和实力。

面对未来经济战争的主战场已悄悄转移到金融领域的现实，我国需要一批世界顶级的金融家来谋划我国未来经济发展和金融安全，应当站在关乎国家安全的战略高度来看待培养高层次金融人才的紧迫性和重要性。我国的高等金融教育的发展任重道远。

当中国的金融教育能够作出原创性的重大贡献，从中国高等金融院校的校园里能走出大批系统掌握现代金融最新知识，熟悉国际金融业务，具有金融风险决策能力并能在国际金融市场上搏风击浪的高级金融人才时，我国金融市场必将成为全球金融市场中最富活力的重要部分，我国金融业的竞争力也将处于国际领先的水平，建立金融强国的梦想则完全有可能成为现实。

强国必须强教。建设金融强国的重大使命为我国金融教育的发展提供了难得的历史契机，中国的金融教育工作者负载沉重的使命，我国的金融教育工作者应当不负时代的重托，以科学发展观统领金融教育的改革和发展，为振兴我国金融教育和促进我国金融业的发展作出自己应有的贡献。

（原载《金融理论与实践》2010 年第 10 期、《光明日报》2010 年 8 月 5 日）

加快培养和造就适应市场经济需要的银行家队伍

市场经济实质上是货币经济，客观上要求有一批符合市场经济需要的资金经营管理人才为之服务。市场经济呼唤着大批银行家的出现。

市场经济究竟需要什么样的银行家群体呢？作为现代银行家，首先必须是熟悉现代金融业务，懂得国际金融惯例，并掌握现代电子应用技术的高层次复合型金融管理人才。此外，还必须具备以下优良素质：（1）创新意识。现代银行家应当是视野开阔，不拘泥于老套套，敢于创新，能把各种金融要素、经营环境、条件和管理方式，不断按新的要求进行最佳组合，以进取、开拓的精神，在不断开创新局面中发展本企业。（2）风险意识。现代金融业是个风险很大的行业，现代银行家必须具有很强的风险意识，并善于驾驭市场风险，能引导本企业避开最大的风险，取得最大的收益。（3）经营意识。现代银行家必须是通晓市场运作规律的经营管理者，经营意识强，经营有方，决策科学，能引导本企业在激烈的竞争中求得生存和发展。（4）效益意识。银行家作为金融企业的经营管理者，应当有以追求经济效益为出发点和归宿的观念。

市场经济的发展需要有大批的职业银行家，但适应市场要求的银行家队伍却决不会随着经济体制的转换而自然而然地形成。从目前我国金融业面临的管理人员素质同金融体制改革的要求和金融业务发展不相适应的实际情况来看，尽快培养造就一批高层次跨世纪的新型银行家队伍，已成为我国金融业向前发展的紧迫需要。

那么，如何加快培养和造就大批银行家队伍呢？

首先，各级金融机构从上到下都应当树立“人才是金融业第一资本”的观念，深明人才资源在金融业发展中所具有的举足轻重的作用，真正把培养造就银行家队伍放在突出重要的位置，努力为大批银行家的脱颖而出营造良好的条件。

第二，大力发展金融教育，是培养高层次金融人才和造就银行家队伍的基础工程。金融业的发展，客观上要求与之相适应的金融教育事业。金融业的主管部门要高瞻远瞩，乐于花钱投资金融教育，特别是要舍得把一些具有高度责任感，素质优良，尊重知识，尊重人才的优秀干部派往金融院校。通过加强领导班子，充实师资队伍，加大金融院校改革力度，努力把中国人民银行总行所属的几所金融院校真正办成培养银行家的摇篮。

第三，金融教育的立足点必须放在培养造就新型高层次的银行家上。现代金融已不再只是从事传统意义上的存款与贷款业务，日益精巧与复杂并广泛应用的派生产品和电脑技术已改变了金融行业的全貌，已使它成为一种技术性很强的完全依靠科学和严密的管理制度运行的行业。现代金融其管理的复杂性以及它所要求的电脑应用程度，决定了它是一种具有所谓“脑力工业性质”的行业，因而需要拥有一大批高智能、高创造力、高层次的经营管理人才。只有依靠大批高质量的经营者、管理者以及训练有素、奋发向上的职工队伍，才能有效地吸收国外金融业的先进技术和科学管理成果，并在学习、吸取的基础上有所创新，不断提高经营管理水平，从而在激烈的国内外金融市场的竞争中立于不败之地。

第四，重视对现有专业人才的挖掘、培养和素质的提高，通过多种渠道、多种形式尽快造就更多的银行家。一是建立健全公开、平等的选拔机制和切实可行的激励机制以及培训制度，不断强化现有专业人员的竞争意识和进取精神，形成公平竞争，优胜劣汰，人才辈出的良好环境。二是利用西方市场经济发达国家的师资和教材，举办各类针对性强的高级研修班以及与国际接轨的比较系统的专题讲座，使现有专业人才能经常而有效的接受继续教育，以此提高他们的素质。三是有计划地选拔一些特别优秀的中青年专业人员到国内名牌大学或到国外金融中心进修深造，经过一段时期的学习和锻炼后再调回效力。此外，还可以从国外引进和网罗一些有真才实学愿意为我国金融业做贡献的人才。

总之，培养造就高层次的银行家队伍，是我国金融业的一项重要而又紧迫的战略任务。我们正处在世纪之交的关键时刻，应着眼于我国金融业未来发展的需要，尽快培养造就出一批高层次的银行家队伍，让他们肩负跨世纪的历史重任，成为推进我国金融业未来发展的中流砥柱。

（原载于《金融时报》1996年3月24日）

防范和化解金融风险的关键是人才*

党的十九大报告明确提出，要“守住不发生系统性金融风险”。守住不发生系统性金融风险，是关乎金融稳定和社会经济稳定发展的大事，而准确判断风险隐患、科学分析金融风险的成因和应对措施，则是保障金融稳定的前提。当前，我国经济已由高速增长转向高质量发展阶段。在此大背景下，迫切需要稳定的金融环境作为支撑，金融稳定是促进经济高质量发展的重要保障。着眼于防范金融风险，维护国家金融稳定和促进经济高质量发展的需要，必须加快培养和造就一大批金融高端人才。

金融是现在经济的核心，各项经济建设活动都离不开资金（资本）的投入及其合理配置。但是，金融业又是个高风险的行业。金融既是资金的聚集地，也是风险的集合体，金融创新和发展总是伴随着不确定性的各种风险。金融虽然是一个高风险的行业，但大部分风险又是可以控制的。金融风险具有可测性、客观性、不确定性和受益对称性等特征。现代金融业务技术性强，风险大，创新层出不穷，它是一种知识密集型的高风险行业。伴随着金融风险日益多元化和复杂化，其动态波动性也日渐增强，金融风险的测量与控制的难度随之增大。因此，金融业需要拥有一大批具有较强金融风险意识和掌握风险管理知识，精通金融风险控制和操作的高层次、高素质即高端的金融风险管理人才。这是

* 该文的主要内容以《大力培育金融风险管理人才》为题刊登在2018年10月10日《人民日报》理论版“大家手笔”栏目。

能否“科学防范，早识别、早预警、早发现、早处置，着力防范化解重点领域风险”的最为重要的前提条件。金融风险管理大体上包括金融风险的有效识别、精确度量和严格控制三个方面。如果没有一大批高端的优秀风险管理人才，就不可能对已出现的金融风险进行准确的识别、分析和判断，也不可能有效地驾驶和正确应用先进的金融手段控制和化解金融风险。

目前，总体看，我国金融形势是好的，金融风险尚在总体可控的范围之内。但是，由于国内外经济环境日趋复杂，不确定性的因素明显增多，致使我国经济增长不够强劲且存在下行压力增大的风险。因此，在当前和今后一个时期，我国金融领域尚处在风险易发多发期。2018 年 7 月召开的中央政治局会议基于对我国经济稳中有变的重大判断，特别强调“要做好稳就业、稳金融、稳外贸、稳外资、稳投资、稳预期工作”，稳金融仅次于稳就业，凸现了金融稳定的严峻形势。

当前我国金融主要面临房地产泡沫、债务违约增加、汇率和资本市场波动较大、社会融资规模降低、不良贷款率上升等比较突出的风险点。而要对上述诸多金融风险进行有效的界定和准确测量，并控制在可以承受的范围内，首当其冲的是人才。从防范化解金融风险的要求来看，现有的金融人才无论是从数量上还是质量上，都无法满足这一需求，高端人才的缺失是直接制约防范化解金融风险效果的主要瓶颈。因此，尽快培养和造就一大批高端金融人才，已成为我国金融业健康稳定向前发展的紧迫需要。在 2017 年召开的第五次全国金融工作会议上，习近平总书记在发表的重要讲话中明确地强调指出：“特别是要注意培养金融高端人才，努力建设一支宏大的德才兼备的高素质金融人才队伍。”习近平总书记的重要讲话，既对培养金融高端人才提出了殷切的期望，也为我国培养金融高端人才指明了方向。

就目前我国的金融风险管理人才状况而言，主要缺乏以下两种类型的金融高端人才：（1）熟悉金融业务，掌握金融风险管理知识，具有较强的金融风险意识和风险规避管理技能，精通金融风险能控制和操作的高素质的应用型人才；（2）金融风险管理理论功底扎实，具有较强的宏观经济金融形势分析能力及风险判断能力，在应对出现的金融风险时，能提出有价值的对策建议的高层次的金融风险管理研究型人才。

高端金融风险管理人才的培养主要有二种途径：一是高等院校的金融专业教育；二是对在岗人员进行职业再培训教育。学校是知识的生产地、集散地和输出地，高端金融风险管理人才的培养应主要靠高等院校的金融专业教育，必须努力办好高等院校的金融教育。应通过增强师资力量以及教学内容、课程体系和教学方法等方面的改革，提升我国的高等院校的金融教育水平，尽快培养出大批包括金融风险管理人才在内的德才兼备的高端金融人才，以充塞我国金融业高素质的人才队伍。

由于在今后的相当长的一段时间内，我国大多数金融机构的从业人员的主体，仍是在国内高等院校已受过教育和培训的人才，因此应当把现有金融从业人员的培养和提高，摆在特别重要的位置。目前我国金融机构的从业人员对金融风险管理方面的知识大都知之不多，业务水平还不够高。他们中的不少人虽然是从高等财经院校毕业的，虽然也大都学过有关金融风险管理方面的课程，但由于教学内容和教学方法适用性不够强等原因，致使所学的知识不能满足实际工作的需要。我国金融从业人员虽然多达五百多万人，但却缺乏精通分析金融风险并具有防范金融风险能力的高端金融人才，拥有金融风险管理师及相关资格证书的人数不足，远低于国际水平。

我国金融从业人员队伍庞大，其中不乏有优秀人才，应舍得花大力气注重培养“政治过硬，作风优良”，并已在国内外高校受过金融专业教育和培训的业务骨干，使之成为金融风险管理方面的高端人才。对金融业在岗人员的培养，笔者认为可以采取以下有效措施：（1）通过举办各类针对性强的防范各类金融风险的高级研修班，聘请国内外精通金融风险管理业务操作的知名专家学者担任主讲教师，并利用适用性强的教材，举办系统性讲座，以提高金融风险管理方面的专业知识和专业技能；（2）选派特别优秀且具有发展潜力的业务骨干到国内外著名学府或金融机构去脱产学习和继续深造提高。

对金融风险管理人才的培养内容，主要包括金融风险管理知识及专业技能和职业道德两个方面。金融机构的从业人员大都要与钱打交道，面临着金钱的诱惑，风险和诱惑并存。金融业的这种特殊性，决定了要求在对从业人员的培养过程中，不仅要重视专业知识和技能的传授，同时更要坚持对从业人员进行思想教育。通过思想教育，培养从业人员树立崇高的理想追求，高度的社会责任感，诚实守信，并具有较强的法律观念和职业操守，不搞歪门邪道，作风正派。

总之，防范和化解金融风险，维护金融稳定，应从加强金融人才的培养入手，特别是要把金融高端人才的培养放在更为重要的位置。唯有培养出大批德才兼备、精通金融风险管理能够在金融市场上搏风击浪的金融高端人才，才能应对面临的诸多方面的金融风波的冲击，也才有可能在风云变幻的金融市场中运筹帷幄，以有效维护国家的金融稳定推动经济的高质量发展。

经济学博士生的创新能力从何而来

我国经济学博士生培养起步虽然较晚，但发展较快，在高层次经济学人才的培养方面已取得了显著的成绩。近年来，由于博士生招生规模扩大太快，导致本来就是精英教育的博士生教育就变得越来越大众化，使得一些不合格者也进入了博士研究生队伍。如今，我国经济学博士研究生队伍庞大，人数众多，其中虽然有出类拔萃的人才，甚至有不少经济学博士学位获得者已成为各自岗位上的栋梁和学术中坚，但也确有不少急功近利甚至滥竽充数的人，许多经济学博士生毕业时所达到的水平不容乐观。从总体上看，我国经济学博士生素质不够高，创新能力普遍不强，学位论文选题相互撞车者多，论述的深度和力度不够，具有原创性思维者寥寥，更没有重大国际影响力的研究成果。我国经济学博士培养质量令人担忧。

博士生能不能成大器，素质起到至关重要的作用。培养的博士生是不是高素质的人才，最根本的衡量标准就是要看有没有创新能力。包括经济学在内的哲学社会科学理论研究和学术发展，有其自身的规律，它是一种以创新为显著特征的活动，需要研究者个人创造精神的极大张扬，需要他们个体创造力的充分涌流。

创新意识的培养要从小抓起，而人才的科研素质和创造能力则主要依靠研究生阶段培养。研究生特别是博士研究生在进一步学习有关专业知识的基础上主要从事研究工作，直接参与知识创新活动。因此，研究生教育是培养高层次创新人才的主要渠道，培养拔尖创新人才则是大学研究生教育特别是博士生教育最重要的使命。那么，高校究竟如何推进经济学博士生的素质教育，培养高层次有创新能力的经济学人才呢？从我国目前经济学博士培养的状况看，笔者认为应着重抓好以下工作。

一、严把生源质量关，不拘一格招人才

博士生自身的素质是博士生培养素质的决定性因素，它在很大程度上取决于生源质量。因此，把好生源质量关是保证博士生培养质量的首要环节。

目前国内许多高校注重笔试轻综合考核的招生办法，存在诸多弊端。优秀生源不一定是高分考生，不能以笔试成绩论英雄。博士生入学除了要测试知识水平外，更重要的是应当进行综合能力的测试，要增加综合能力测试的权重。面试是测试考生综合能力的一种行之有效的方法。通过面试，导师与考生见面、交流，全面了解考生的学历、背景、学识和学术潜力，有助于弥补笔试的不足，在一定程度上可以防止高分低能考生进入博士研究生队伍。

博士生培养的主体是导师，应该给导师更大的招录权。有些好苗子，倘若导师通过综合考查认为是智者、能者的可造之才，特别是有的考生在经济学某个领域已学有所成，学有所长，就应当不拘一格吸纳，而不应当因外语或公共课考试差将该考生拒之门外。此外，还有严格限制博士生的招生数量，避免招生过多、过滥。限制博士生的招生规模，一定程度上可以使导师将有限的精力更多地花费到所带的学生身上，对学生进行更多的学术指导，这对提高博士生的培养质量无疑是大有裨益的。

二、严格导师遴选标准，加强导师队伍建设

我国的研究生培养采取导师负责制，作为研究生学习和研究工作的具体负责人，导师的学术水平及投入的时间和精力等，对于博士生的成长有着至关重要的作用。常言道：名师出高徒。要培养出素质良好的具有创新能力的人才，就必须要有高水平的导师队伍。加强导师队伍建设，是确保博士生培养质量的重要措施。因此，必须严格导师遴选标准。作为经济学博士生导师，必须要有扎实的理论功底并已发表相当数量的经济学论文，还必须有科研项目或课题等。在经济学导师资格审查方面要着重观察学术潜力、学术成就以及在经济学领域里的活跃程度。

导师除了具备广博的专业知识，博而能导外，更重要的是具有献身教育的精神和奖掖后学的热情，能把培养人才当成最为重要的事业，因材施教，诲人不倦，才会有一个个学术新秀的茁壮成长。

三、热爱专业，发奋学习，重视阅读原著

热爱所学专业，不畏劳苦，执著追求，是合格博士生的必备条件。经济学曾被人称为“沉闷的科学”。在许多人看来，经济学是沉闷的，是枯燥乏味、不易使人发生兴趣的。不仅如此，有些经济理论还十分高深，不易弄懂。因此，从事经济学理论的学习和研究充满着艰辛和坎坷，更需要有热爱专业和愿意为推进本专业学术发展献身的精神。在当今我国学术界存在急功近利和浮躁学风的环境下，尤其应当通过对博士生进行引导，激发他们对专业的兴趣并树立优良的学风，心无旁骛，忍得住艰辛，沉潜学问。

理论功底厚实是做好研究工作的前提和基本条件。对于包括博士生在内的理论工作者而言，能否取得高水平的研究成果，在很大程度上取决于自身学识和学术修养的高低。学习是提高学术修养，增强研究能力的基本途径。因此，要激励博士生发奋学习，注重积累。

作为经济学博士生要特别重视阅读经济学经典名著。经济学的精华主要凝结在大经济学家的原著中，要掌握经济学的基本理论和研究方法，不能不认真阅读。经典名著有着不可磨灭的魅力，真正热爱经济学理论的人，对于经济学大师的著作往往有所偏爱。现在不少人读博士，只是为了拿资格，目的不是为了做学问，当然也就无心花功夫啃读原著了。一个优秀的经济学博士生导师，不仅要引导博士生关注现实重大经济理论问题，而且还要特别善于引导博士生刻苦钻研经典名著，让博士生受到经济学大师的熏陶，领悟经济学的魅力。

四、抓好辅导工作，确保学位论文质量

博士学位论文是博士生学习和研究成果的结晶，也是衡量博士生质量水平的主要标志。现代高等教育正式通过严格、有效的学位论文写作和评审，训练和培养高层次创新型的学术人才。论文写作是博士生培养阶段的核心部分。因此，必须花大功夫认真抓好博士学位的辅导工作。

为确保博士学位论文的质量，应着重抓好以下几点：（1）论文指导最重要的是选题，好的选题是成功的一半。选题不宜过小或过大，而应当是小题大做。要重视选取前人和别人没有研究和涉猎过的课题，并注意从新的角度选题，使选择的论文题目具有开拓性、独创性和新颖性。（2）重视学位论文的开题工作，应当

在导师的指导下制订研究工作及论文撰写计划，开题时必须提交研究现状的报告，没有报告不可以开题。（3）导师应当与博士生定期见面，对学位论文的写作进行指导、检查和答疑。（4）学位论文要突出原创性，力求对经济学科最前沿的学术思想、命题和观点作出与时俱进的新的论证，并能提出独到的见解和有价值的意见，产生令人信服的结论。

五、努力营造良好的学术生态氛围

为了营造能使优秀人才脱颖而出的良好环境，应当采取一些有效的措施：（1）建立各具特色的学术论坛，定期开展形式多样的学术研讨活动。学术论坛活动的举行有助于博士生之间经常接触和交流理论信息，增长见识。（2）积极创造条件，争取能让尽可能多的博士生走出校门，参加校外的一些层次较高的经济理论研讨活动，追踪和把握经济理论研究的学术脉搏及最新的学术动向，开阔学术视野。（3）定期邀请经济学界学术活跃程度较高的知名学者做报告，让经济学相关学科博士生有机会了解最前沿的研究课题。这对于激发课堂灵性，张扬创新思维，点燃青年学子心中潜伏的学术圣火，都是大有裨益的。

（原载《首都经济贸易大学学报》2009 年第 6 期、《光明日报》2009 年 8 月 12 日）

经济学博士论文写作中的若干问题

如何写作博士论文，涉及选题确定、写作方法、学术规范以及有关专业知识的积累等诸多问题。国内已有学者撰文，从不同专业的角度对此问题进行了一些探讨。笔者不揣浅陋，拟在已有研究成果的基础上，结合经济学专业，对博士论文写作中的有关的几个问题谈点认识和体会。

一、跨入学术殿堂的入场券

论文写作在现代高等经济类院校的教育体制中占有极为重要的地位。它与入学考试、学分制度、学位制度等都是构成现代高等经济类院校教育体制中的重要组成部分。高等经济类院校博士学位论文的写作实际上是攻读博士学位课程的深入，是一种更高层次的学术训练。从实质上说，它也是一种艰苦的经济学理论知识的创造过程。现代高等经济类院校正是通过严格、有效的学位论文写作和评审，训练和培养出大批具有扎实的经济学理论功底、较高学术素养和创新精神的高层次人才。

在高校经受专门学术训练的莘莘学子，往往借助学位论文凝聚并展示其多年孜孜求学付出的心血。在西方发达国家的许多高等经济类院校，博士学位论文的学术水平总体而言是比较高的，相当多的一批博士学位论文构成了该国每年学术成果的重要部分，在促进经济学理论的学术繁荣中发挥着十分重要的作用。国外有的经济学者水平最高的著作往往是出自其当年求学期间的博士论文，或在博士论文基础上完成的学术专著。例如，为现代博弈论学科体系的建立作出重大贡献的美国普林斯顿大学教授约翰·纳什，他于1950年在求学期间撰写的题为《非合作博弈》的博士论文中提出了有名的“纳什均衡”的理论，并因而获得了1994年度诺贝尔经济学奖。又如，被称为“信号理论奠基人”的美国著名经济学家迈克尔·斯彭斯是2001年度诺贝尔经济学奖获得者之一，其主要贡献也是基于他1972年在哈佛大学完成的博士论文。

学位论文是写作者学术研究各方面能力的综合体现和最重要的标志。博士论文的质量如何，对写作者今后的学术生涯影响很大。北京大学中文系有位教授在谈及博士论文写作时，曾把博士论文比做一个标杆。博士论文对写作者而言，真好像是一个标杆，倘若跳不过或勉强过关，只能说明写作者的学问还没有做好，功底还不够扎实，还没有资格戴上博士帽。经济学博士论文也是如此，合格的博士论文，可以说是写作者跨过标杆进入经济学学术殿堂门槛的“入场券”。

二、选题特别重要

博士论文同写作其他文章不一样，首先要选择好适合于作为博士论文的题目。在许多资深的博士生导师看来，论文选题“特别重要”，写作者在确定选题时应特别注意以下几点。

1. 这个选题值得做。所谓“值得做”，即指有理论价值，下功夫研究有可能在理论和方法上有所创新，甚至还有可能对本学科的发展有所贡献。由于经济学是门应用性很强的科学，因此选题时还必须考虑研究此问题有无实践意义。唯有既具有较高的理论价值又具有较强的实践意义的课题，才是值得做的课题。

2. 这个选题我能做，能写好。确定这个选题能否充分利用自己的知识积累，能否最大限度地发挥自己的长处，这也是必须考虑的问题。如果随意抓一个热门的课题，即使这个课题有较高的理论价值，也不一定能写好。这是因为该选题同自己长期的知识积累、兴趣以及长处相脱节，不能发挥比较优势，写作起来不免吃力，甚至有可能难以完成。

3. 选题不宜过小或过大，而应当是小题大做，即所谓“小题目，大文章”。题目过小，小题小做，涉猎面不宽，内容不充实，价值不大。如果题目过大，大题小做，即“大题目，小文章”，写随意性较强的经济散文可以，做要求讲究规范的经济学学术论文并不合适。大题大做，天马行空，不仅难以控制，而且因范围过广，目标多样，泛泛而谈，不深不透，不免显得肤浅。作为博士论文，最好是小题大做。“小题目，大文章”，这不仅有利于充分发挥做深做透，还易于控制，使研究成果比较坚实。好的选题，题目虽小，却有深度和厚度。写学术论文，研究要单刀直入，切忌贪大求全，四面开花。

4. 要重视选取前人和别人没有研究和涉猎过的课题，并注意从新的角度选题，使选择的课题和论文题目具有开拓性、独创性和新颖性。只有这样，才能做出有深度、有新意的研究成果。

5. 应尽量选择对自己有长久研究价值的问题作为攻读博士学位的选题。博士论文毕竟是阶段性的研究成果，这个成果虽然很重要，但不一定都能作为自己今后开展研究工作的出发点。如果论文完成之后再无继续研究的必要，对今后的研究工作意义不大，那么以此问题作为选题并非是最佳的选择。从长计议，应当尽量选择围绕此问题，能长久做下去，作为自己写作博士生学位论文的选题。

综上所述，确定博士论文选题看似容易，其实很难，能否确定合适的选题，对于能否很好地完成学位论文具有极其重要的作用。

三、要重视学术文献引用的规范

学术论文特别是博士论文的写作，是学术规范训练的第一步，是一个“规范”而得出的成果。所谓学术文献引用的规范，首先是指要注明引文的出处，这是学者著述中应当遵循的基本规则。学术是一代又一代积累沉淀下来的，任何学者的研究都必须建立在前人已有的研究成果之上，在开创新的研究领域时离不开吸纳已有的相关的研究成果。因此，任何论文的观点和论据不可能全部都是自己的，部分甚至某些重要观点或论据引用别人的是允许的。但是，作为学术论文，引用了别人的思想观点或论据，引文必须注明，注释不能含糊。这一方面体现出对他人成果的尊重，另一方面也便于评阅人和读者了解论文材料及观点或论据的来源。

古往今来，大凡有成就的学人都十分注意引文的出处。例如，马克思在撰写巨著《资本论》的过程中，查阅了数以千计的文献，凡是第一提出某种观点的学者或作品，马克思都给予应有的重视，并在书中的引文处清楚地注明。马克思从不掠人之美，他这种严谨治学的精神永远是理论工作者学习的榜样。

正如有的学者所说，注明引文出处不是摆设，“没有引文的文章不能算做规范的学术论文”。据记载，目前在英美等国家，90%以上的学术著作都有引文索引。引文索引编制的好坏，甚至成了一些国家评判图书质量的重要指标之一。

做学问虽然不可能不吸取别人已有的研究成果，学术研究显然总是在吸收前人已有成果的基础上更上一层楼的，但学术引用也应有个度，不能不加节制地过度引用，这也是学术规范的一个基本要求。一篇10万字左右的博士论文，如果参考文献太多，大量引用别人的成果，那么还会有多少观点和内容是自己的呢？在时下的大学校园里，抄袭和剽窃是表现最为突出的学术腐败现象。抄袭他人之作几乎已成了一些大学研究生公开的秘密。笔者赞同有的学者的分析，虽然造成上述现象有种种原因，但与日见其长的“参考文献”不无关系。写作博士论文难免会有学术文献的引用，但必须把握好度，其最基本的限度，就是读起来能让人觉得论文确实是你花功夫辛辛苦苦写出来的，而不是从前人或当代学人那里抄袭的。

四、恰当使用数学工具

拉法格在《忆马克思》一书中指出：按照马克思的看法，“一种科学只有成功地运用数学时，才算达到了真正完善的地步”。数学是一门严谨的科学，对其他科学而言是不可缺少的研究工具。经济学当然也不例外。同其他事物一样，经济现象和过程既有质的规定性，又有其量的规定性，这就决定了把数学作为研究工具应用于经济学是非常必要和完全可能的。经济学可以而且应当运用数量分析以更好地阐明相关问题量的规定性，揭示其发展趋势和内在规律。在现代经济学说史上，由于成功运用数量分析而对经济学的发展作出了重要贡献者并不鲜见，有的甚至还因此获得了诺贝尔经济学奖。

多年来，经济学在中国被归类为文科，加之许多年岁较大的经济理论工作者不熟悉现代数学知识，因此，经济理论研究普遍存在缺乏定量分析的现象。近些年来，在中国经济学界相当多的人中又出现了过度滥用数学的另一个倾向，经济学几乎成了数学的分支。在高等经济院校的研究工作中数学化包装越来越明显。

有的博士研究生刻意追求数学化。不论懂或不懂，需要或不需要，都硬要在论文中加进一些数学公式和数学模型，似乎没有数学公式和数学模型就不成其为经济学论著。有的博士研究生还喜欢故弄玄虚，本来可以用几句浅显易懂的文字表述的结论，却非用许多看不明白的数字、公式进行推导，搞“数字游戏”。

经济学运用数学分析虽然是必要的，但是经济学理论研究不能单靠数学工具，经济学不能“数学化”，那样不仅会影响经济学理论研究的科学性，也难以得出科学的结论。数学只是经济学理论研究工具箱中的一个重要工具，但工具本身并不能创造理论。它只是为理论生动直观的或需要定量的表达提供了可能的方式。经济学是对大量社会经济现象加以分析和科学抽象才能得出结论的学科。数学作为一种工具在经济学理论研究中的作用是有一定限度的，只能起服务的作用，而不能居于支配地位。

高等经济类院校的博士研究生在从事研究工作或写作博士学位论文时，既要重视运用数量分析工具，注意克服以往忽视运用数学的缺陷，适当增加经济数学的成分，但同时又必须特别重视克服近年来在一些人中出现的滥用数学和搞“数字游戏”的错误倾向。

五、树立良好的学风和文风

对任何一个做学问的人来说，良好的学风和文风都是非常重要的。如果学风和文风不端正，不扎扎实实、认认真真地做学问，而是文风浮躁，急功近利，那就很难取得有价值的研究成果。古人云：文以载道。这个“道”，既是做人之道，也可以理解为学术道德。高等学府的博士研究生做学问事，首先要做学问人，理应树立良好的学风和文风。

第一，要唯实求是，端正学风。博士是最高学位，博士研究生作为高层次人才，任何时候都应珍视自己的学术声誉，不能为达到某种目的而违背学术道德。对于自己所从事的研究工作，尤其是在对自己将来关系很大的博士学位论文写作过程中，无论是提出问题，或运用数据资料，还是推导结论，都要有一种老老实实的态度。按毛泽东主席的说法，就是不装、不偷、不吹。这也就是说，要讲实话，唯实求是，端正学风，不弄虚作假。如今高校博士生中有人在写作论文时弄虚作假，抄袭剽窃，既败坏了自己的名声，也辜负了国家的培养和社会公众的厚爱。

第二，博士生作为高层次的人才，不仅要端正学风，而且要有良好的文风。在时下的青年学子中流行以下不良的文风：写文著述晦涩难懂，夹缠梗阻，句义不明，文义模糊，让人昏昏然不知所云；有的人热衷于搬用西方经济学中一些玄奥的名词术语，似乎一篇论文里不出现一些来自海外著作中难懂的名词、概念，就不足以说明其学术水平的高深一样。现在的高等经济类院校里，有的博士研究生写的东西不仅别人十分费解，弄不明白，不堪卒读，甚至连自己也说不清楚有些图表和名词术语的确切含义。

无论何种学术论文终究是要给别人阅读的，不仅如此，一篇学术论文质量的高或低、好或差，也终究要由社会公众特别是业内人士定评。在博士论文的读者中，最重要的就是论文的评阅教授和答辩委员会的成员。如果连有相当专业水平的评阅教授和答辩委员会成员都看不懂，就难以获得他们的认可，就有可能通不过，不能取得博士学位。

古人云：“言而无文，行之不远”。其意是说，语句没有文采，就不可能有鲜活而持久的生命力。博士论文的写作者应尽量摈弃艰涩、枯燥的名词术语，众多烦琐的统计数据、图表公式和玄奥莫测的考据、引证，努力以平易通俗的文字、平实亲切的笔触、可触可感的事例、简洁明快的数字以及形象生动的图表阐述自己的理论观点。学术论文不仅要求理论性强，立论扎实，言之有理，而且还应争取做到行文流畅，逻辑严谨，语句生动，言之有趣，逸笔妙趣，富有文采，更容易引起读者的学习兴趣和重视。这对博士生来说，虽然是一个更高的要求，却是一个经过刻苦努力后能够达到的目标。

良好的学风和文风是学者取得学术成就的必备条件。作为高等经济类院校的博士生，要想今后在经济学学术舞台上有所作为，就必须十分重视树立良好的学风和文风。

六、发愤学习，注重积累，打牢功底

厚实的学术底蕴是写好博士论文不可或缺的条件。打牢学术功底，对每一个博士研究生来说都至关重要。博士研究生能否取得高水平的学术研究成果，在很大程度上取决于博士研究生自身的学识和素质的高低。因此，博士论文的写作者必须发愤学习，认真读书，注重积累，努力提高自身的学术修养。

杜甫有句名言："读书破万卷，下笔如有神"。只有用尽可能多的知识充实自己，肚子里有东西，才能写得出，写得好。经济学大师头顶上光彩夺目的智慧的光环都是他们刻苦学习，用无数辛勤的汗珠结晶而成的。常言道："业精于勤"。所谓勤，就是勤奋学习，舍得出汗出力，汗出得越多，功夫也就会越深。对做学问者来说，收获大抵是与各人付出的劳动成正比的，付出的劳动越多，获得的知识也就越多。

学习是一种艰苦的脑力劳动。一百多年前，苏格兰经济学家托马斯·卡拉利曾把经济学称之为"沉闷的科学"，这句话如今已成了广为人知的名言。经济学在许多人看来是沉闷、枯燥无味和艰深难懂的。有些经济学论著读起来确实十分费劲，不易弄懂。马克思《资本论》里曾引用19世纪英国国会议员格莱斯顿的话说："受恋爱愚弄的人，甚至还没有因钻研货币而受愚弄的人多。"经济学是门高深的学问，要真正学好和掌握它，非下大的功夫不可。

"天下之书读不尽，学问茫茫无尽期"。现代经济学是最受社会公众注目的学科。它在社会科学领域里独占鳌头，其论著浩如烟海，而经济学研究者一生的精力和时间却是有限的，纵然苦读不懈，也不可能都涉猎。现代经济学门类众多，要想门门都精通，无所不知，无所不晓，那是不可能的。因此，必须有所专攻。作为博士研究生应当在广泛学习经济学及其他现代各种知识的同时，要把与自己专业方向有关的课程重点学好，把自己的专业方向作为深钻的对象，并花功夫去精通它，争取做到学有专长，真正成为学有所成的专家。从经济学说史来看，大凡能在经济学某一方面作出杰出贡献者，大都是学有专长即所谓"术业有专攻"之人。

（原载《中国流通经济》2006年第9期、《光明日报》2006年2月15日）

附　　录

一、邱兆祥：经济金融学苑的耕耘者

（一）孩提时代心中的梦

邱兆祥生于1940年端午节的前一天，出生在湖北省西部万山丛林环抱的利川市。邱兆祥的祖父邱前模（字楷如）系原国立武昌高等师范学校（武汉大学的前身）的学监，曾参加辛亥革命的武昌起义，并在新生的军政府里担任内务部长及总务科长等要职。辛亥革命失败后，邱前模因为国事忧患成疾，病逝于南京。邱兆祥的父亲邱殿樑曾在重庆保育院任职，1940年死于发生在重庆市磁器口的“民勇号”翻船事件。邱殿樑去世时，邱兆祥尚怀在母亲肚内，邱兆祥母亲含泪生下他后不久，便为生活所迫改嫁并随继父远走他乡，杳无音讯。邱兆祥自幼丧失父母，与祖母相依为命，四处漂泊，历经风雨坎坷。

邱兆祥的祖辈原是书香门第，家境较殷实，后来中道衰落。由于受家庭熏陶，邱兆祥从小就喜爱阅读社会科学类书籍，成为一名社会科学理论工作者是他孩提时代心中的梦。

因家境不宽裕，生活主要靠姑父母不高的工资收入，上学主要靠国家助学金资助，读书实属不易，邱兆祥学习特别用功。1961年邱兆祥毕业于武汉49中学（武汉市重点中学），同年考入湖北大学（现为中南财经政法大学）财政信贷专业。由于受时任院长的谭寿清教授、讲授货币银行学课程的侯厚吉教授以及研究货币流通规律问题的周骏教授等人的影响，邱兆祥逐渐对金融学产生了浓厚的兴趣，并立志要以学习和研究金融学理论作为自己的终身职业。

图 1.1　八岁时的邱兆祥。

图 1.2　邱兆祥八岁时与祖母蓝茂文的合影。

图 1.3　江西省赣州市灶儿巷8号内一间没有窗户，面积不足15平方米的陋室，系邱兆祥童年时与祖母及姑父母和表妹等5人居住过的地方。2016年8月，邱兆祥重访孩提时代居住过的地方并在门前留影。

图 1.4　武汉市第49中学（武汉市重点学校）。邱兆祥于1961年毕业于该校。

图 1.5　1960 年 7 月武汉市第 49 中学高三（1）班全体同学合影留念，第二排左二为邱兆祥。

图 1.6　中南财经政法大学（原为湖北大学）。1965 年邱兆祥毕业于该校财政信贷专业。

图 1.7　1963 年 4 月 3 日原湖北大学财政信贷专业 61 级全班同学合影留念，第三排右四为邱兆祥。

（二）执教生涯50余载，弟子桃李芬芳

1965年，作为一名成绩优异的大学毕业生，邱兆祥被分配到北京高校担任教职。邱兆祥一生以教书为业，曾先后在中央财政金融学院（现为中央财经大学）、北京语言学院（现为北京语言大学）等多所北京高校执教。1988年调入中国金融学院，先在学报编辑部担任《金融科学》杂志主编，后调入金融系任教。邱兆祥于1992年被北京市高级职称评委会评为编审（正高职称），1995年被转评为教授。1996年经中国金融学院的主管单位中国人民银行的有关部门批准，报教育部备案，邱兆祥获得了博士研究生导师的资格，并开始在当时由中国人民银行主管的西南财经大学招收博士研究生。2000年时邱兆祥经暨南大学金融系当时的二位主要负责人的热心推荐和该校学术委员会批准，邱兆祥又被暨南大学聘为教授、博士研究生导师。2000年原中国金融学院与对外经济贸易大学合并，邱兆祥虽年过六旬，仍破例聘为新的对外经济贸易大学的教授和博士研究生导师。

邱兆祥对其招收的研究生（包括博士研究生和硕士研究生）和博士后的培养有一个很显著的特点，就是突出“研究”两个字。邱兆祥在培养研究生和博士后的过程中，十分重视引导这类人才把对专业知识的学习和学术研究结合起来，关注和研究现实经济生活中的热点、难点问题。在邱兆祥的悉心指导下，其研究生和博士后在校学习期间，不少人曾在《金融研究》、《经济学动态》、《金融理论与实践》以及《金融时报》等刊物上发表了数量颇多的研究论文。以邱兆祥在对外经济贸易大学所带研究生和博士后为例，其中博士研究生安世友发表论文25篇，博士研究生刘远亮发表论文18篇，博士研究生张爱武发表论文12篇，博士后王修华发表论文14篇，硕士研究生刘永元发表论文6篇，硕士研究生向晓建发表论文4篇。

近几年来，邱兆祥更加重视对研究生研究能力的培养。他认为，衡量研究生是否高素质人才的重要标准之一，就是要看其是否有创新能

力和研究能力。邱兆祥在对外经济贸易大学所带的博士研究生刘冬瑾于2010年获得“首届工商银行杯全国大学生银行产品创新设计大赛”一等奖，并于2013年获得“北京市优秀博士毕业生”称号；博士研究生安世友于2013年被评为对外经济贸易大学“十大杰出研究生”，并于2014年获得“北京市优秀博士毕业生”称号；刘正于2015年获得“北京市优秀硕士毕业生”称号。

邱兆祥十分珍爱自己的教书职业，执着于教书育人的理想。他好似一个园丁默默地在教书育人的园地辛勤耕耘，由黑发至皓首，从而立至耄耋，度过了半个多世纪的时光。如今邱兆祥培养的高层次金融人才已遍布全国许多地区的高校、金融机构、企业集团和政府部门，可谓桃李满天下。他们中有的已成为各自岗位的栋梁之才、业界翘楚或学术中坚。其中不少人担任大学教授、总裁、董事长和司局长以上的干部，并做出了骄人的成绩。

邱兆祥对教学工作认真负责，作风踏实，教书育人成绩突出，曾多次获得有关部门的奖励，1994年被批准为享受政府特殊津贴的专家。2004–2005年度和2006年度先后两次被评为对外经济贸易大学金融学院优秀共产党员；2007年获对外经济贸易大学优秀教师称号；2008年获全国金融系统金融教育先进工作者称号；2009年、2014年和2016年先后三次获得对外经济贸易大学优秀研究生导师称号；2010年和2011年先后两次获得对外经济贸易大学金融学院特殊贡献奖。

1. 邱兆祥执教生涯剪影

图 2.1　中央财经大学（原为中央财政金融学院）。邱兆祥大学毕业后于 1965 年 8 月由组织分配到该校金融系担任助教。

图 2.2　邱兆祥于 1965 年 9 月在原中央财政金融学院办公楼前留影。

图 2.3　北京语言大学（原为北京语言学院）。1972 年原中央财政金融学院解散，邱兆祥调入原北京语言学院政治理论教研室经济学组任教。

图 2.4　中国金融学院九六届金融专业毕业生与院领导及部分教师在一起合影留念，第一排左四为邱兆祥。

图 2.5　中国金融学院货币银行学专业九七届毕业生与院领导及部分教师合影留念，第一排左二为邱兆祥。

图 2.6　2007 年 10 月对外经济贸易大学金融学院教师举行“学科发展与专业建设”主题党日活动留影，第一排居中者为邱兆祥。

图 2.7　西南财经大学柳林校区。邱兆祥于 1996 年 9 月聘为西南财经大学教授、博士研究生导师，迄今在该校共招收了 37 位博士研究生。

图 2.8　暨南大学广州校区。邱兆祥于 2000 年被聘为该校教授、博士研究生导师，迄今在该校共招收 12 位博士研究生。

图 2.9　邱兆祥参加暨南大学金融系博士研究生学位论文答辩会，右三为邱兆祥。

图 2.10　对外经济贸易大学南门。邱兆祥迄今已在对外经济贸易大学招收博士研究生 15 位，博士后 18 位，硕士研究生 46 位，访问学者 4 位。

图 2.11　对外经济贸易大学金融学院于 2018 年 4 月举行博士后出站报告讨论会，右二为邱兆祥，身后为博士后罗满景（现任中国大地财产保险股份有限公司董事会办公室治理处处长）。

2. 邱兆祥与博士、硕士研究生及博士后和访问学者在一起

图2.12　2010年10月邱兆祥在成都与部分博士研究生合影。从左至右依次为向文华（时任中国人民大学国际关系学院副教授）、史瑞军（时任国家开发银行副处长）、李梅（现任中国银河金融控股有限责任公司董事长）、冯用富（现任西南财经大学证券期货学院院长、教授）、邱兆祥、孙从海（现任西华大学教授）、岳志（时任广发银行深圳分行办公室主任）、傅南平（现任国泰君安股份有限公司业务巡视督导、独立董事）、庞介民（现任恒泰证券股份有限公司董事长）。

图2.13　2018年12月，邱兆祥在广东与部分博士研究生和博士后合影。从右至左依次为周炜（现任国家开发银行广州分行副处长）、贺向明（现任广发银行总行办公室副总经理）、黄志豪（现任广东省佛山市市委常委兼南海区委书记）、邱兆祥、蔡玉（广州证券股份有限公司总裁助理）、陈志毅（现任广东省汕尾市农商银行系统党委副书记）、刘永元（现任国家开发银行深圳分行办公室秘书）。

图 2.14　邱兆祥与冯用富博士（现任西南财经大学证券期货学院院长、教授）、孙从海博士（现为西华大学教授）在一起。

图 2.15　2004 年 3 月邱兆祥在成都与博士研究生孙东升（现任对外经济贸易大学教授）朱怀庆（现任西华大学教授）在一起合影。

图 2.16　邱兆祥与粟勤博士（现任对外经济贸易大学教授）合影。

图 2.17　何丽芬博士（现任对外经济贸易大学教授）在“百度”授课时的留影。

图 2.18 蒋云明博士，现任兴业银行监事会主席。

图 2.19 邱兆祥与黄志豪博士（现任广东省佛山市委常委兼南海区委书记）合影。

图 2.20 朱科敏博士，现任东海证券有限责任公司董事长。

图 2.21 卢永真博士（现任国务院国资委研究中心副主任）在第二届中国企业改革发展论坛上演讲。

图 2.22　邱兆祥与吴晓辉博士（现任河北燕赵保险有限责任公司总经理）一起合影。

图 2.23　生命保险资产管理有限公司韩向荣董事长。

图 2.24　2015 年 8 月邱兆祥到浙江省舟山市考察与时任市委常委副市长的康华平博士后在一起。

图 2.25 邱兆祥 2018 年 8 月到青海省考察时与李炳忠博士（时任青海省金融工作办公室副主任）合影。

图 2.26 邱兆祥与史明坤博士（现任太平洋证券公司副总裁）合影。

图 2.27　王修华博士后（现任湖南大学教授）在对外经济贸易大学校园内留影。王修华博士后在对外经济贸易大学博士后流动站二年学习期间，共发表学术论文 14 篇。

图 2.28　邱兆祥与欧阳青东博士后（现任广西财经学院教授）合影。欧阳青东博士后在对外经济贸易大学博士后流动站学习期间，获得教育部人文社科基金项目和博士后特别资助项目各一项。

图 2.30　2017 年 5 月邱兆祥与徐扬博士、符号亮博士二位访问学者在一起合影。

图 2.29　邱兆祥与刘浩博士后（现任中国人民银行货币金银局处长）合影。刘浩博士后在对外经济贸易大学博士后流动站学习期间，曾与导师合作在《金融研究》等权威刊物上发表多篇学术论文。

图 2.31　邱兆祥与 2017 年度访问学者王朝辉博士合影。

图 2.32 邱兆祥与博士研究生安世友（现任华融资产管理公司综合管理部副处长）合影。安世友在校学习期间共发表学术研究论文 25 篇，于 2013 年评为对外经济贸易大学“十大杰出研究生”，并于 2014 年获得“北京市优秀博士毕业生”称号。

图 2.33 邱兆祥于博士研究生刘冬瑾（现任基石国际融资租赁有限责任公司副总经理）合影。刘冬瑾于 2010 年获得“首届工商银行杯全国大学生银行产品创新设计大赛”一等奖，并于 2013 年获得“北京市优秀博士毕业生”称号。

图 2.34 刘远亮博士（现任华夏银行风险管理部副处长）参加学术论坛活动。刘远亮博士在校学习期间共发表学术研究论文18篇。

图 2.35 张爱武博士（现任太平洋证券公司风险管理部副总经理）在重庆调研时留影。张爱武博士在校学习期间共发表 12 篇学术论文。

图 2.36 刘正硕士在对外经济贸易大学留影。刘正硕士在对外经济贸易大学毕业时曾被评为“北京市优秀硕士毕业生”。

图 2.37 邱兆祥与对外经济贸易大学 2016 级硕士研究生在一起合影。

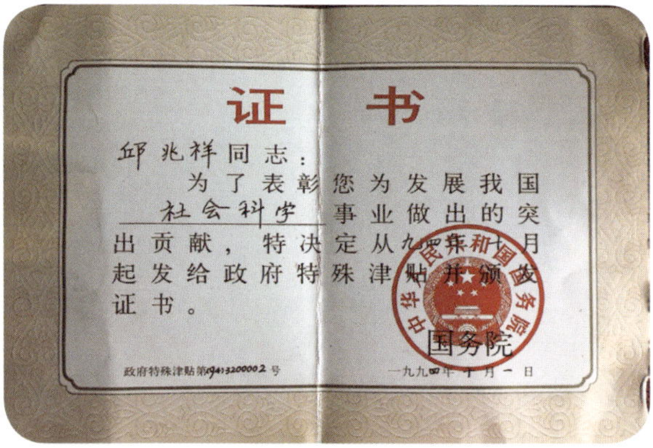

证 书

邱兆祥同志：

为了表彰您为发展我国社会科学事业做出的突出贡献，特决定从九四年十月起发给政府特殊津贴并颁发证书。

国务院

政府特殊津贴第9413200002号　一九九四年十月一日

图 2.38 邱兆祥于 1994 年被批准为享受政府特殊津贴专家。

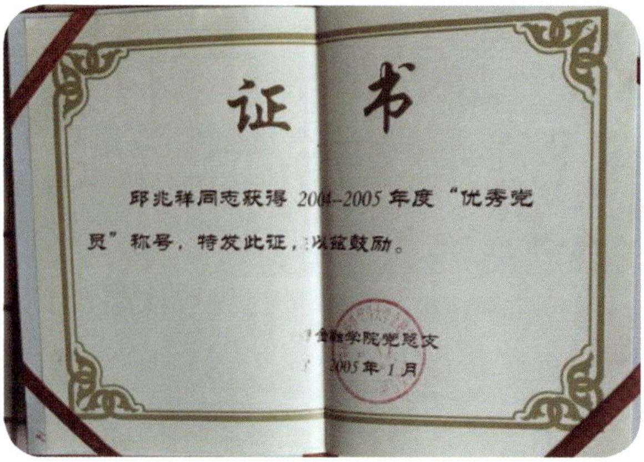

证 书

邱兆祥同志获得 2004–2005 年度“优秀党员”称号，特发此证，以兹鼓励。

金融学院党总支

2005 年 1 月

图 2.39 邱兆祥获得对外经济贸易大学 2004–2005 年度“优秀党员”称号。

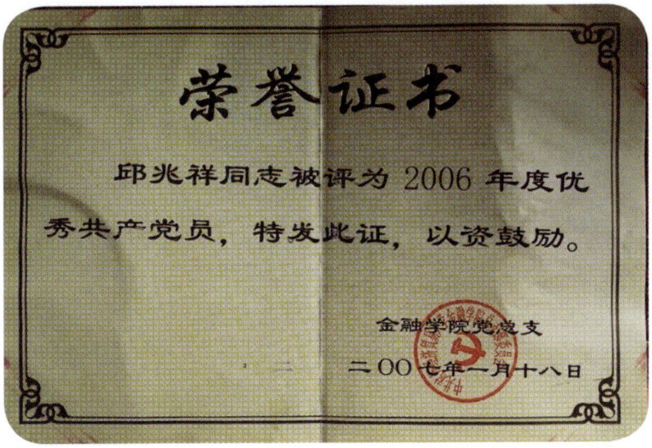

图 2.40　邱兆祥被评为2006年度优秀共产党员。

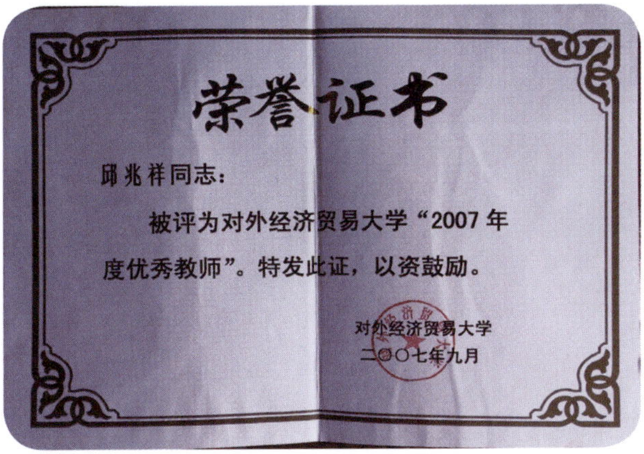

图 2.41　邱兆祥被评为对外经济贸易大学“2007年度优秀教师”。

图 2.42　邱兆祥于2005年被评为金融教育系统先进工作者。

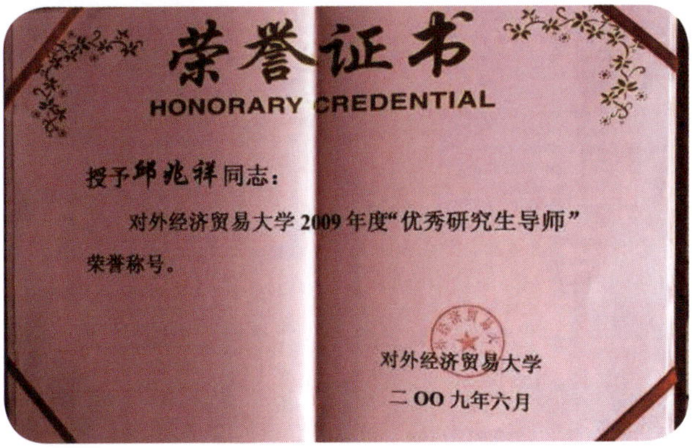

图 2.43　邱兆祥于2009年、2014年和2016年先后三次获得对外经济贸易大学优秀研究生导师称号。

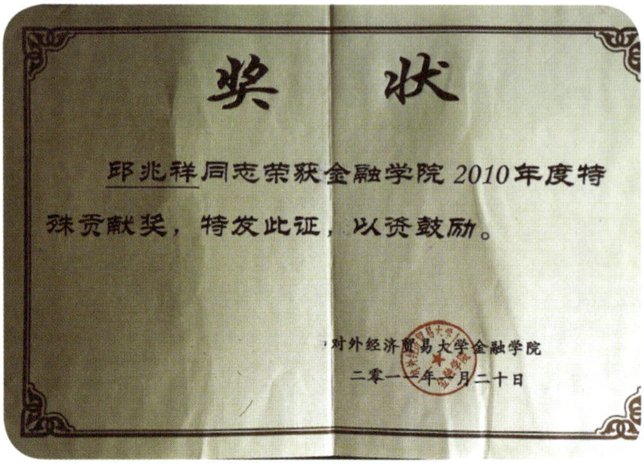

图 2.44 邱兆祥于2010年和2011年先后两次获得对外经济贸易大学金融学院特殊贡献奖。

（三）勤于笔耕，硕果累累，多有建树

出于对所学专业的挚爱和做点学问的理想追求，邱兆祥除担任教职而外，还长期致力于经济金融理论问题的研究，勤于笔耕。邱兆祥自从跨进北京高校的门槛便开始了学术研究的生涯。多年来，邱兆祥笔耕不辍，除在《马克思主义研究》、《经济研究》、《管理世界》、《金融研究》、《经济学动态》、《人民日报》、《光明日报》和《金融时报》等刊物发表400多篇论文外，还在十多家出版社出版著作20余本。其代表作有《马克思的货币、信用和银行理论》、《金融改革理论问题研究》、《人民币区域化问题研究》、《学科建设与人才培养—经济金融学科建设问题研究》、《经济学理论漫笔》和《邱兆祥经济金融理论文选》等。

邱兆祥的学术成果不仅数量多，而且涉及面广泛，既钻研经典，又立足现实；既有对经济金融基本理论问题的探讨，又有对我国当前经济金融热点问题的看法；既有对经济学说史问题的研究，又有对现代经济学发展中的问题发表的见解。从邱兆祥在经济金融学研究领域的学术贡献来看，主要有以下几个方面：

1. 关于马克思的货币理论问题。邱兆祥早年致力于马克思的货币理论问题的研究。历时多年写成的《马克思的货币、信用和银行理论》一书，是国内为数不多的一本全面系统探讨马克思货币理论问题的学术专著。该书内容丰赡，提出了不少新颖独到的见解。该书中的《马克思的

货币理论的形成和发展》一文，根据马克思货币理论的成熟程度，把马克思的货币思想形成的过程划分为三个大的阶段。该文从马克思最初涉猎货币问题的《论犹太人问题》开始，以各个不同时期的主要代表作为线索，对马克思货币思想的萌芽、发展到成熟，按照历史先后依次论述。从论文的分析和考察中，可以大体上看出马克思货币理论形成过程的历史脉络，以及货币理论在马克思主义内容浩瀚的经济学文献中的重要地位。该文对马克思的货币思想形成过程的科学划分和论述，填补了我国学术界在该研究领域的一项空白，是具有创新意义和开拓性的重要贡献。该文独立成篇公开发表后，在经济金融学界获得了很高的评价，曾被多家刊物全文转载并先后获得“首届全国金融优秀论文奖”和“首届院校‘金晨’优秀科研成果奖”。

2. 关于金融中心建设理论问题。针对国内金融学界的学者提出的在中国大陆可以建立多个国际金融中心的观点，邱兆祥于2003年后相继在国内权威媒体《经济日报》和《金融时报》上发表了多篇主张建设一个国际金融中心的研究论文。邱兆祥通过对上海、北京等城市定位的论证，厘清了建设国际金融中心的必备条件，综合分析得出了上海最有资格建设成为国际金融中心的观点，并提出了建设国际金融中心的对策建议。邱兆祥发表的关于国际金融中心建设问题的研究论文，颇受国内经济金融学界的瞩目，曾被众多网站、多种刊物转载和引用，并多次接受《经济日报》等媒体大型采访，还曾应深圳市、北京市及重庆市政府等有关部门的邀请，专门就金融中心建设问题发表演讲，国内报刊及电视台做了大量的报导。

3. 关于我国银行业改革和发展中的理论问题。邱兆祥特别关注我国银行业改革和发展中的理论问题，曾在《金融研究》、《财贸经济》、《经济学动态》和《金融时报》等报刊杂志上发表了50多篇研究论文。邱兆祥于2003年撰写的《发展民营银行应该慎之又慎》一文洋洋近万言，提出了不少独到的见解。邱兆祥在该论文中指出，银行业是一个高风险行业，对国内民间资本全面开放金融市场应该创造条件，努力做好准备工作，在还没有做好设计监管规划和运行机制等准备工作之前，银行业对民间投资的开放必须慎之又慎。该论文公开发表后受到经济金融学界及银行监管部门的重视，经多家媒体全文或部分转载后产生了较大的影响，并使邱兆祥成为经济金融学界主张谨慎发展民营银行的代表人物之一。

4. 关于人民币区域化的理论问题。邱兆祥主持的国家社会科学基金项目《人民币区域化问题研究》（课题组成员均为邱兆祥的博士研究生），运用现代经济学中的有关理论和研究方法，基于人民币跨境流通的现状，在对中国和平崛起的趋势及制约因素等分析的基础上，将人民币区域化问题作为中国经济发展战略的一个重要组成部分，置于东亚货币战争的格局中进行了系统的思考和谋划，并提出了符合中国经济发展实际的人民币区域化发展战略。该项研究成果的分析和结论，对于在如何以最大限度地获取人民币区域化所带来的收益的同时，尽可能地避免人民币区域化可能出现的风险，科学制定人民币区域化的发展战略具有一定的实践参考价值。这项研究成果完成后，曾由全国哲学社会科学规划办公室组织专家进行评审，评审专家在鉴定书中写道："从整体综合而言，这是一部有突破有创新的优秀研究成果"，结项证书鉴定等级为"优秀"。

5. 研究学科建设问题的"专业户"。作为我国经济金融学界年高德劭的学者，邱兆祥多年以来以相当大的精力关注和参与探讨经济金融学科建设问题。邱兆祥相继撰写了《论现代经济科学的发展趋势》、《关于现代金融科学学科建设的思考》、《再谈现代金融科学的学科建设》、《用科学发展观指导金融学科建设》、《从诺贝尔经济学奖评奖看中国经济理论研究》、《论创新是经济学者的基本价值观—兼论"独创"是成就大师级经济学家的必备条件》和《非宁静无以致远—对我国金融理论研究现状的思考》等30多篇研究论文，系国内在该研究领域发表相关论文最多的学者之一。他甚至被同行中的学者称之为研究学科建设问题的"专业户"。邱兆祥于2012年由中国金融出版社出版的《学科建设与人才培养—经济金融学科建设问题研究》一书，就是他在这个领域辛勤耕耘多年的学术结晶。

邱兆祥关于金融学科建设问题的研究论文，主要包括学科的定位、学科的构建和分类、金融学与经济学的关系和金融学的研究方法以及金融教育改革发展中的问题等方面内容。邱兆祥在有关学科建设的论文中提出了很多富于前瞻性和指导性的可行对策。邱兆祥以马克思主义经济学理论为指导，融会吸收国内外在金融学科建设方面的研究成果，对构建具有中国特色的金融学科理论体系进行了有益的探索，做出了突出的贡献。邱兆祥关于金融学科建设方面的研究论文大都发表在时效性高、影响面大的国内权威报纸《人民日报》、《光明日报》、《金融时报》以及《马克思主义研究》、《经济学动态》等刊物上，对我国金融学的学科建设发挥了一定的促进作用。

此外，邱兆祥还在建设金融强国、发展金融教育、金融高管薪酬以及反对学术腐败等方面发表了不少有影响的研究论文。

邱兆祥勤于笔耕，硕果累累，其论著除数量多、涉猎面宽外，还有两个显著的特点：

一是敢于独立思考，不人云亦云。作为一名治学严谨的学者，首先要具有敢于独立思考，大胆探索，不人云亦云的精神。翻阅邱兆祥写作的学术论文，不难看出他就是具有这种学术勇气和探幽索微精神的学者。这里且举二例：

2003年当我国经济金融学界的一些学者把民营银行炒得热火朝天时，邱兆祥却撰文指出银行业是一个高风险的行业，民营企业一般规模较小，资本金较少，抗风险能力较差，民营企业老板又大多缺乏从事金融方面的工作经验，加之存在容易发生给关联企业发放贷款等问题。因此，邱兆祥认为，对国内民间资本全面开放金融市场还应该创造条件，在还没有做好设计监管规则和运行机制等准备工作之前，银行业对民间资本的开放必须慎之又慎。时过多年，从我国银行业监管部门出台的一些政策举措来看，与邱兆祥的观点主张可以说是有不谋而合之处。

这里且再举一例，2003年针对国内金融界的学者提出在中国大陆可以建立多个国际金融中心的观点，邱兆祥旗帜鲜明地提出了建设一个国际金融中心的主张。邱兆祥认为，现代金融产业的发展趋势是集中，金融中心的建设具有排他性，任何一个国家都不可能建立多个具有很大国际影响力的国际金融中心。邱兆祥通过对上海、北京等城市定位的论证，厘清了建设国际金融中心的必备条件，综合分析得出了上海最有资格建设成为国际金融中心的观点，因而成为一个国际金融中心论的代表人物之一。邱兆祥的主张与国家有关部门最终把上海确定为建设国际金融中心的决策也有不谋而合之处。

此外，邱兆祥的学术论文，还有一个很显著的特点，就是书中的不少论文富有文学性。邱兆祥系中国科普作家协会会员，具有一定的文学修养和厚重的文字功底。从他笔下流洒出来的词句，大都很简练、很干净。选入书中的"论创新是经济学者的基本价值观——兼论'独创'是成就大师级经济学家的必备条件"和"论经济学家的人文精神"等多篇学术论文看，不仅文字优美，而且写得大气磅礴，字里行间充溢着一种浩然之气。邱兆祥撰写的"经济学理论漫笔"一书中更是不乏有写得理中有趣，文采斐然，令人读之难忘的文章。

据中国知网统计，截止 2018 年底，近 20 多年来邱兆祥发表的学术论文，被引用高达 2333 次。另外，邱兆祥撰写的学术论文曾被《新华文摘》、《金融与保险》和《中国社会科学文摘》等诸多刊物全文或部分转载，其中仅《金融与保险》一个刊物就曾转载多达 30 余篇。20 世纪 90 年代以来，邱兆祥活跃于我国经济金融学界，对上述诸多理论问题公开发表了不少有价值的独到见解，并且是上述多个研究领域的代表人物之一。

邱兆祥著作颇多，是位在国内经济金融学界有一定知名度的经济金融学专家。《中国经济时报》系国务院发展研究中心主管主办的报纸，该报自 2013 年起大力宣传一批国内有卓越贡献的老一辈经济学家，邱兆祥入选其中。该报曾分别于 2013 年和 2017 年先后二次用一个整版的篇幅对邱兆祥进行了较全面的报道，每篇采访稿都洋洋万言，详细介绍了邱兆祥的学术经历和学术贡献。在 2011 年由中国金融出版社出版的《百年中国金融思想学说史》一书中，邱兆祥因其学术成就和学术影响而作为代表人物之一入选。2018 年 5 月经鸿儒金融教育基金会评奖委员会表决和理事会批准，邱兆祥荣获 2018–2019 年度中国金融学科终身成就奖。

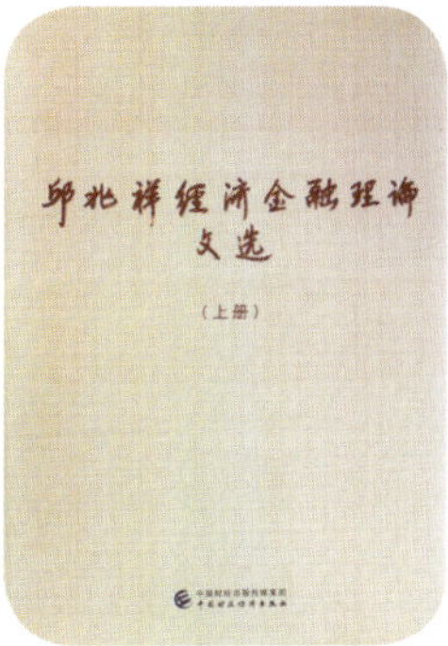

《邱兆祥经济金融理论文选》（上册）

《邱兆祥经济金融理论文选》（中册）

《邱兆祥经济金融理论文选》（下册）

《马克思的货币、信用和银行理论》

《人民币区域化问题研究》

《在学术高地上攀登——金融理论问题探索集》

《经济学理论漫笔》

《金融改革理论问题研究》

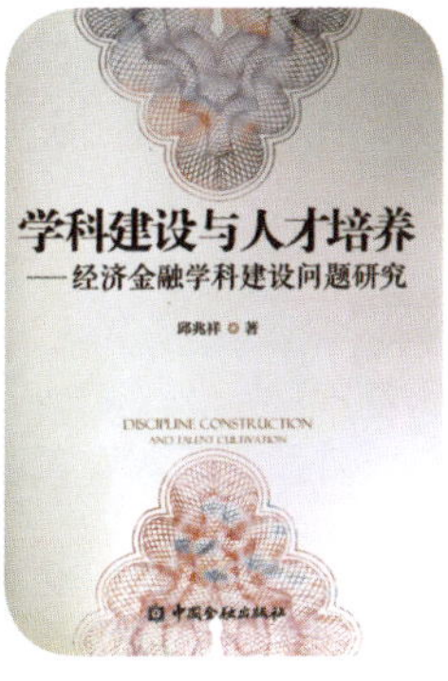

《学科建设与人才培养——经济金融学科建设问题研究》

图3.1　邱兆祥的代表作。

图 3.2 获中国金融学院校庆三周年优秀科研成果一等奖证书。

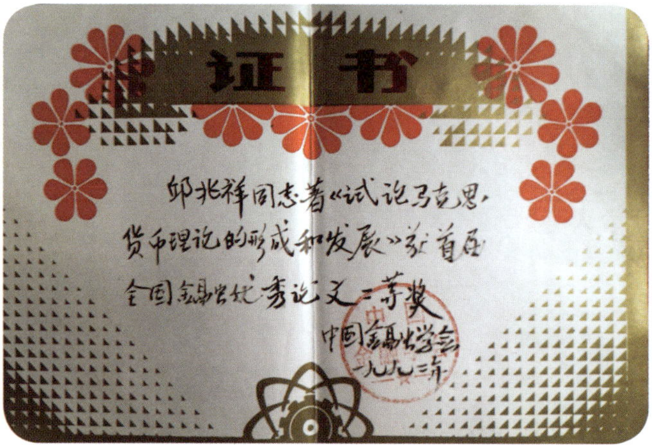

图 3.3 获首届全国金融优秀论文二等奖证书。

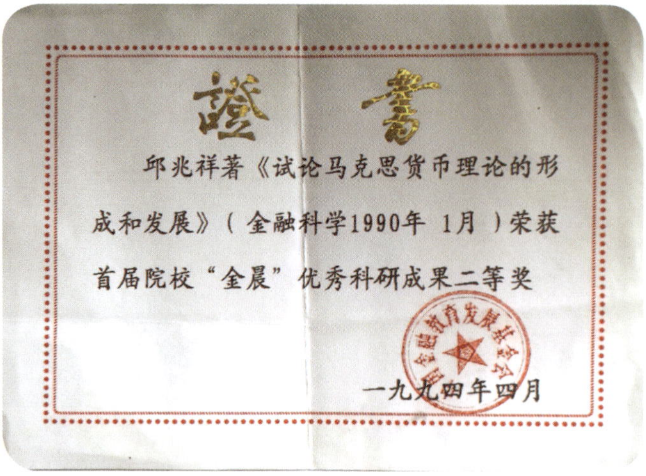

图 3.4 获首届院校“金晨”优秀科研成果二等奖证书。

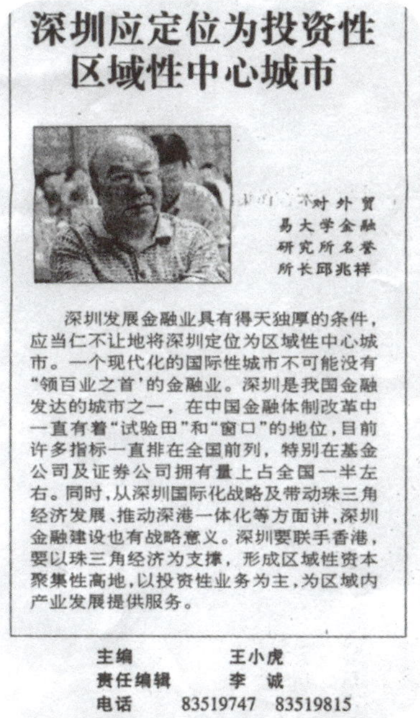

深圳应定位为投资性区域性中心城市

对外贸易大学金融研究所名誉所长邱兆祥

深圳发展金融业具有得天独厚的条件，应当仁不让地将深圳定位为区域性中心城市。一个现代化的国际性城市不可能没有“领百业之首”的金融业。深圳是我国金融发达的城市之一，在中国金融体制改革中一直有着“试验田”和“窗口”的地位，目前许多指标一直排在全国前列，特别在基金公司及证券公司拥有量上占全国一半左右。同时，从深圳国际化战略及带动珠三角经济发展、推动深港一体化等方面讲，深圳金融建设也有战略意义。深圳要联手香港，要以珠三角经济为支撑，形成区域性资本聚集性高地，以投资性业务为主，为区域内产业发展提供服务。

主编 王小虎
责任编辑 李 诚
电话 83519747 83519815

图3.5 2003年9月20日《深圳商报》报道，由国家发展和改革委员会宏观经济研究院与深圳市发展计划局联合举办的“深圳国际化城市战略发展论坛”在深圳召开。邱兆祥应邀参会，并发表以“深圳，正在崛起的区域性金融中心”为题的演讲（载《金融时报》2004年2月16日）。

未来三年，金融街预计投资100亿元

金融街打造“中国华尔街”

金融街

优惠政策助力金融街

——访北京市西城区常务副区长 隋振江

VIP专访

图3.6 2003年9月，邱兆祥应邀参加北京西城区举办的“金融论坛”并发言。图为《北京晨报》于2003年9月24日登载部分专家在该论坛上的发言要点，左一为邱兆祥。

图3.7 2003年11月20日北京市政府有关部门举办“北京经济论坛——优化首都金融环境，大力发展金融产业”专题研讨会，邱兆祥应邀在会上作“国内大城市，谁能戴上金融中心的桂冠”的专题发言（载《金融时报》2004年2月16日）。

经济日报 亚洲企业 2002年3月8日 星期五 15版

金融街：打造首都国际金融中心区

——著名金融专家邱兆祥与金融街控股公司总经理刘世春对话录

本刊记者

顺应潮流：北京的国际化需要有一个金融中心

夯实基础：金融街是国际金融中心的载体

加入世贸：使金融街面临挑战更迎来机遇

图 3.8 邱兆祥与金融街控股公司总经理刘世春就“金融街：打造首都国际金融中心区”问题的对话录，载《经济日报》2002 年 3 月 8 日。

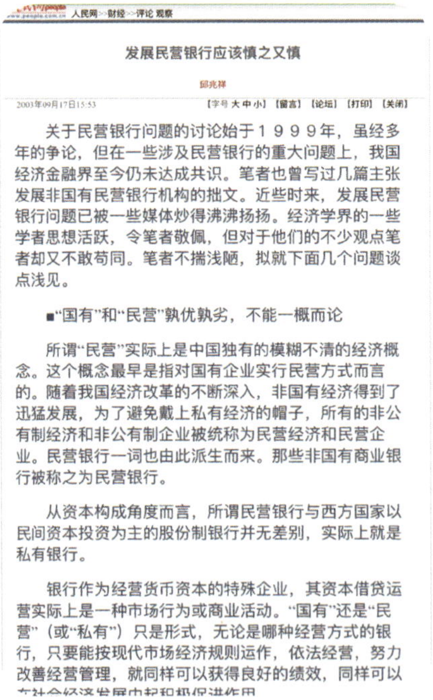
人民网>>财经>>评论 观察

发展民营银行应该慎之又慎

邱兆祥

2003年09月17日15:53 【字号 大 中 小】【留言】【论坛】【打印】【关闭】

关于民营银行问题的讨论始于１９９９年，虽经多年的争论，但在一些涉及民营银行的重大问题上，我国经济金融界至今仍未达成共识。笔者也曾写过几篇主张发展非国有民营银行机构的拙文。近些时来，发展民营银行问题已被一些媒体炒得沸沸扬扬。经济学界的一些学者思想活跃，令笔者敬佩，但对于他们的不少观点笔者却又不敢苟同。笔者不揣浅陋，拟就下面几个问题谈点浅见。

■“国有”和“民营”孰优孰劣，不能一概而论

所谓“民营”实际上是中国独有的模糊不清的经济概念。这个概念最早是指对国有企业实行民营方式而言的。随着我国经济改革的不断深入，非国有经济得到了迅猛发展，为了避免戴上私有经济的帽子，所有的非公有制经济和非公有制企业被统称为民营经济和民营企业。民营银行一词也由此派生而来。那些非国有商业银行被称之为民营银行。

从资本构成角度而言，所谓民营银行与西方国家以民间资本投资为主的股份制银行并无差别，实际上就是私有银行。

银行作为经营货币资本的特殊企业，其资本借贷运营实际上是一种市场行为或商业活动。“国有”还是“民营”（或“私有”）只是形式，无论是哪种经营方式的银行，只要能按现代市场经济规则运作，依法经营，努力改善经营管理，就同样可以获得良好的绩效，同样可以在社会经济发展中起积极促进作用

图 3.9 邱兆祥撰写的洋洋万言的“发展民营银行应该慎之又慎”一文的开头一段文字，载《经济参考报》2003 年 9 月 17 日。

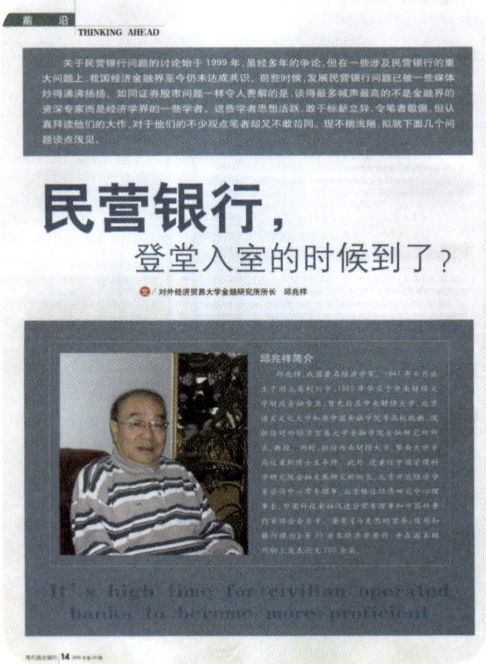
前沿 THINKING AHEAD

关于民营银行问题的讨论始于 1999 年，虽经多年的争论，但在一些涉及民营银行的重大问题上，我国经济金融界至今仍未达成共识。前些时候，发展民营银行问题已被一些媒体炒得沸沸扬扬。如同证券股市问题一样令人费解的是，谈得最多喊声最高的不是金融界的资深专家而是经济学界的一些学者。这些学者思想活跃，敢于标新立异，令笔者敬佩，但认真拜读他们的大作，对于他们的不少观点笔者却又不敢苟同。现不揣浅陋，拟就下面几个问题谈点浅见。

民营银行，登堂入室的时候到了？

文/对外经济贸易大学金融研究所所长 邱兆祥

邱兆祥简介

It's high time for civilian operated banks to become more proficient

图 3.10 邱兆祥撰写的“民营银行登堂入室的时候到了”一文被《现代商业银行》杂志 2003 年第 10 期选为封面文章。

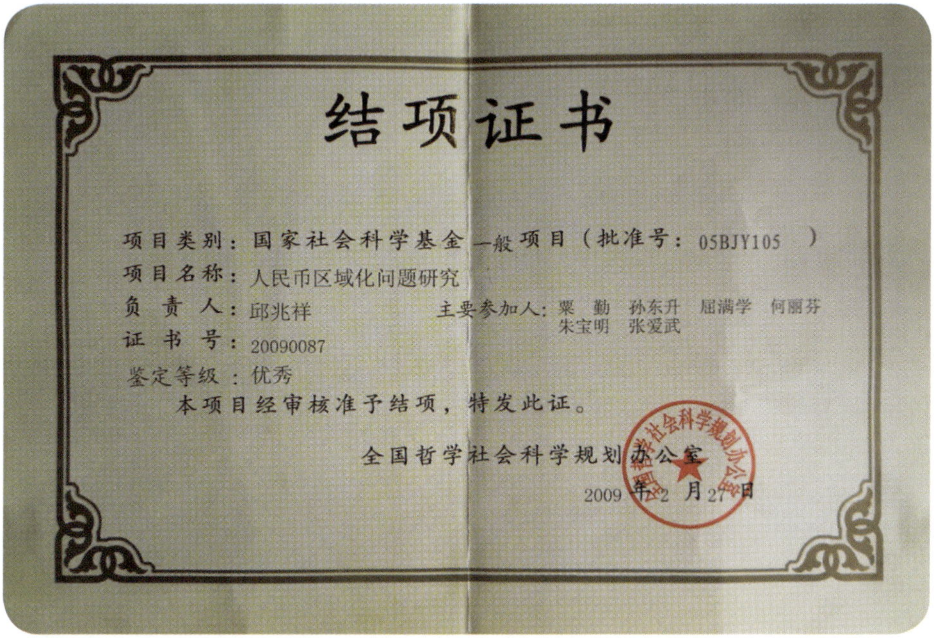

结项证书

项目类别：国家社会科学基金 一般项目（批准号：05BJY105 ）

项目名称：人民币区域化问题研究

负 责 人：邱兆祥　　主要参加人：粟 勤　孙东升　屈满学　何丽芬　朱宝明　张爱武

证 书 号：20090087

鉴定等级：优秀

本项目经审核准予结项，特发此证。

全国哲学社会科学规划办公室

2009 年 2 月 27 日

图 3.11　邱兆祥主持的国家社会科学基金《人民币区域化问题研究》结项证书，鉴定等级为优秀。

光明日报　1996年1月16日　星期二　第六版

加快培养高层次跨世纪金融人才

□邱兆祥

·教育观察·

（作者系中国金融学院教授）

人民网 people.cn　人民网 >> 观点

人民日报大家手笔：大力培育金融风险管理人才

邱兆祥

2018年10月10日04:21　来源：人民网－人民日报

守住不发生系统性金融风险的底线，是关乎金融稳定和经济安全的大事。准确判断金融风险隐患，科学制定应对措施，需要大批金融风险管理人才。只有培育大批具有较强金融风险意识、掌握金融风险管理知识、精通金融风险控制实务的高层次高素质金融风险管理人才，面对金融风险才能做到早识

图 3.12　邱兆祥撰写的《加快培养跨世纪金融人才》一文，载 1996 年 1 月 16 日《光明日报》教育版。

图 3.13　邱兆祥撰写的《大力培育金融风险管理人才》一文，载 2018 年 10 月 10 日《人民日报》“大家手笔”栏目。

【金融讲坛】

建立与大国金融相适应的高等金融教育

邱兆祥

（对外经济贸易大学 金融学院，北京 100029）

摘要：高层次人才缺乏是制约我国金融做强的主要瓶颈。我国在建设金融强国的进程中，必须把金融教育置于更加基础、更加重要的先行地位。要振兴我国的高等金融教育，建立与金融崛起相适应的高等金融教育，我国高校金融专业必须从数量扩张向注重学科建设转变，还要抓好课程体系设置改革和师资队伍建设，并逐步从模仿和跟随向自觉发展转变。

关键词：人才；金融教育；教育理念

文章编号：1003-4625(2010)10-0100-04　中图分类号：F830.3　文献标识码：A

在经济全球化和金融全球化以前所未有的广度和深度发展的当今世界，各国的战略已发生了很大的变化，大国已从争夺自然资源转向争相开发金融资源领域，包括国际货币的发行权、货币资本的配置权、金融衍生品的开发权和资产、资源的定价权在内的全球金融控制权已成为大国博弈的战略制高点，各国都力争能在国际金融新格局中抢占更有利的地位。例如美国早已有所行动。美国著名的国家政治理论家塞缪尔·亨廷顿在《文明的冲突与世界秩序的重建》一书中，明确地把"控制国际银行系统"、"控制硬通货"和"掌握国际资本市场"这三项，列为控制世界的14个战略要点的第一、第二和第五项。又如，日本在1998年时也已把金融列为安全保障七大要点的首位。

我国实体经济的快速发展和全球金融格局的深刻变革，客观上形成了促使我国金融崛起并迈向金融大国的历史机遇。近年来，我国金融的实力扩张迅速，国际地位空前提升。银行业是我国金融的主体，银行业的市值国际排名已达到了前所未有的水平。从国际公认最权威的英国《The Banker》杂志公布的世界大银行排名看，2008年前10家大银行中，我国占据四席，工、建、中、农四大国有银行分别列第1、2、4、8名。前1000家大银行最新排名，我国占据52席。我国的股票市场从无到有，发展迅速。2008年年底，上交所股票市值已位居全球第六，亚太第二。从外汇储备规模看，2009年年底国家外汇储备余额为23992亿美元，雄踞世界第一位。

从以上几个数量型指标来看，毋庸置疑，我国已进入了金融大国的行列。但是，从创新水平、监管能力、国际化程度和市场体系的发育程度以及人才资源等质量型指标来看，我国的金融发展与发达国家相比还处在一个较低的水平。特别是我国金融从业人员的知识技能水平，同发达国家相比仍有较大的差距，缺乏具有战略眼光、熟悉国际金融业务并具有防范金融风险能力的高层次金融人才。

我国高层次金融人才匮乏，致使金融企业整体素质不高和创新能力不强，这既与金融大国的地位不相匹配，也不能适应我国金融业务快速发展和国际竞争的需要。因此，加快培养和造就一大批高层次的金融专业人才迫在眉睫。

学校是知识的生产地、集散地和输出地，高层次金融人才的培养主要靠高等金融院校。我国高等金融教育具有起步晚、起点低的特点。改革开放后，特别是近十多年来，我国高等金融教育呈现出前所未有的快速发展的势头。在"金融热"的驱动下，除众多财经院校一般都设有金融专业外，一些理工、农业、师范甚至外语等院校也不顾条件，追逐热点，纷纷增设金融专业。金融热使得各高校的金融专业如雨后春笋般冒出来。据不完全统计，至1999年时全国高校金融类专业的设点已超过600个。众多高校金融类专业的开办，尽管在一定程度上促进了金融教育和金融学科的发展，但我国高校金融类专业数量多，却普遍存在着师资力量不够强、教学内容、课程体系和教学方法不够新、教学改革滞后等问题。从总体上看，我国高校金融类专业的教学质量和学术水平不够高。

收稿日期：2010-09

作者简介：邱兆祥(1941-)，男，湖北利川人，对外经济贸易大学金融研究所名誉所长，教授，博士生导师；西南财经大学和暨南大学教授，博士生导师；兼任北京开达经济学家咨询中心常务副理事长、中国管理科学研究院金融发展研究所所长等。

金融理论与实践　100　2010年第10期(总第375期)

图3.14　邱兆祥撰写的《建立与中国金融崛起相适应的高等金融教育》一文，载《金融时报》2010年8月30日理论版。

2011年10月27日 星期四　7

学术创新与人才培养

学术随笔

图3.15　邱兆祥撰写的"学术创新与人才培养"一文，载《人民日报》2011年10月27日。

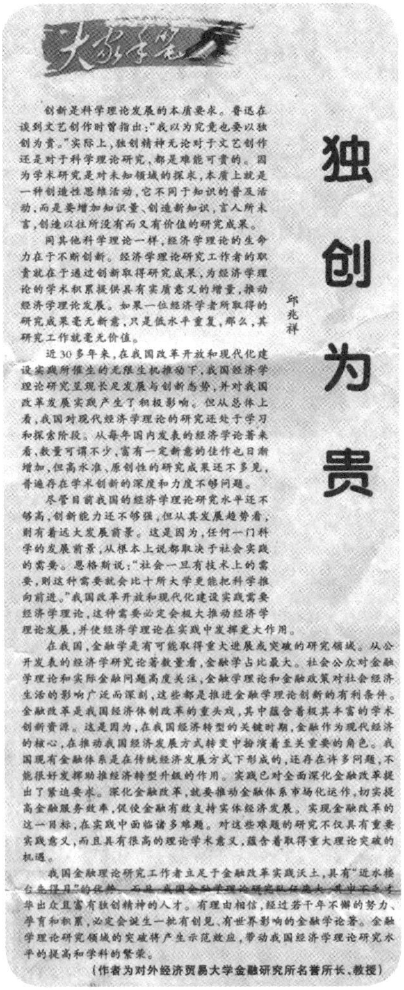

大家手笔

独创为贵

邱兆祥

创新是科学理论发展的本质要求。鲁迅在谈到文艺创作时曾指出："我以为究竟也要以独创为贵。"实际上，独创精神无论对于文艺创作还是对于科学理论研究，都是难能可贵的。因为学术研究是对未知领域的探求，本质上就是一种创造性思维活动，它不同于知识的普及活动，而是要增加知识量、创造新知识，言人所未言，创造以往所没有而又有价值的研究成果。

同其他科学理论一样，经济学理论的生命力在于不断创新。经济学理论研究工作者的职责就在于通过创新取得研究成果，为经济学理论的学术积累提供具有实质意义的增量，推动经济学理论发展。如果一位经济学者所取得的研究成果毫无新意，只是低水平重复，那么，其研究工作就毫无价值。

近30多年来，在我国改革开放和现代化建设实践所催生的无限生机推动下，我国经济学理论研究呈现长足发展与创新态势，并对我国改革发展实践产生了积极影响。但从总体上看，我国对现代经济学理论的研究还处于学习和探索阶段。从每年国内发表的经济学论著来看，数量可谓不少，富有一定新意的佳作也日渐增加，但高水准、原创性的研究成果还不多见，普遍存在学术创新的深度和力度不够问题。

尽管目前我国的经济学理论研究水平还不够高，创新能力还不够强，但从其发展趋势看，则有着远大发展前景。这是因为，任何一门科学的发展前景，从根本上说都取决于社会实践的需要。恩格斯说："社会一旦有技术上的需要，则这种需要就会比十所大学更能把科学推向前进。"我国改革开放和现代化建设实践需要经济学理论，这种需要必定会极大推动经济学理论发展，并使经济学理论在实践中发挥更大作用。

在我国，金融学是有可能取得重大进展或突破的研究领域。从公开发表的经济学研究论著数量看，金融学占比最大。社会公众对金融学理论和实际金融问题高度关注，金融学理论和金融政策对社会经济生活的影响广泛而深刻，这些都是推进金融学理论创新的有利条件。金融改革是我国经济体制改革的重头戏，其中蕴含着极其丰富的学术创新资源。这是因为，在我国经济转型的关键时期，金融作为现代经济的核心，在推动我国经济发展方式转变中扮演着至关重要的角色。我国现有金融体系是在传统经济发展方式下形成的，还存在许多问题，不能很好发挥助推经济转型升级的作用。实践已对全面深化金融改革提出了紧迫要求。深化金融改革，就要推动金融体系市场化运作，切实提高金融服务效率，促使金融有效支持实体经济发展。实现金融改革的这一目标，在实践中面临诸多难题。对这些难题的研究不仅具有重要实践意义，而且具有很高的理论学术意义，蕴含着取得重大理论突破的机遇。

我国金融理论研究工作者立足于金融改革实践沃土，具有"近水楼台先得月"的优势。不且，我国金融学理论研究队伍庞大，其中不乏才华出众且富有独创精神的人才。有理由相信，经过若干年不懈的努力、孕育和积累，必定会诞生一批有创见、有世界影响的金融学论著。金融学理论研究领域的突破将产生示范效应，带动我国经济学理论研究水平的提高和学科的繁荣。

（作者为对外经济贸易大学金融研究所名誉所长、教授）

图3.16　邱兆祥撰写的《独创为贵》一文，载《人民日报》2015年12月6日的理论版"大家手笔"栏目。

博士论文应该什么样

——以经济学博士论文写作为例

邱兆祥

头条关注

博士论文的写作，实际上是攻读博士学位课程的深入，是一种更高层次的学术训练。在高校经受专门学术训练的莘莘学子们，往往借助学位论文凝聚并展示其多年孜孜求学付出的心血。博士学位论文的学术水平总体而言是比较高的，它们构成了一国学术成果的重要部分。

北京大学一位教授在谈及博士论文写作时，曾把博士学位论文比之为一个标竿。博士论文对写作者而言，真好像是一个标竿，倘若跳不过或勉强过关，只能说明写作者的学问还没有做好，功夫不够扎实，还没有资格戴上博士帽。经济学博士学位论文也是如此，合格的博士学位论文，可以说是写作者跨过标竿，进入了经济学学术殿堂。

笔者不揣浅陋，拟在已有研究成果的基础上，结合经济学专业，对博士论文写作中的几个有关问题谈点认识体会。

论文选题：重要的起点

博士论文同写作别类文章不一样，首先要选择好适合于作为博士论文的题目。在许多博士生导师来看，论文选题是"重要的起点"，博士生们在确定选题时应特别注意：

首先，论文选题值得做。所谓"值得做"，即指有理论价值，下功夫研究有可能在理论和方法上有所创新，甚至还有可能对本学科的发展有所贡献。由于经济学是门应用性很强的科学，因此选题还必须考虑研究此问题有无实践意义。惟有既具有较高的理论价值又具有较强的实践意义，才是值得做的课题。

论文选题我能做，能写好。确定这个选题能否充分利用自己的知识积累，能否最大限度地发挥自己的长处，这也是必须考虑的问题。如果随意抓一个热门的课题，即使这个课题有较高的理论价值，也不一定能写好。这是因为该选题同自己的长期的知识积累、兴趣以及长处相脱节，不能发挥比较优势，写作起来不免吃力，甚至有可能难以完成。

选题不宜过小或过大，而应当是小题大做，即所谓"小题目，大文章"。"小题目，大文章"不仅有利于充分发挥，做深做透，还宜于控制，使研究成果比较坚实。好的选题，题目看似虽小，但深度和厚度却较大。做学术论文，研究要单刀直入，切忌贪大求全，四面开花。

选取前人没有研究和涉猎过的课题。从新的角度选题，使选择的课题和论文题目具有开拓性、独创性和新颖性。只有这样，才能做出有深度有新意的研究成果。

尽量选择对自己有长久研究价值的选题。博士论文毕竟是阶段性的研究成果，这个成果虽然很重要，但不一定都能作为自己今后开展研究工作的出发点。从长计议，应当尽量选择围绕此问题，能长久做下去，作为自己写作博士生学位论文的选题。

规范引用学术文献

学术论文，特别是博士论文的写作，是学术规范训练的第一步，是一个"规范"而得出的成果。所谓学术文献引用的规范，首先是指要重视注明引文的出处，这是学者著述中应当遵循的基本规则。学术是一代又一代积累沉淀下来的。因此，任何论文的观点和论据不可能全部都是自己的，部分甚至某些重要观点或论据是引用别人的，这是允许的。但是，引用了别人的思想观点或论据，必须注明，注释不能含糊。这一方面体现出对他人成果的尊重，另一方面也便于评阅人和读者了解论文材料及观点或论据的来源。

学术研究虽然总是在吸收前人已有成果的基础上层楼更上的，但学术引用也应有个度，不能不加节制的过度引用，这也是学术规范的一个基本要求。一篇10万字左右的博士论文，如果参考文献太多，大量引用别人的成果，那么还会有多少观点和内容是属于你自己的呢？在时下的大学校园里，抄袭和剽窃是表现最为突出的学术腐败现象。抄袭他人之作几乎已成了一些大学研究生的公开秘密。写作博士论文难免会有学术文献的引用，但必须把握好度，这个最基本的限度，就是读起来能让人觉得论文确实是你花功夫辛辛苦苦写出来的，而不是从前人或当代学人那里抄袭而来的。

恰当使用数学工具

多年来，经济学在中国被归类为文科，加之许多年岁较大的经济理论工作者不熟悉现代数学知识，因此，经济理论研究普遍存在缺乏定量分析的现象。近些年来，在中国经济学界相当的人中又出现了过度滥用数学的另一个倾向，经济学几乎成了数学的分支。在高等经济类院校的研究工作中数学化包装越来越明显。有的博士研究生刻意追求数学化，不论是懂或不懂，需要或不需要，都硬要在写作的论文中加进一些数学公式和数学模型；有的博士研究生还喜欢故弄玄虚，本来可以用几句浅显易懂文字表述的结论，却用许多人看不明白的数字、公式进行推导，搞"数学游戏"。

经济学运用数学分析虽然是必要的，但是经济学理论研究不能单靠数学工具，数学只是经济学理论研究工具箱中的一个重要工具，它只是为理论生动直观地或需要定量的表达，提供了可能的方式。经济学是对大量社会经济现象加以分析和科学抽象才能得出结论的学科。

高等经济类院校的博士研究生在从事研究工作或写作博士学位论文时，既要重视运用数量分析工具，注意克服以往忽视运用数学的缺陷，适当增加经济数量的成分，但同时又必须特别重视克服近年来在一些人中出现的滥用数学和搞"数学游戏"的错误倾向。

树立良好的学风和文风

对任何一个做学问的人来说，良好的学风和文风都是非常重要的。高等学府的博士研究生做学问事，首先要做学问人，理应树立良好的学风和文风。

首先，要唯实求是，端正学风。博士是最高学位。博士研究生作为高层次人才，任何时候都应珍视自己的学术声誉，不能为达到某种目的而违背学术道德。对于自己所从事的研究工作，尤其是在对自己关系很大的博士学位论文写作过程中，无论是提出问题，运用数据资料，还是推导结论，都要有一种老老实实的态度。

第二，不仅要端正学风，而且要有良好的文风。在时下的青年学子中流行着一种不良的文风：写文著述晦涩难懂，夹缠梗阻，噎塞不通，句义不明，文义模糊，让人昏昏然不知所谓。现在的高等经济类院校里，有的博士研究生写的东西，不仅别人十分费解，弄不明白，不堪卒读，甚至连自己也说不清楚有些图表和名词术语的确切含义。

古人云："言而无文，行之不远"。其意是说，语句没有文采，就不可能有鲜活而持久的生命力。博士论文的写作者应努力以平易通俗的文字、平实亲切的笔触，可触可感的事例，简洁明快的数字以及形象生动的图表阐述自己的理论观点。不仅应当理论性强、立论扎实，言之有理，而且还应当争取做到行文流畅，逻辑谨严，语句生动，言之有趣。这对博士生来说，虽然是一个更高的要求，然而却是一个经过刻苦努力后能够达到的目标。

注重积累，打牢功底

厚实的学术底蕴是写好博士论文不可或缺的条件。打牢学术功底，这对每一个博士研究生来说，至关重要。博士研究生能否取得高水平的学术研究成果，在很大程度上取决于博士研究生自身的学识和素质的高低。因此，博士论文的写作者必须注重积累，努力提高自身的学术修养。

学习是一种艰苦的脑力劳动。一百多年前，苏格兰人托马斯·卡拉利曾把经济学称之为"沉闷的科学"，这句话如今已成了广为人知的名言。有些经济学论著读起来确实让人十分费劲，不易弄懂。马克思在《资本论》里曾引用19世纪英国国会议员格莱斯顿的话说："受恋爱愚弄的人，甚至还没有因钻研货币而受愚弄的人多。"经济学是门高深的学问，要真正学好和掌握它，非下大的功夫不可。

现代经济学是最受社会公众注目的学科，它在社会科学领域里独占鳌头，其论著浩如烟海，而经济学研究者一生的精力和时间却是有限的，纵然苦读不懈，也不可能都涉猎。因此，作为博士研究生应当在广泛学习经济学及其他现代各种知识的同时，要把与自己专业方向有关的课程重点学好，把自己的专业方向作为深钻的对象，并花功夫去精通它，争取做到学有专长，真正成为学有所成的专家。

（作者系对外经济贸易大学教授）

图3.17　邱兆祥撰写的《博士论文应该什么样》一文，载《光明日报》2006年2月15日。

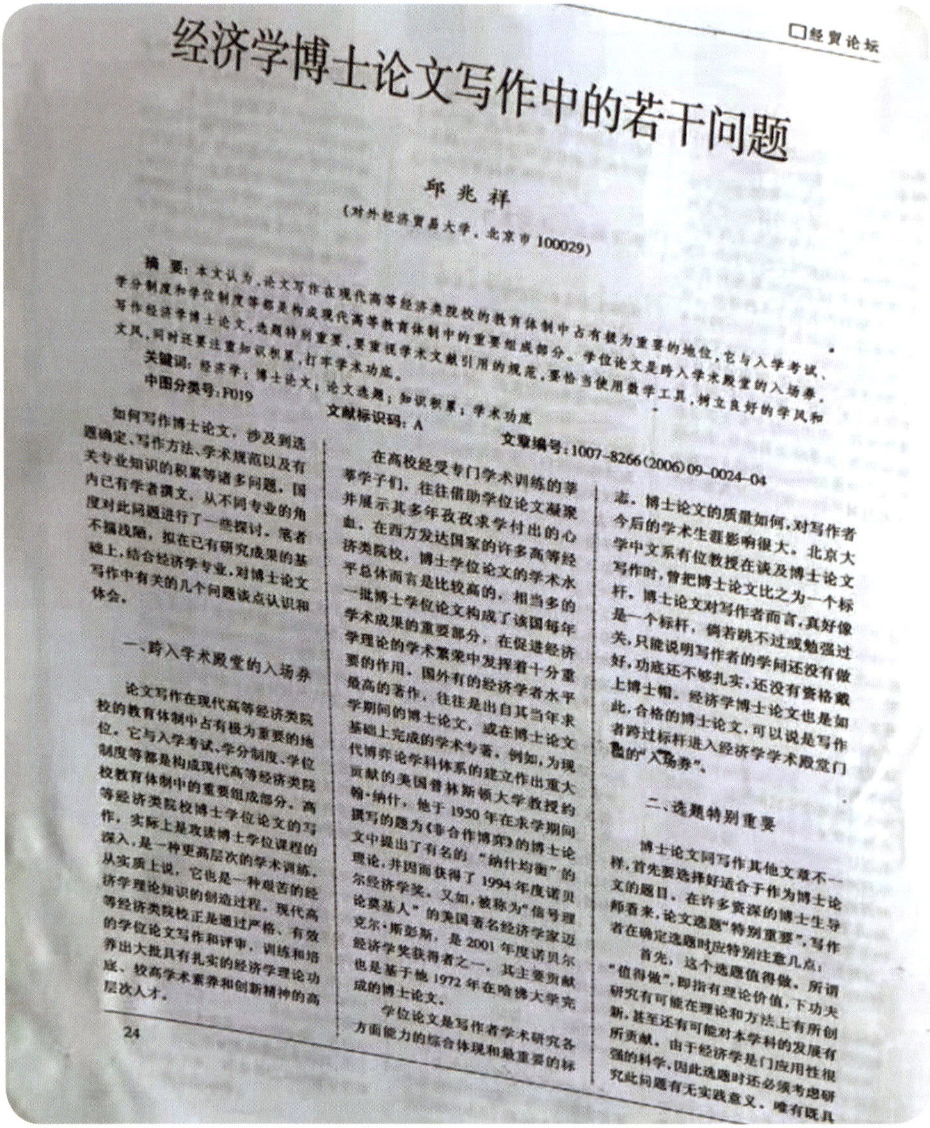

经济学博士论文写作中的若干问题

邱兆祥
（对外经济贸易大学，北京市 100029）

摘　要：本文认为，论文写作在现代高等经济类院校的教育体制中占有极为重要的地位，它与入学考试、学分制度和学位制度等都是构成现代高等教育体制中的重要组成部分。学位论文是跨入学术殿堂的入场券。写作经济学博士论文，选题特别重要，要重视学术文献引用的规范，要恰当使用数学工具，树立良好的学风和文风，同时还要注重知识积累，打牢学术功底。

关键词：经济学；博士论文；论文选题；知识积累；学术功底
中图分类号：F019　**文献标识码**：A　**文章编号**：1007-8266(2006)09-0024-04

如何写作博士论文，涉及到选题确定、写作方法、学术规范以及有关专业知识的积累等诸多问题。国内已有学者撰文，从不同专业的角度对此问题进行了一些探讨。笔者不揣浅陋，拟在已有研究成果的基础上，结合经济学专业，对博士论文写作中有关的几个问题谈点认识和体会。

一、跨入学术殿堂的入场券

论文写作在现代高等经济类院校的教育体制中占有极为重要的地位。它与入学考试、学分制度、学位制度等都是构成现代高等经济类院校教育体制中的重要组成部分。高等经济类院校博士学位论文的写作，实际上是攻读博士学位课程的深入，是一种更高层次的学术训练。从实质上说，它也是一种艰苦的经济学理论知识的创造过程。现代高等经济类院校正是通过严格、有效的学位论文写作和评审，训练和培养出大批具有扎实的经济学理论功底、较高学术素养和创新精神的高层次人才。

在高校经受专门学术训练的莘莘学子们，往往借助学位论文凝聚并展示其多年孜孜求学付出的心血。在西方发达国家的许多高等经济类院校，博士学位论文的学术水平总体而言是比较高的，相当多的一批博士学位论文构成了该国每年学术成果的重要部分，在促进经济学理论的学术繁荣中发挥着十分重要的作用。国外有的经济学者水平最高的著作，往往是出自其当年求学期间的博士论文，或在博士论文基础上完成的学术专著。例如，为现代博弈论学科体系的建立作出重大贡献的美国普林斯顿大学教授约翰·纳什，他于 1950 年在求学期间撰写的题为《非合作博弈》的博士论文中提出了有名的“纳什均衡”的理论，并因而获得了 1994 年度诺贝尔经济学奖。又如，被称为“信号理论奠基人”的美国著名经济学家迈克尔·斯彭斯，是 2001 年度诺贝尔经济学奖获得者之一，其主要贡献也是基于他 1972 年在哈佛大学完成的博士论文。

学位论文是写作者学术研究各方面能力的综合体现和最重要的标志。博士论文的质量如何，对写作者今后的学术生涯影响很大。北京大学中文系有位教授在谈及博士论文写作时，曾把博士论文比之为一个标杆。博士论文对写作者而言，真好像是一个标杆，倘若跳不过或勉强过关，只能说明写作者的学问还没有做好，功底还不够扎实，还没有资格戴上博士帽。经济学博士论文也是如此，合格的博士论文，可以说是写作者跨过标杆进入经济学学术殿堂门槛的“入场券”。

二、选题特别重要

博士论文同写作其他文章不一样，首先要选择好适合于作为博士论文的题目。在许多资深的博士生导师看来，论文选题“特别重要”，写作者在确定选题时应特别注意几点：

首先，这个选题值得做。所谓“值得做”，即指有理论价值，下功夫研究有可能在理论和方法上有所创新，甚至还有可能对本学科的发展有所贡献。由于经济学是门应用性很强的科学，因此选题时还必须考虑研究此问题有无实践意义。唯有既具

图 3.18　邱兆祥撰写的“经济学博士论文写作中的若干问题”一文开头的一段文字，载《中国流通经济》杂志 2006 年第 9 期。

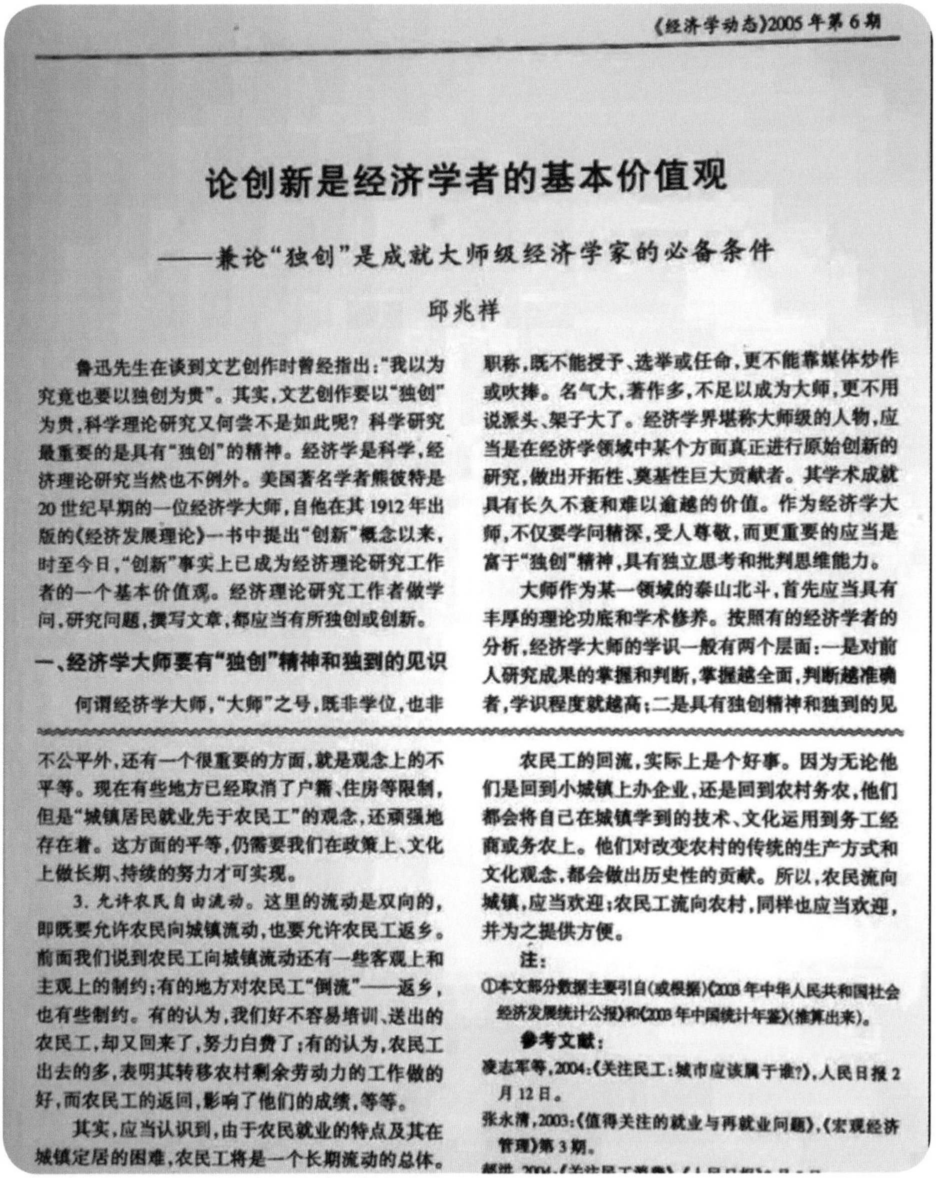

《经济学动态》2005 年第 6 期

论创新是经济学者的基本价值观

——兼论“独创”是成就大师级经济学家的必备条件

邱兆祥

鲁迅先生在谈到文艺创作时曾经指出：“我以为究竟也要以独创为贵”。其实，文艺创作要以“独创”为贵，科学理论研究又何尝不是如此呢？科学研究最重要的是具有“独创”的精神。经济学是科学，经济理论研究当然也不例外。美国著名学者熊彼特是20 世纪早期的一位经济学大师，自他在其 1912 年出版的《经济发展理论》一书中提出“创新”概念以来，时至今日，“创新”事实上已成为经济理论研究工作者的一个基本价值观。经济理论研究工作者做学问，研究问题，撰写文章，都应当有所独创或创新。

一、经济学大师要有“独创”精神和独到的见识

何谓经济学大师，“大师”之号，既非学位，也非职称，既不能授予、选举或任命，更不能靠媒体炒作或吹捧。名气大，著作多，不足以成为大师，更不用说派头、架子大了。经济学界堪称大师级的人物，应当是在经济学领域中某个方面真正进行原始创新的研究，做出开拓性、奠基性巨大贡献者。其学术成就具有长久不衰和难以逾越的价值。作为经济学大师，不仅要学问精深，受人尊敬，而更重要的应当是富于“独创”精神，具有独立思考和批判思维能力。

大师作为某一领域的泰山北斗，首先应当具有丰厚的理论功底和学术修养。按照有的经济学者的分析，经济学大师的学识一般有两个层面：一是对前人研究成果的掌握和判断，掌握越全面，判断越准确者，学识程度就越高；二是具有独创精神和独到的见

不公平外，还有一个很重要的方面，就是观念上的不平等。现在有些地方已经取消了户籍、住房等限制，但是“城镇居民就业先于农民工”的观念，还顽强地存在着。这方面的平等，仍需要我们在政策上、文化上做长期、持续的努力才可实现。

3. *允许农民自由流动*。这里的流动是双向的，即既要允许农民向城镇流动，也要允许农民工返乡。前面我们说到农民工向城镇流动还有一些客观上和主观上的制约；有的地方对农民工“倒流”——返乡，也有些制约。有的认为，我们好不容易培训、送出的农民工，却又回来了，努力白费了；有的认为，农民工出去的多，表明其转移农村剩余劳动力的工作做的好，而农民工的返回，影响了他们的成绩，等等。

其实，应当认识到，由于农民就业的特点及其在城镇定居的困难，农民工将是一个长期流动的总体。农民工的回流，实际上是个好事。因为无论他们是回到小城镇上办企业，还是回到农村务农，他们都会将自己在城镇学到的技术、文化运用到务工经商或务农上。他们对改变农村的传统的生产方式和文化观念，都会做出历史性的贡献。所以，农民流向城镇，应当欢迎；农民工流向农村，同样也应当欢迎，并为之提供方便。

注：

①本文部分数据主要引自(或根据)《2003 年中华人民共和国社会经济发展统计公报》和《2003 年中国统计年鉴》(推算出来)。

参考文献：

凌志军等，2004：《关注民工：城市应该属于谁?》，人民日报 2 月 12 日。

张永清，2003：《值得关注的就业与再就业问题》，《宏观经济管理》第 3 期。

图 3.19　邱兆祥撰写的“论创新是经济学者的基本价值观——兼论‘独创’是成就大师级经济学家的必备条件”一文开头的一段文字，载《经济学动态》2005 年第 6 期。

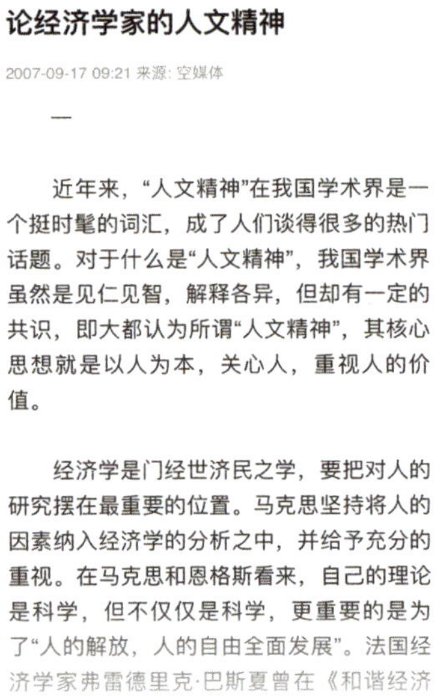

论经济学家的人文精神

2007-09-17 09:21 来源: 空媒体

一

近年来，“人文精神”在我国学术界是一个挺时髦的词汇，成了人们谈得很多的热门话题。对于什么是“人文精神”，我国学术界虽然是见仁见智，解释各异，但却有一定的共识，即大都认为所谓“人文精神”，其核心思想就是以人为本，关心人，重视人的价值。

经济学是门经世济民之学，要把对人的研究摆在最重要的位置。马克思坚持将人的因素纳入经济学的分析之中，并给予充分的重视。在马克思和恩格斯看来，自己的理论是科学，但不仅仅是科学，更重要的是为了“人的解放，人的自由全面发展”。法国经济学家弗雷德里克·巴斯夏曾在《和谐经济

图 3.20　邱兆祥撰写的“论经济学家的人文精神”一文开头的一段文字，载《中国经济时报》2007 年 9 月 17-18 日。

点击这里输入关键词...　搜索文章

首页 | 期刊大全 | 论文选题 | 论文检测 | 在线出版 | 优先出版 | 维普官方天猫店

您的位置：网站首页 > 《中文科技期刊数据库》 > 人文社科 > 财经 > 银行金融 > 摘要

提高我国银行业国际竞争力的思考——兼论我国银行业必须牢固树立科学的发展观

《经济学动态》2004年 第8期 | 邱兆祥　对外经济贸易大学金融学院

下载全文　　购物车 | ★ 收藏 | 分享

论文服务： 论文检测　论文选题

摘　要： 加入WTO后，银行业是我国重点开放的行业。随着2006年底向外国银行业全面开放的承诺日渐迫近，面对来自国外的大银行，特别是美欧日银行业的日趋激烈的强大竞争，如何提升我国银行业的国际竞争力，已成为摆在我国银行业面前的首要课题。笔者认为，我国银行机构与国外大银行相比，最重要

【分　类】 【经济】 > 财政、金融 > 金融、银行 > 中国金融、银行

【关键词】 银行业 中国 国际竞争力 科学发展观 金融体制 对外开放 银行体系 金融创新 不良资产

【出　处】 《经济学动态》2004年 第8期 45-47页　共3页

【收　录】 中文科技期刊数据库

图 3.21　邱兆祥撰写的“提高我国银行业国际竞争力的思考——兼论我国银行业必须牢固树立科学的发展观”一文，在《经济学动态》（2004 年第 4 期）刊登后，被《金融与保险》（2004 年第 11 期）全文复印。迄止 2018 年底，邱兆祥发表的学术论文被《金融与保险》复印多达 30 篇。

约方可以实行十项政策性措施。保障措施是指在双边或多边协议中约定，准许缔约方在特定情况下撤销或停止履行约定义务，以保障某种更重要的利益。保障措施条款是国际投资或贸易协议中最常用的条款之一。以负面清单形式保留的不符措施是指东道国对外资采取的协定规定的国民待遇、最惠国待遇以及其他义务的例外措施，这些例外措施按照规定格式列表，构成协定的一部分。不符措施是双边投资规则中最重要的保留形式。常见的不符措施主要包括国家安全审查、关键基础设施保护以及东道国特殊的环境及劳工保护政策等。在已经承诺给予准入前国民待遇的有关条约与协定中可以看出，上述三类保留措施具有审查标准模糊不清、审查程序透明度偏低且不可诉两个特点。这使东道国即使承诺实施准入前国民待遇，仍然具有相当大的自由裁量权。

考虑到中国现阶段的国情与引进外资的实际，仍需要加强对外资的监管。因此，充分利用准入前国民待遇与负面清单的国际投资规则，是中国新一轮外商投资体制改革的重要内容。首先，实行准入前国民待遇加负面清单，是中国政府对世界的庄严承诺。负面清单模式意味着缔约国在实施相关政策措施时就会受到保持现状与保持透明等约束，也意味着“法无禁止皆可行”。因此，如果在制定负面清单过程中一旦出现漏洞，就会造成对国家信誉的严重损伤，中国融入全球化的平台就会遇到诚信壁垒。其次，负面清单一经建立，将按照内外资一致的原则，把项目的核准制改为备案制，就意味着中国已施行35年之久的审批投资管理体制将面临终结，也意味着从注重事前审批转为事中事后监管。这就需要在实行负面清单管理的同时，将监管的“关口”后移，注重过程监管，提高监管效率。第三，负面清单管理本身蕴藏着远比正面清单更大的风险，倒逼监管层提高识别和应对风险的能力。因此，建立既符合国际规则又兼顾基本国情的负面清单，切实加强对外资准入的监管体系建设，就成为探索准入前国民待遇加负面清单管理模式中的一个关键环节。在这方面，可以考虑先实行有限的准入前国民待遇；在保留措施方面学习和借鉴现已签订的双边投资条约与自贸区协定的特点；对现有产业对外资的开放进行分类，采取分阶段、逐步开放的方式等。

（三）坚持渐进式的方式对外资实行准入前国民待遇加负面清单的管理

由准入后国民待遇、《外商投资产业指导目录》中的正面清单和对外资实行有限核准与普遍备案相结合转向实施准入前国民待遇加负面清单，对于中国的外商投资管理体制改革具有里程碑意义，是中国主动顺应国际投资规则的一次重大改革探索，也是一场意义不亚于中国加入WTO的重大改革实践。在这一探索过程中，我们认为，应立足基本国情，在借鉴国际经验对外资实行较为严格的准入管理的基础上，坚持渐进式的改革方式。这是因为：第一，在负面清单的制定过程中，由于不可能一次就涵盖所有危及中国国家利益的投资行为，也不能完全预测经济领域将要发生的重大技术变革，因此，切实防范外资准入风险，维护中国的产业安全与经济安全，是负面清单制定环节需要考虑的首要问题；第二，有限核准与普遍备案相结合的管理方式意味着现行的“三资企业法”需要进一步修改，国家发展改革委、商务部、工商总局等部门的职能需要进一步调整和重新定位；第三，中国的市场化改革并不意味着把市场对外资一步到位地全面放开，而应采取分步走、逐步放开的渐进策略。因此，本文认为，渐进改革方式是中国在探索对外资实行准入前国民待遇加负面清单管理模式的过程中所应始终坚持和努力的方向。✿

【作者单位：东北财经大学】

（摘自《宏观经济研究》2014年第12期，原题为《基于准入前国民待遇加负面清单管理的中国外资准入制度改革研究》，原文约12000字）

我国构建存款保险制度的逆向选择问题研究

邱兆祥　王丝雨　安世友

建立存款保险制度是我国金融改革的重要环节。存款保险制度是推进金融体制改革，建立银行业市场化的准入和退出机制，促进市场竞争和新陈代谢的重要举措。存款保险制度的推行虽然有很多问题需要注意，有很多困难需要克服。但存款保险制度建立之初，首先要考虑的问题应该是，该项制度是否能被我国当前的银行业市场普遍接受，或者说如何使银行业市场能够接受存款保险。因此，笔者认为，在我国当前的经济金融市场环境下，逆向选择是构建存款保险制度的一个重要问题。笔者拟就此问题作一些分析和探讨。

一、我国构建存款保险制度的逆向选择问题的产生

逆向选择与道德风险的分界点是合约的签订。金融发达国家的存款保险制度更多的是道德风险问题。一旦签订了存款保险合约后，一方面，存款人会认为自身利益得到了很好的保障，而疏忽了对银行的监督；另一方面，商业银行会存在

图3.22　邱兆祥与二位博士研究生合写的“我国构建存款保险制度的逆向选择问题研究”一文开头的一段文字，该文在《教学与研究》（2014年11期）登出后，被《新华文摘》（2015年5期）全文转载。

2012/07 中国社会科学文摘

金融危机下OECD国家企业年金的调整

《理论探索》2012年2期，11000字

■ 邱兆祥 单美姣

经济学

2008年次贷危机对经济合作与发展组织(OECD)各国的企业年金计划造成了巨大的冲击和影响，根据初步测算，危机使这些国家私人年金资产总价值损失了近23%，约合5.4万亿美元，受损最严重的是美国、英国、澳大利亚、丹麦、荷兰等年金计划在三支柱养老保障体系中发挥主要作用的一些国家。危机对经济的重创使各国养老金计划很难在短期内恢复到危机前的水平，并且养老金资产面临着不断被挪用的风险，如被政府用来进行银行资产重组和基础设施建设。所以，当下各国政府对养老问题的关注，除人口老龄化之外，又增加了一项新的研究课题：企业年金监管措施的调整与变革。

与基本养老保险不同，企业年金计划的资产价值，主要由缴费期所形成的累积资产价值和累积投资损益两部分组成，企业年金领取期的资金支付完全依赖于现期缴费所积累的资金及投资收益。因此，金融危机对于企业年金造成的影响和冲击更大，表现为缴费确定型年金计划(DC)的投资损失，将直接导致职工退休后所领取的年金数额减少，而收益确定型年金计划(DB)的固定收益或指数化收益也不得不跟随危机后金融市场整体收益水平进行调整，而且危机还会造成DB计划账面负债的增加。

次贷危机引发的企业年金计划类型和结构的变化，主要表现在两方面。一是企业和个人退出私人养老金计划，转而回归到由政府所建立的现收现付制的基本养老保障体系。二是部分企业将收益确定型年金计划调整为缴费确定型年金计划，这有两方面的原因。其一，次贷危机使很多企业由于资金链条中断而陷入财务困顿，从而使DB计划面临巨大的违约风险敞口，而DB计划又具有每期养老金支付金额固定的刚性约束。其二，次贷危机使企业年金持有的各类资产的市场价值不断下跌，使得年金计划的预期负债规模增大。年金资产价值的萎缩与负债的增加，使二者现金流在期限结构上不匹配并预期出现赤字，这就要求企业制订更高的年金缴费率。但是，次贷危机爆发后企业首先要满足生产经营的资金需要，显然无力为职工缴纳更多的养老金。

劳动力市场即期失业率的增加，积聚了企业年金远期支付的风险。2010年OECD国家平均失业率上升至9.9%。未来养老金的支付要靠现期所缴纳的资金积累获得，"多缴多得，少缴少得"。失业率上升使养老金现期个人供款出现严重问题，现期缴费不足势必影响到退休后养老金的领取。OECD国家目前已建立的企业年金计划储蓄额，占到职工退休总收入的25%—40%，如此高的比重意味着一旦出现缴费不足，老年人退休后的生活质量将直线下降，老员工受损较大。如美国401(K)年金计划至少需要9—10年时间才能使90%的参加者将账户余额恢复到2008年初的水平。

发展企业年金对于维护社会稳定具有重要的"安全网"和"减震器"作用，各国政府对所采取的监管措施均进行了相应的调整与变革。

(一)监管主体角色和职能的转变。部分国家倡导建立专门的监管机构(如企业年金受托管理委员会)，对年金业务实施全面的监督管理，有权设定或批准年金资产的具体投资策略，直接决定年金计划持有风险资产的权重，并进一步影响年金计划的长、短期运行。年金管理委员会可以启用临时性的"养老金支付

98 http://csstoday.net

图3.23 邱兆祥与博士研究生合写的"金融危机下OECD国家企业年金的调整"一文在《理论探索》（2012年第2期）发表后，被《中国社会科学文摘》全文转载。

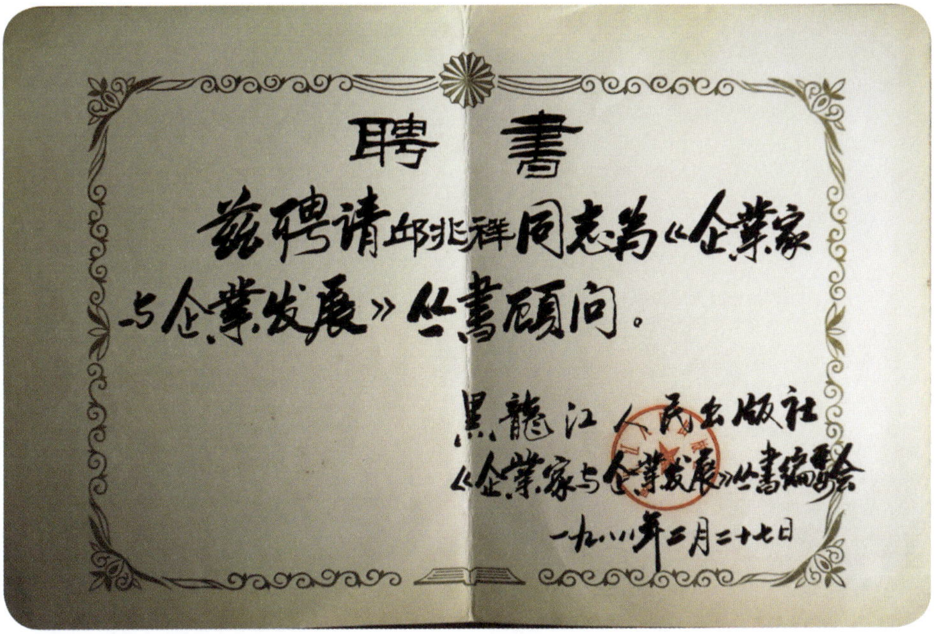

图 3.24 邱兆祥被聘为“企业家和企业发展丛书”(黑龙江人民出版社 1989 年出版)顾问，该书获第四届中国图书二等奖。

图 3.25 众多金融学者合作撰写的“投资百科全书”于 1992 年由中国金融出版社出版，邱兆祥担任该书的副主编，该书获得第五届中国图书二等奖。

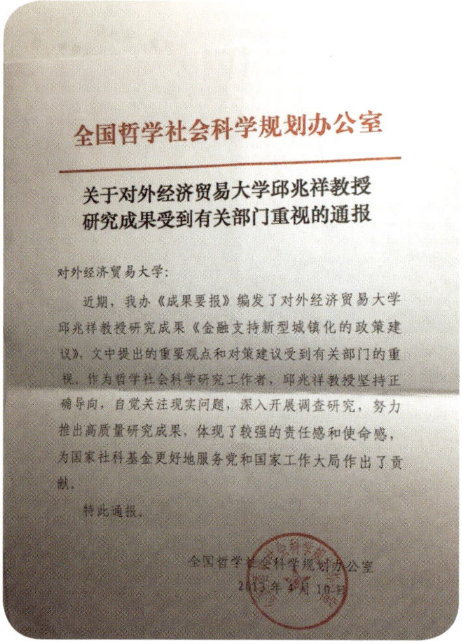

全国哲学社会科学规划办公室

关于对外经济贸易大学邱兆祥教授研究成果受到有关部门重视的通报

对外经济贸易大学：

近期，我办《成果要报》编发了对外经济贸易大学邱兆祥教授研究成果《金融支持新型城镇化的政策建议》，文中提出的重要观点和对策建议受到有关部门的重视。作为哲学社会科学研究工作者，邱兆祥教授坚持正确导向，自觉关注现实问题，深入开展调查研究，努力推出高质量研究成果，体现了较强的责任感和使命感，为国家社科基金更好地服务党和国家工作大局作出了贡献。

特此通报。

全国哲学社会科学规划办公室

2013年4月10日

图 3.26 邱兆祥的研究成果受到有关部门重视的通报（全国哲学社会科学规划办公室 2013 年 4 月 10 日）。

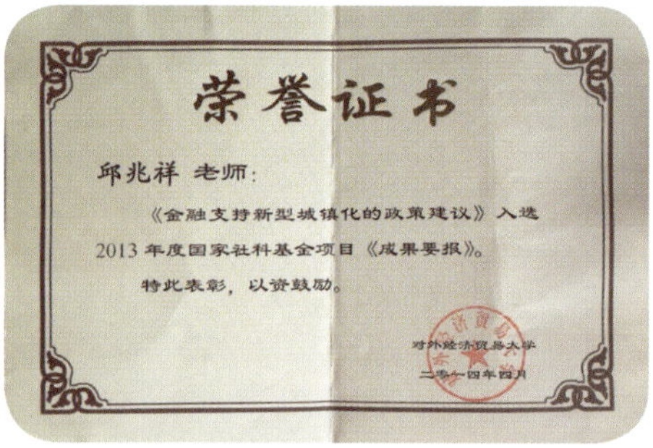

荣誉证书

邱兆祥 老师：

《金融支持新型城镇化的政策建议》入选2013年度国家社科基金项目《成果要报》。

特此表彰，以资鼓励。

对外经济贸易大学

二〇一四年四月

图 3.27 邱兆祥等人撰写的“金融支持新型城镇化的政策建议”一文入选 2013 年度国家社科基金项目《成果要报》。

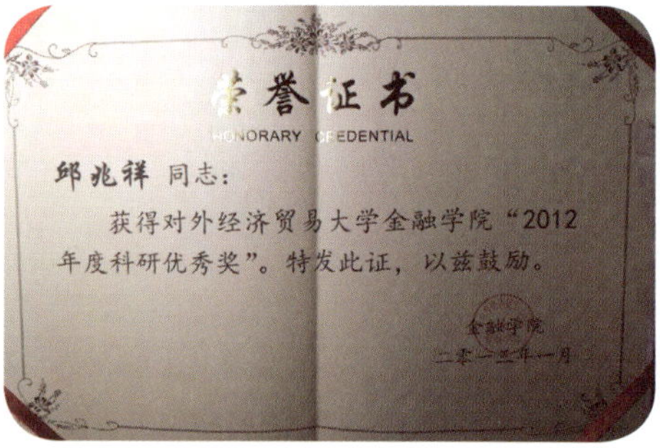

荣誉证书

HONORARY CREDENTIAL

邱兆祥 同志：

获得对外经济贸易大学金融学院“2012年度科研优秀奖”。特发此证，以兹鼓励。

金融学院

二零一三年一月

图 3.28 邱兆祥获得“对外经济贸易大学金融学院 2012 年度科研优秀奖”。

中国经济时报 CHINA ECONOMIC TIMES

经济记忆

2016年12月9日 星期五 9

邱兆祥：在金融研究学术路上孜孜以求

■本报记者　周子勋

立志以学习和研究经济金融学理论作为终身职业

邱兆祥

对外经贸大学金融研究所名誉所长、教授、博士生导师。长期致力于经济金融学理论的教学和研究工作，勤于笔耕，在《经济研究》《马克思主义研究》《管理世界》《金融研究》及《人民日报》等刊物发表400多篇论文，出版著作20余本。其代表作有《耕耘和探索——邱兆祥经济金融理论文选》《马克思的货币、信用和银行理论》《学科建设与人才培养——经济金融学科建设问题研究》《在学术高地上攀登——金融理论问题探索集》《人民币区域化问题研究》《金融改革理论问题研究》《经济学理论漫笔》等。

……由于邱兆祥教授的学术成就之高和学术影响之大，在2011年由中国金融出版社出版的《百年中国金融思想学说史》一书中将邱兆祥作为代表人物之一入选。据中国知网统计，截至2016年10月底，五十多年来，邱兆祥共发表学术论文272篇，被引用1561次。

在学术研究高地坡道上攀行

任何一门学科建设，最重要的因素是人才，特别是学术带头人。而大学是培养高层次人才和探索高深学问的场所，它负有大哲学家培根所倡导的"发展知识"的任务。

邱兆祥认为，人才问题始终是高校改革和发展中的核心问题和头等大事。"国以才立，政以才治，业以才兴。"要牢固树立人才为本、人才强校的观念，充分认识人才在学科建设中的重要作用。

研究金融学科建设问题的"专业户"

图3.29 《中国经济时报》于2012年12月9日用整版对邱兆祥的学术经历和学术贡献作详细的介绍。

图 3.30　邱兆祥入选《百年中国金融思想学说史》一书（中国金融出版社 2011 年出版）。

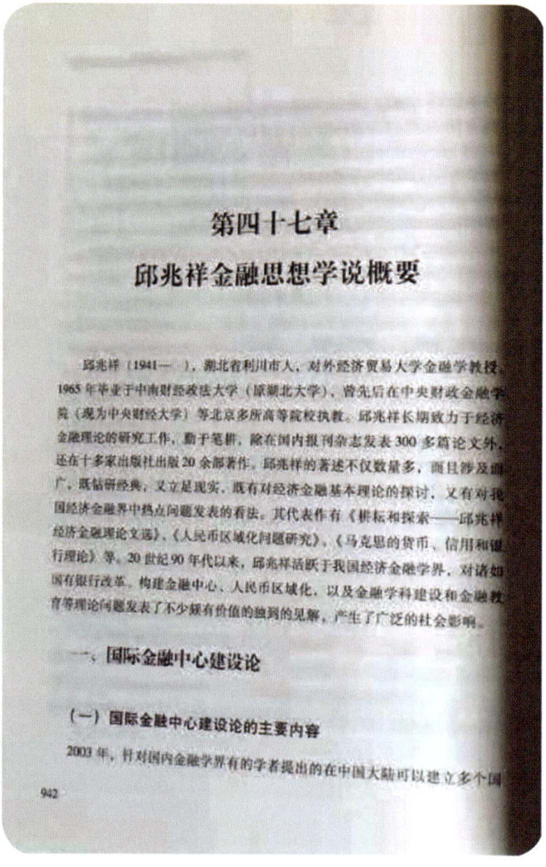

第四十七章

邱兆祥金融思想学说概要

邱兆祥（1941— ），湖北省利川市人，对外经济贸易大学金融学教授，1965 年毕业于中南财经政法大学（原湖北大学），曾先后在中央财政金融学院（现为中央财经大学）等北京多所高等院校执教。邱兆祥长期致力于经济金融理论的研究工作，勤于笔耕，除在国内报刊杂志发表 300 多篇论文外，还在十多家出版社出版 20 余部著作。邱兆祥的著述不仅数量多，而且涉及面广，既钻研经典，又立足现实，既有对经济金融基本理论的探讨，又有对我国经济金融界中热点问题发表的看法。其代表作有《耕耘和探索——邱兆祥经济金融理论文选》、《人民币区域化问题研究》、《马克思的货币、信用和银行理论》等。20 世纪 90 年代以来，邱兆祥活跃于我国经济金融学界，对诸如国有银行改革、构建金融中心、人民币区域化，以及金融学科建设和金融教育等理论问题发表了不少颇有价值的独到的见解，产生了广泛的社会影响。

一、国际金融中心建设论

（一）国际金融中心建设论的主要内容

2003 年，针对国内金融学界有的学者提出的在中国大陆可以建立多个国

942

图 3.31　《百年中国金融思想学说史》一书第四十七章“邱兆祥金融思想学说概要”。

2018-2019年度

中国金融学科终身成就奖

公告

为促进中国金融学科建设，弘扬优秀学科带头人在金融学科建设中的贡献，推动高校、科研机构金融研究和金融教育的进步，为中国金融改革、创新和发展培养优秀人才，鸿儒金融教育基金会特设立“中国金融学科终身成就奖”。

经评奖委员会投票表决，鸿儒金融教育基金会理事会批准，2018-2019年度中国金融学科终身成就奖获奖者为：

叶世昌　复旦大学教授

王学青　上海财经大学教授

邱兆祥　对外经济贸易大学教授

特此公告！

鸿儒金融教育基金会

二〇一八年五月

图 3.32　邱兆祥获 2018-2019 年度中国金融学科终身成就奖公告（载 2018 年 5 月 5 日《金融时报》）。

（四）学术兼职和学术活动剪影

邱兆祥于上世纪80年代初开始在《光明日报》和《马克思主义研究》等重要报刊发表论文，逐渐走出校门，参加经济学界的学术研讨活动，并在诸多学术机构兼任重要职务。

1. 主要学术兼职

邱兆祥曾兼任较多的学术职务，他为此倍感荣幸，觉得受益良多。他认为，通过与学界朋友的交往学到了很多东西，对他的研究和教学工作很有帮助，当然也付出了很多的时间和精力。

著名经济学家于光远倡导成立的北京开达经济学家咨询中心，曾经是一个在经济学界很有影响的学术机构。20世纪90年代初，邱兆祥受聘在北京开达经济学家咨询中心担任要职后，使他有机会接触一些知名度很高的经济学家，如于光远、杜润生、宋涛、王珏、董辅礽、萧灼基、高尚全、周叔莲、李京文、张卓元等。其中有几位与邱兆祥相识、相交甚至成了挚友。

邱兆祥与在中国人民大学有“祖师爷”称号的宋涛教授更是特别亲近。宋涛教授是我国马克思主义经济学研究领域的泰斗级的人物。他生于1914年，不仅年龄大，资格老，而且学术功底深厚，性格耿直，生活简朴，待人谦和。1991年至1992年间邱兆祥曾住在中国人民大学第二招待所近一年之久，协助宋涛教授主编《马克思主义经济理论全书》（1992年由吉林人民出版社出版）。因邱兆祥被聘为该书的编辑部主任，所以能有机会常去宋涛教授办公室向他请教。邱兆祥在他公开出版的《文选》“自序”中写道：“宋涛教授年龄比我大得多，我与他有近30年的交往，对于我他是亦师亦友亦长者。宋涛教授在世时，我几乎每年都会去看望，亲聆教诲，受益匪浅”。

黄达教授、赵海宽教授、张亦春教授和曾康霖教授以及已去世的周升业教授和王克华教授都是我国金融学界大名鼎鼎的学者，邱兆祥与他们交往颇多，私交甚笃。邱兆祥说：“在年龄上他们是我的兄长，在学问上他们是我的老师。我有幸能得到他们的悉心指点和帮助，内心一直感激莫名”。

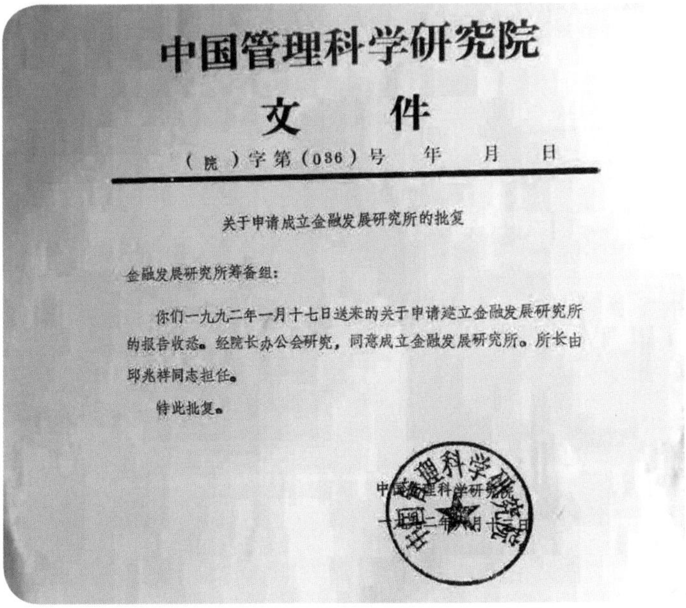
中国管理科学研究院

文　件

（院）字第（036）号　年　月　日

关于申请成立金融发展研究所的批复

金融发展研究所筹备组：

你们一九九二年一月十七日送来的关于申请建立金融发展研究所的报告收悉。经院长办公会研究，同意成立金融发展研究所。所长由邱兆祥同志担任。

特此批复。

中国管理科学研究院

一九九二年　月　日

图 4.1　1992 年 3 月中国管理科学研究院批准成立金融发展研究所，由邱兆祥担任所长。

中国管理科学研究院

中国管理科学研究院（简称中管院）由科学家钱学森、钱三强、钱伟长和裴丽生、马洪等200多位高级科研人员发起，于1986年9月1日经陈云同志批示，在宋平等中央主要领导同志的关怀和支持下，1987年6月2日，经中国政府批准成立的国家事业单位。这是我国第一家经国家批准的专门从事管理科学和相关交叉科学研究的新型科研咨询机构。为国际管理学者协会联盟（IFSAM）的理事单位。1989年8月25日，国家人事部人中编函【1989】31号文批准中国管理科学研究院国家事业编制，国家财政部拨给开办经费。

根据国家事业单位体制改革精神和中管院的实际情况，经中央机构编制委员会办公室和国家事业单位登记管理局审定批准，中国管理科学研究院于2012年7月25日进行了重新设立登记为国家事业单位（登记号为：210000005343），实行理事会领导下的院行政领导班子负责制的法人治理结构。根据管理和科研的需要，院总部机关设有若干职能部门。院下设学术委员会、专家咨询委员会等直属机构、90多个研究所（中心）和20多种刊物，主要开展管理科学和相关交叉科学研究及应用开发等，覆盖面广，涵盖各个行业领域。

为积极响应邓小平同志关于干部要着重学经济、学科技、学管理的号召，深入开展管理科学普及和理论研究，1985年4月，在中国科协科学技术培训中心举办的首届交叉学科会议上，根据著名科学家钱学森、钱三强、钱伟长和裴丽生、马洪、沙洪等领导的提议，由田夫同志牵头召开座谈会，邀请国家机关、科研机构、高等院校200多位高级科研人员署名发起请示报告，呈报陈云同志，要求成立中国管理科学研究院，得到了批准。1987年7月5日，中管院召开了成立大会。会议推举李铁映，高扬、于若木同志为主席团执行主席；费孝通、钱伟长、

图 4.2　中国管理科学研究院简介开头的一段文字。

陈云同志为中国管理科学研究院手书郑板桥诗

全国政协原主席李瑞环同志为中国管理科学研究院题词

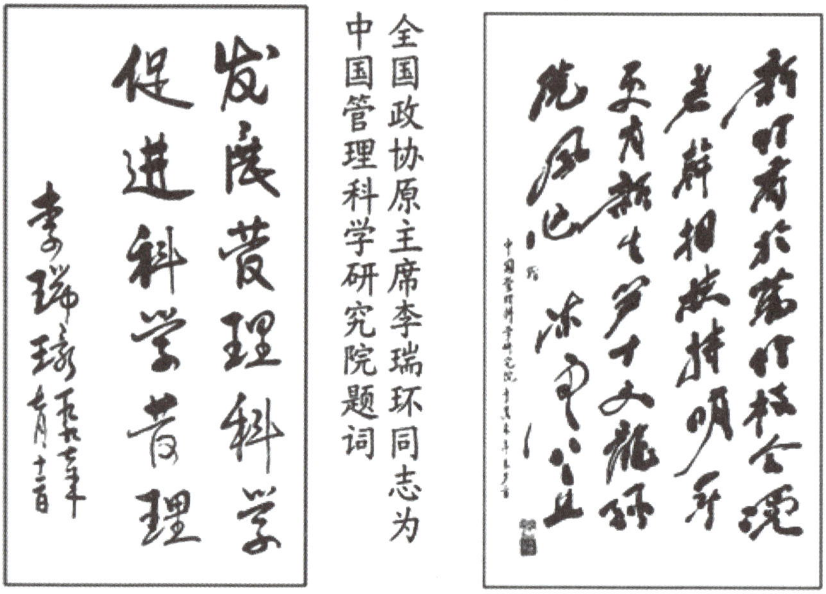

图 4.3　陈云、李瑞环等国家领导人为中国管理科学研究院题字。

图 4.4　邱兆祥在中国管理科学研究院院务委员会（扩大）会议上发言。

图4.5 北京开达经济学家咨询中心的简介及主要领导的分工，邱兆祥为常务副理事长。

图 4.6 1994 年 11 月被聘为中国科普作家协会会员。

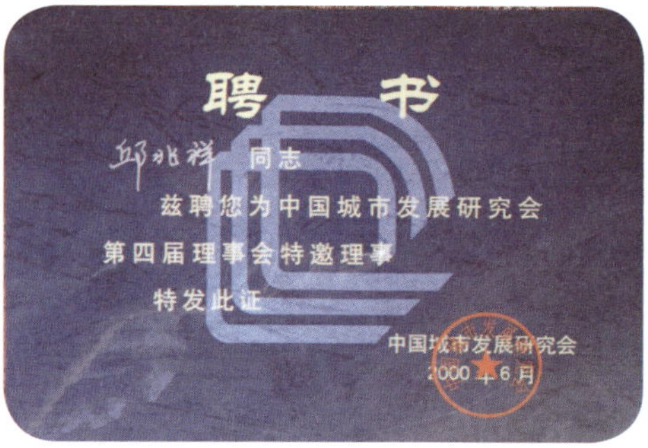

图 4.7 2000 年 6 月被聘为中国城市发展研究会特邀理事。

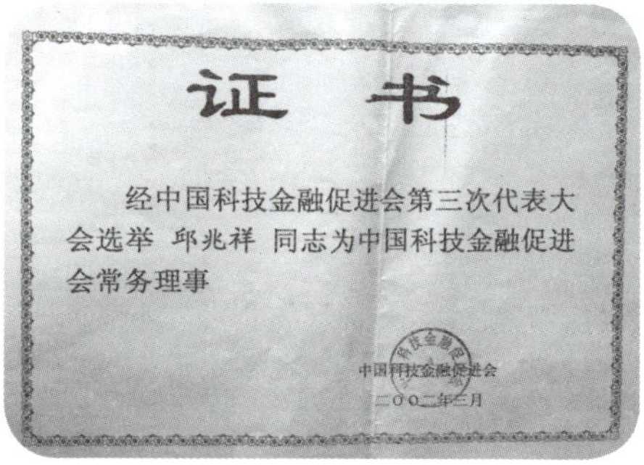

图 4.8 2002 年 3 月被聘为中国科技金融促进会常务理事（国家科技部为主管单位）。

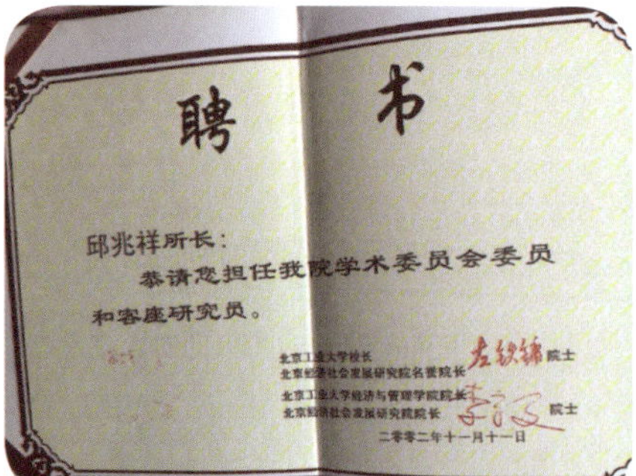

图 4.9 2002 年 11 月被聘为北京工业大学经济与管理学院客座研究员。

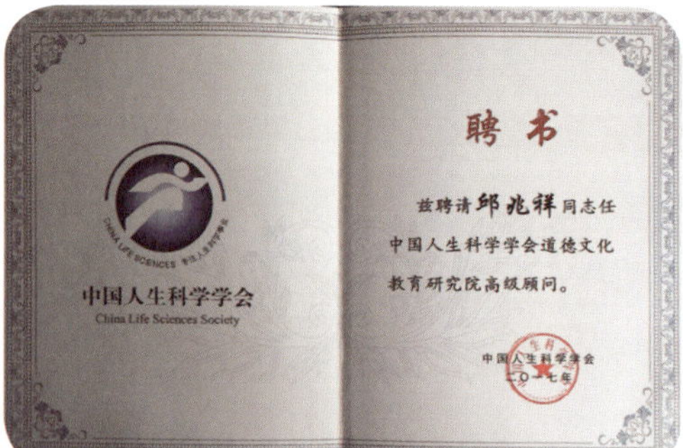

图 4.10 2017 年 7 月被聘为中国人生科学学会道德文化教育研究院高级顾问。

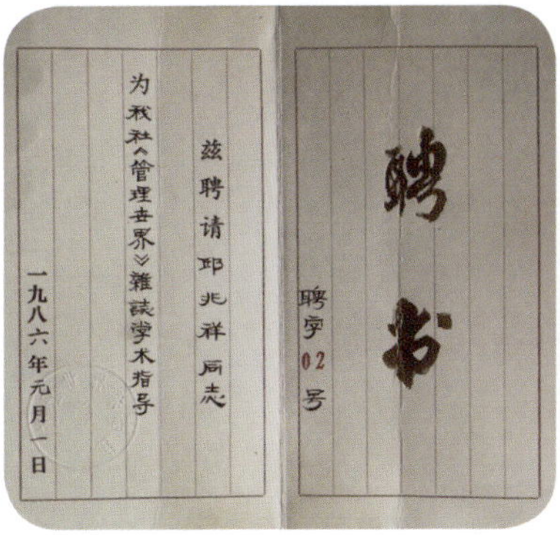

图 4.11　1986 年 1 月被聘为《管理世界》杂志社学术指导。

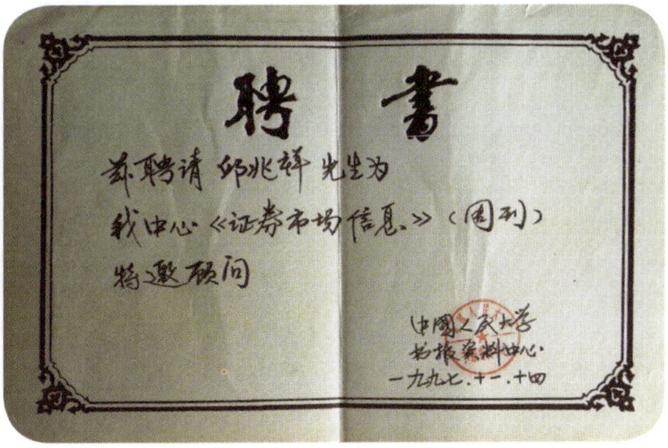

图 4.12　1997 年 11 月被聘为《证券市场信息》杂志特邀顾问（中国人民大学书报资料中心）。

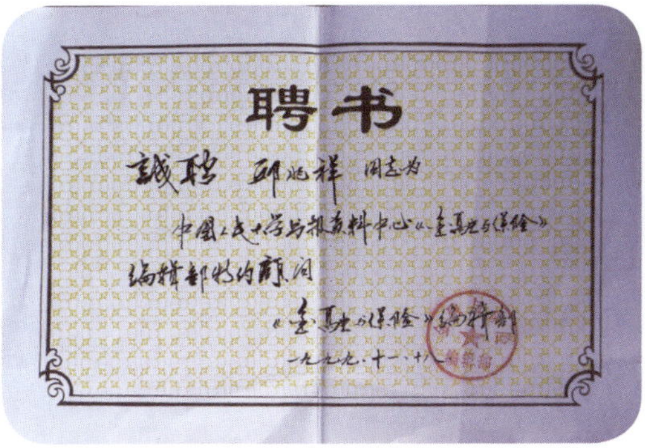

图 4.13　1999 年 11 月被聘为《金融与保险》杂志特邀顾问（中国人民大学书报资料中心）。

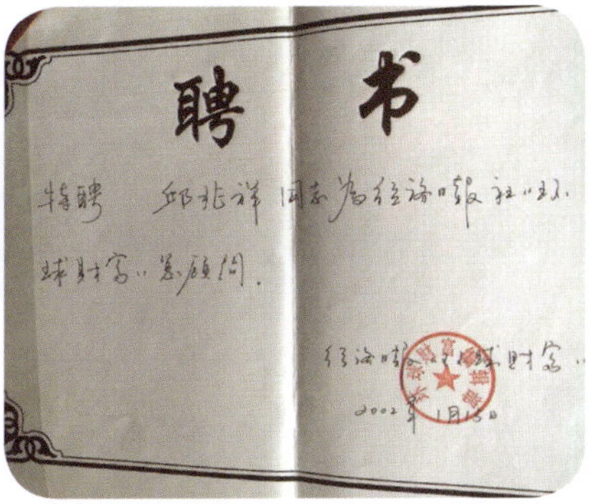

图 4.14　2002 年 1 月被聘为《经济日报》环球财富专刊总顾问。

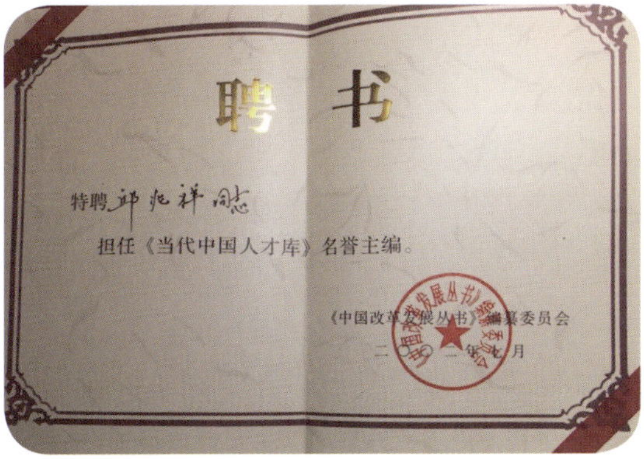

图 4.15　2002 年 7 月被《中国改革发展丛书》编纂委员会聘为《当代中国人才库》名誉主编。

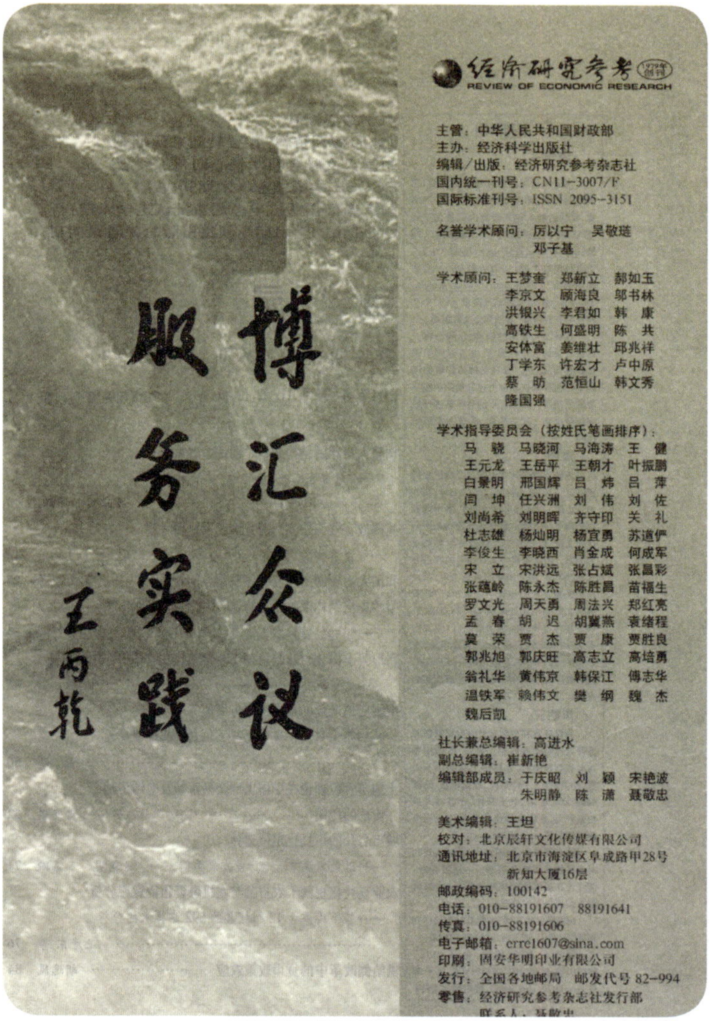

博汇众议
服务实践
王丙乾

经济研究参考 1979年创刊
REVIEW OF ECONOMIC RESEARCH

主管：中华人民共和国财政部
主办：经济科学出版社
编辑/出版：经济研究参考杂志社
国内统一刊号：CN11-3007/F
国际标准刊号：ISSN 2095-3151

名誉学术顾问：厉以宁　吴敬琏
邓子基

学术顾问：王梦奎　郑新立　郝如玉
李京文　顾海良　邬书林
洪银兴　李君如　韩　康
高铁生　何盛明　陈　共
安体富　姜维壮　邱兆祥
丁学东　许宏才　卢中原
蔡　昉　范恒山　韩文秀
隆国强

学术指导委员会（按姓氏笔画排序）：
马　骁　马晓河　马海涛　王　健
王元龙　王岳平　王朝才　叶振鹏
白景明　邢国辉　吕　炜　吕　萍
闫　坤　任兴洲　刘　伟　刘　佐
刘尚希　刘明晖　齐守印　关　礼
杜志雄　杨灿明　杨宜勇　苏遒俨
李俊生　李晓西　肖金成　何成军
宋　立　宋洪远　张占斌　张晶彩
张蕴岭　陈永杰　陈胜昌　苗福生
罗文光　周天勇　周法兴　郑红亮
孟　春　胡　迟　胡冀燕　袁绪程
莫　荣　贾　杰　贾　康　贾胜良
郭兆旭　郭庆旺　高志立　高培勇
翁礼华　黄伟京　韩保江　傅志华
温铁军　赖伟文　樊　纲　魏　杰
魏后凯

社长兼总编辑：高进水
副总编辑：崔新艳
编辑部成员：于庆昭　刘　颖　宋艳波
朱明静　陈　潇　聂敬忠

美术编辑：王坦
校对：北京辰轩文化传媒有限公司
通讯地址：北京市海淀区阜成路甲28号
新知大厦16层
邮政编码：100142
电话：010-88191607　88191641
传真：010-88191606
电子邮箱：crrc1607@sina.com
印刷：固安华明印业有限公司
发行：全国各地邮局　邮发代号 82-994
零售：经济研究参考杂志社发行部

图 4.16　2010 年 7 月被聘为《经济研究参考》杂志学术顾问（国家财政部为主管单位）。

2. 学术活动剪影

图 4.17　邱兆祥与著名经济学家宋涛教授在一起合影留念。

图 4.18　邱兆祥（右一）与著名经济学家宋涛教授（右二）、著名经济学家冯兰瑞（右三）、经济科学出版社原总编辑蒋宝恩（右四）在一起交谈。

图 4.19　1996 年 10 月邱兆祥与中央财经大学王佩真教授（左二）、黑龙江社会科学研究院王慎之教授（左三）在云南省石林风景区一起合影。

图 4.20　1998 年 10 月在广东省委党校召开《政治经济学续本》（党校系统选用教材，经济科学出版社 1999 年出版）修改研讨会，与会专家合影留念，第一排左一为黑龙江社会科学研究院王慎之教授，右三为邱兆祥。

图 4.21　邱兆祥 1998 年 10 月在广东与著名经济学家中央党校王珏教授合影。

图 4.22　邱兆祥（左二）与著名经济学家杜润生（居中者）、萧灼基（右三）、何伟（左三）在《金融街》论坛。

图 4.23　邱兆祥与中国人民大学黄达教授在云南省丽江市参观和交谈。

图 4.24　邱兆祥与中国人民银行研究局原局长赵海宽教授在一起合影。

图 4.25　邱兆祥与厦门大学张亦春教授在厦门海沧大桥合影。

图 4.26　邱兆祥与西南财经大学曾康霖教授在青海省考察时合影。

图 4.27 邱兆祥与中国人民大学王克华教授在北京八达岭合影。

图 4.28 邱兆祥与中国人民大学周升业教授在云南省丽江市风景区合影。

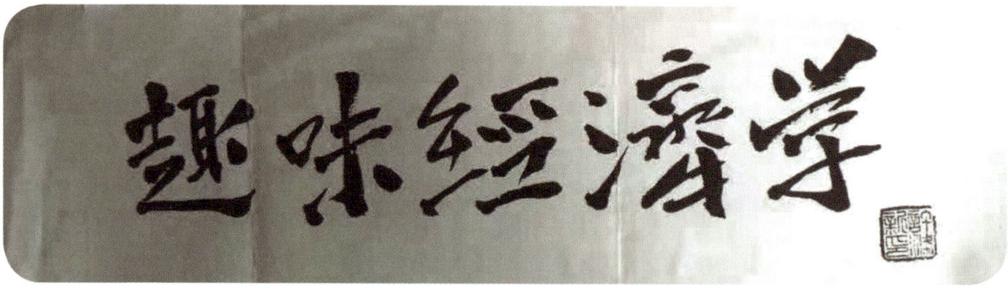

图 4.29 著名老一辈经济学家许涤新（曾任中国社会科学研究院经济研究所所长）为邱兆祥与王慎之教授合著的《趣味经济学》（中国青年出版社 1989 年出版）一书题写书名。

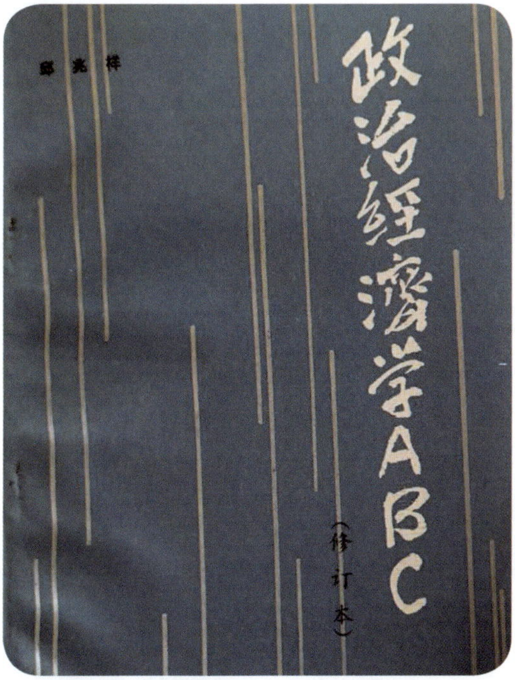

图 4.30　著名老一辈经济学家许涤新为邱兆祥撰写的《政治经济学 ABC》题写书名（河北人民出版社 1987 年出版）。

图 4.31　国内学者在北京开达经济学家咨询中心举办的学术研讨会上发言，第三排右二是邱兆祥。

图 4.32 **开达经济学家论坛**

论坛于1992年由我国经济学界前辈于光远先生倡议，由北京开达经济学家咨询中心作为主办单位，参加论坛的人员由经济学家、政府官员、企业家、新闻单位四部分组成。研讨内容涉及有关经济体制改革的一些重点、难点、疑点和改革开放的典型经验和案例。迄今已成功举办的83期，并得到中央有关部门的重视，在海内外引起广泛反响。

图 4.33　中国市场经济论坛 81 次会议，邱兆祥在会上发言。

图 4.34　2004 年 8 月 28 日举行的《金融街》论坛，邱兆祥在会上发言。

图 4.35　2002 年 5 月邱兆祥在北京开达经济学家咨询中心与中央党校对外培训中心合作举办的研习班上作专题报告，报告的内容是“我国金融业改革发展的趋势与政策”。

图 4.36　2002 年党的十六大召开后，邱兆祥与时任《经济研究》杂志主编的张卓元研究员二人应有关部门邀请到潍坊市诸城作股份制改革问题的学术报告，在主席台右二做报告的为邱兆祥。

图 4.37　2016 年 11 月 15 日扬子江国际论坛在江苏省连云港市举行，邱兆祥在主席台留影。

图 4.38　2002 年 7 月在辽宁省沈阳市召开“振兴东北经济与东北亚经贸合作”全国学术研讨会与会嘉宾合影，第一排左二为邱兆祥。

图 4.39　2015 年初邱兆祥参加国务院发展研究中心有关部门组织的“百名学者前瞻中国经济形势”的活动。

图 4.40　2017 年初邱兆祥参加国务院发展研究中心有关部门组织的“百名学者前瞻中国经济形势”的活动。

图 4.41　2018 年初邱兆祥参加国务院发展研究中心有关部门组织的“百名学者前瞻中国经济形势”活动。

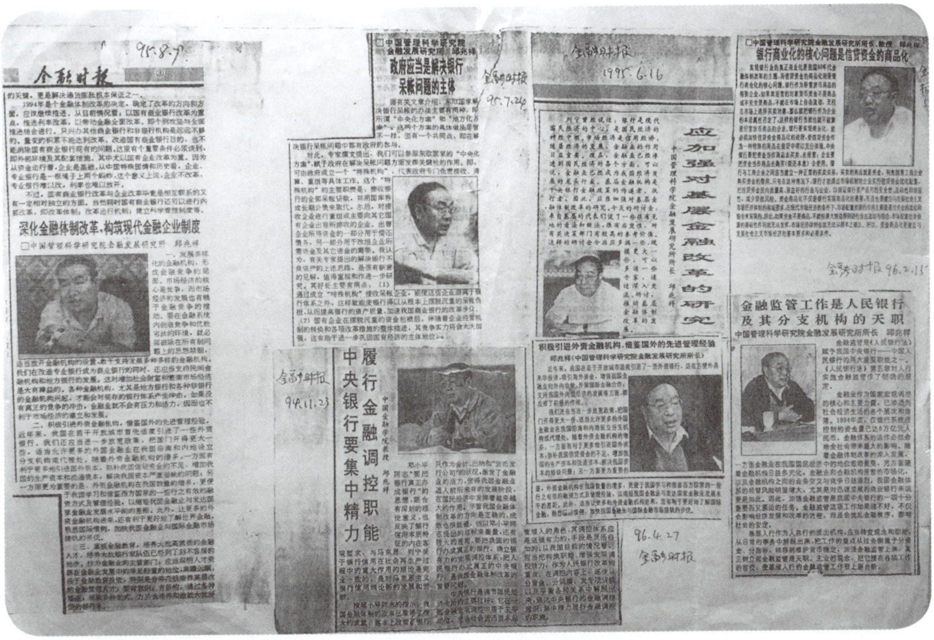

金融时报

深化金融体制改革，构筑现代金融企业制度

中国管理科学研究院金融发展研究所　邱兆祥

中国管理科学研究院金融发展研究所　邱兆祥

政府应当是解决银行呆帐问题的主体

应加强对基层金融改革的研究

银行商业化的核心问题是信贷资金的商品化

金融监管工作是人民银行及其分支机构的天职

中国管理科学研究院金融发展研究所所长　邱兆祥

积极引进外资金融机构，借鉴国外的先进管理经验

邱兆祥（中国管理科学研究院金融发展研究所所长）

中央银行要集中精力履行金融调控职能

图 4.42　邱兆祥参加中国管理科学研究院金融发展研究所与金融时报理论部合作举办的学术研讨活动。

图 4.43　1996 年 7 月在昆明召开《全国金融信贷资产风险管理研讨会》，全体与会代表合影留念。第二排左七为邱兆祥。

图 4.44 1998 年 5 月 30 日在浙江省台州市举办《中国市场经济与小型金融机构的建设与发展研讨会》，全体与会专家合影留念，左七为邱兆祥。

图 4.45 2002 年 7 月 13 日在天津市召开“中国信用理论与信用风险防范高级研讨会”，与会嘉宾合影留念，第一排左九为邱兆祥。

图 4.46 2000 年 4 月在广东省珠海市举办《加入 WTO 与中国金融业的对外开放学术研讨会》，全体与会代表合影留念，左六为邱兆祥。

图 4.47　2000 年 6 月 24 日邱兆祥应邀在中国工商银行江苏省分行《第一期现代商业银行经营管理培训班》上作学术报告。

图 4.48　2001 年 9 月 15 日在贵州省黄果树召开“中国风险投资与资本市场高级研讨会”，与会嘉宾留影纪念，右二为邱兆祥。

图 4.49 2002 年 5 月 20 日在宁夏银川市召开《加入 WTO 与中国高等金融教育的改革和创新》高级研讨会，全体与会代表合影留念，第二排右三为邱兆祥。

图 4.50 2004 年 4 月在杭州市参加“金融学科与专业建设研讨会”的与会嘉宾合影，第一排右三为邱兆祥。

图 4.51 2004 年 10 月在成都市召开第四届“中国金融论坛”研讨会，全体与会专家合影留念，第一排右三为邱兆祥。

图 4.52 2006 年 12 月 10 日在厦门市召开“反洗钱国际学术研讨会”，全体与会代表合影留念，第一排左三为邱兆祥。

图 4.53　2008 年在台湾淡江大学举办“2008 海峡两岸财金趋势研讨会”，全体与会嘉宾合影，第一排右二为邱兆祥。

图 4.54　邱兆祥在参加“2008 海峡两岸财金趋势研讨会”期间留影。

图 4.55　2014 年 9 月 30 日在北京市召开“金融学科建设与人才培养”座谈会，左一为邱兆祥。

图 4.56　参加 2014 年 9 月 30 日在北京市召开“金融学科建设与人才培养”座谈会的部分专家合影留念。

图 4.57 邱兆祥于1998年10月在访问德国的国际金融中心法兰克福市期间留影。

（五）老骥伏枥，志在千里

邱兆祥一生视教书育人和学术研究为割舍不掉的嗜好。邱兆祥进入北京高校50多年来，已习惯蛰居书斋，长年徜徉在教学和科研的园地里。虽然在邱兆祥的工作和个人生活经历中也曾遭遇坎坷跌宕，但只要在条件允许的情况下，他都能尽量做到心无旁骛，坚守内心的理想，执着于探索，默默耕耘。以学术追梦，学术梦一直陪伴着他，由黑发至皓首，从而立至耄耋，度过了几十年的时光。教书育人和学术研究工作已经融入邱兆祥的生命活动之中，成为邱兆祥的人生的“最高支撑点”，构成了他的安身立命之根和“安心立命”之本。邱兆祥认为，人生的快乐有万千种，只要做好自己孜孜追求和挚爱的事，就必定能从中获取快乐。人的价值在很大程度上是通过在自己酷爱的领域发挥潜能而实现的。邱兆祥在他公开出版的《文选》的“自序”中曾引用我国著名作家姚雪垠晚年写的《抒发》一诗中的二句：“鲁阳时晚戈犹奋，弃杖邓林亦壮哉。”这二句诗的意思说，即使年迈也要像鲁阳公挥戈般战斗，继续执笔写作；要像夸父逐日一样，死后手杖化为桃林，造福后世。邱兆祥说，前辈学者如此这般高的境界，我虽远不能至，但却始终心向往之。邱兆祥虽已年近八旬，垂暮之年仍挥笔不歇，一篇篇文章相继发表，执着于在经济金融学理论园地里耕耘。邱兆祥在他公开出版的《文选》的“自序”中表示自己生命不息，将奋斗不止。邱兆祥在职业生涯最后阶段，仍要发挥余热。他希望能为祖国的经济金融的人才培养和学科建设事业添砖加瓦，而尽一己绵薄之力。邱兆祥的胸襟、精神气度和人格魅力令人可敬可佩！

图 5.1 2001 年 8 月中国画马名家张青葆先生为邱兆祥作画并书赠“志在千里”。

图 5.2 2013 年 12 月邱兆祥在对外经济贸易大学逸夫科研楼 1006 办公室读书。

图 5.3 2013 年 5 月 15 日对外经济贸易大学举办的第二场“名师高徒论坛”，邱兆祥以“人才培养和职业选择”为题发表演讲，史明坤博士（现任太平洋证券公司副总裁）（右二）在回答学生提问，右一为张磊博士（现任中国云谷科技集团副总裁），右三为秦弘波博士（现任中国再保险集团股份有限公司战略总监、战略发展部总经理）。

图 5.4　2017 年 12 月对外经济贸易大学举办优秀学生颁奖典礼，右二为邱兆祥。

荣誉证书

邱兆祥同志：

在 2017 年度对外宣传工作中表现突出，被评为“对外宣传之星”。

特颁此证，以资鼓励。

对外经济贸易大学
党委宣传部
二零一八年三月

图 5.5　邱兆祥于 2018 年 3 月被评为对外经济贸易大学 2017 年度“对外宣传之星”。

图 5.6　2018 年 3 月 27 日在对外经济贸易大学行政楼为 2017 年度对外宣传之星颁奖，左一为党委副书记文君，左二为邱兆祥。

图 5.7　邱兆祥被聘为北京市习近平新时代中国特色社会主义思想研究中心对外经济贸易大学研究基地特聘专家。右为党委书记蒋庆哲。

图 5.8 邱兆祥与对外经济贸易大学2017度部分访问学者合影留念。

图 5.9 为 2018 年 7 月 12 日邱兆祥在对外经济贸易大学人力资源处组织召开的 2017 年度全体访问学者座谈会上作总结发言。

图 5.10 2017 年 9 月 15 日对外经济贸易大学金融学院金融系部分教师在延安参加党日活动留影纪念，第二排左三位邱兆祥。

图 5.11 2017 年 6 月 29 日中国生命科学学会举办"我为党旗添光彩""七·一"座谈会，参会嘉宾合影，左二为邱兆祥。

图 5.12　2011 年 9 月 22 日中共中央政治局委员、国务委员刘延东同志视察对外经济贸易大学，与学校主要领导及部分教师合影，第一排左一为邱兆祥。

图 5.13　时任对外经济贸易大学党委书记王玲同志于 2001 年春节期间看望邱兆祥，右一为校党委书记王玲同志。

图 5.14　时任对外经济贸易大学党委书记王玲同志于 2013 年教师节期间登门看望邱兆祥。

图 5.15　2016 年教师节对外经济贸易大学现任党委书记蒋庆哲教授和校长王稼琼教授登门看望邱兆祥。

二、记者访谈录

（一）记者访谈目录

邱兆祥：金融学苑的耕耘者

《中国经济时报》记者　柏晶伟

载《中国经济时报》2013 年 2 月 27 日

邱兆祥：在金融研究学术路上孜孜以求

《中国经济时报》记者　周子勋

载《中国经济时报》2016 年 12 月 9 日

在金融学园地里辛勤耕耘

——访资深金融学界邱兆祥教授

《金融时报》记者　王华庆

载《金融时报》2013 年 8 月 26 日

为现代化建设研究经济学理论

《金融时报》记者　黄丽珠

载《金融时报》2009 年 10 月 1 日国庆 60 周年特刊

学者要潜心做学问

——访外经贸大学金融研究所所长邱兆祥教授

《光明日报》记者　汪大勇

载《光明日报》2002 年 3 月 21 日

人民币能否成为世界第三大货币

《光明日报》记者　孙明泉

载《光明日报》1998 年 12 月 2 日

构建金融中心慎戴“国际”桂冠

——访著名金融专家、对外经济贸易大学教授邱兆祥

《经济日报》记者　王胜颜

载《经济日报》2005 年 1 月 23 日

股份制商业银行高速扩张正常吗

《金融时报》记者　金立新

载《金融时报》2004 年 3 月 27 日

孜孜以求，厚积薄发

——走进邱兆祥教授

《金融时报》记者　华青

载《金融时报》2004 年 4 月 2 日

辛勤耕耘四十载

《金融时报》记者　华青

载《金融时报》2007 年 7 月 6 日

淡泊名利，潜心学问：探访邱兆祥教授的学问之路

《金融管理与研究》特约记者　李辉富

载《金融管理与研究》2007 年 11 期

造就中国的经济学大师

——访经济学家邱兆祥

《金融时报》记者　刘志良

载《金融时报》2005 年 6 月 6 日

金融企业高管也应当减薪

《经济参考报》记者　田如柱

载《经济参考报》2006 年 8 月 14 日

如何解决中小企业融资难

——访经济学家邱兆祥教授

《金融早报》记者　梁海涛

载《金融早报》2000 年 8 月 14 日

银行业可“抓大扶小”

——访金融界著名学者邱兆祥教授

《金融早报》记者　梁海涛

载《金融早报》2000 年 8 月 14 日

金融街：打造首都国际金融中心区

——著名金融专家邱兆祥与金融街控股公司总经理刘世春对话录

《经济日报》记者

载《经济日报》2002 年 3 月 8 日

民营银行呼之欲出

——访著名经济学家、对外经济贸易大学教授邱兆祥先生

《金融早报》记者　梁海涛

载《金融早报》2000 年 11 月 24 日

金融学科要注重基础理论研究

——访金融学家

《金融时报》记者　王华庆

载《金融时报》2013 年 8 月 26 日

为中国金融业发展探幽索微

《金融时报》记者　王华庆

载《金融时报》2017 年 9 月 25 日

研究经济理论要多读原著

《光明日报》记者　温源

载《光明日报》2009 年 6 月 24 日

邱兆祥：一位著名学者的学术情怀

《对外经济贸易大学校报》记者　方文

载《对外经济贸易大学校报》2009 年 6 月 24 日

邱兆祥：笔耕不辍，砥砺前行

《对外经济贸易大学校报》记者　刘璇

载《对外经济贸易大学校报》2017 年 3 月 20 日

（二）记者访谈剪影

12

Theoretics Weekly

理论周刊·视界

金融时报

2013.08.26　星期一

金融学科建设要注重基础理论研究

——访金融学家邱兆祥

记者 王华庆

学者访谈

图 7.1　载《金融时报》2013 年 8 月 26 日。

金融时报　2017.09.25 星期一

方法 11

专家访谈

为中国金融业发展探幽索微

本报记者 王华庆

图 7.2　载《金融时报》2017 年 9 月 25 日。

光明日报　1998年12月2日　星期三　第四版

本题提示

欧元呼之欲出，国际货币体系格局将发生重大变化，形成美元与欧元并列称雄的格局。下个世纪谁有能力和美元、欧元并驾齐驱？部分西方学者和政要看好中国经济发展前景，认为，人民币很有可能崛起而成为世界第三大货币。

本报记者：孙明泉

特邀嘉宾：中国金融学院金融研究所所长邱兆祥

人民币能否成为世界第三大货币

记者：当今国际社会众人瞩目的大事之一，就是欧元将在一个月后闪亮登场，欧盟正在为欧元的登场紧锣密鼓地做最后的准备。这同时也是本世纪末全球经济生活中的一件大事。您可否简要介绍一下，欧元究竟是一种什么性质的货币？

邱兆祥： 欧元是欧盟各国为建立一个联合起来的强大的欧洲而采取共同的经济政策和货币政策的产物。欧元是世界历史上没有先例的超国家性质的货币。它独立于任何一个加入欧元的国家，同时又具有法定货币地位和货币的全部职能。1999 年之后，在欧元区内，各国中央银行将不再拥有货币政策的决定权，而把它移交给一个权力极大、独立性极强的欧洲中央银行（设在德国法兰克福），金融监管职能则仍由各国行使。历经多少坎坷曲折之后，目前可以说，欧元正式启用已成定局。按照签署的协议，将有 11 个国家首批引入欧元而成为欧元的创始国。

记者：以往，美元在国际金融市场上一直占据"霸主"地位，欧元启动后，它对世界货币力量的对比将产生什么样的影响？

邱兆祥： 70 年代初布雷顿森林体系瓦解之后，单极货币格局宣告结束，国际货币格局开始多元化，但美元却始终扮演龙头老大的角色。尽管十多年来，人们在谈论国际货币格局的三极化，然而在美元、德国马克和日元这三种主要货币中，德国马克和日元是无法与美元平起平坐一论高低的。欧元的推出以及欧元区的形成，将不可避免地改变世界货币力量的对比，从而使国际货币格局发生重大变化。目前，在国际储备中美元约占将近 2/3，德国马克和日元加起来不过占 1/5 多一点。欧元的推出将使这种局面逐渐改变。欧元是欧洲十几个国家签署协议创建的。据统计，1996 年欧盟在全球国民生产总值中占 29%，在世界出口贸易中占 20%，在世界外汇储备中占 21%。仅以欧元 11 个创始国的国内生产总值的总和来看，也已经接近美国而大大超过日本。以如此强大经济实力作为后盾的欧元，完全有条件成为重要的国际货币之一。

欧元的问世使美元有了一个强有力的竞争对手。据华盛顿国际经济研究所所长弗雷德·伯格斯坦估计，随着欧元的广泛使用，全球 30—40% 的金融资产最终将转换为欧元，美元仍将保持 40—50% 的份额。许多经济专家认为，随着欧元的启动，国际货币将出现两极化的态势，以美元主宰地位的国际货币体系将转变为以美元和欧元并列称雄的格局。至于日元，如果要想能比较充分地发挥其作为国际货币体系中排位第三的重要角色的作用，就必须执行严格的货币政策，维持日元币值的稳定并恢复经济的增长。

记者：最近，不少西方学者和政要十分看好中国经济，有人甚至预言，人民币不久将有可能成为世界第三大货币。一种货币在什么情况下能成为国际货币，您认为人民币能否成为国际金融市场上的主导货币？

今日话题
主持人电话：63017788—561

邱兆祥： 这实际上是反映了西方学者和政要对中国经济的发展前景充满信心。一种货币能否成为国际货币，其国际地位怎样，主要取决于作为其基础的经济规模以及在世界贸易中所占的份额。具体来讲，货币的国际化必须具备两个最基本的条件：(1) 具有雄厚的经济和金融实力，并与世界各国有着广泛的贸易联系，而且在世界进出口贸易中占有较高的比重。(2) 币值稳定。只有能保持币值的长期稳定，才能使国内外居民具有信心，从而加强其作为国际记帐单位、储备货币和交换媒介的职能。此外，还必须有发达的金融市场，基本上不受管制，并拥有种类繁多的金融交易工具。从我国目前的情况来看，实现上述条件还需要较长的时间。因此，人民币的国际化只能是一个循序渐进的长期发展过程。尽管如此，我国人民币的国际化却有着良好的发展前景。我国现在的经济形势很好，在未来的数十年里仍将是世界上经济增长最快的国家之一。一般认为，只要我们能坚持改革和加大发展步伐，经过不懈努力，人民币是完全能够实现充分自由兑换的。人民币一旦实现充分自由兑换，就向国际货币迈进了一大步。

记者：人民币国际化对我国经济有什么积极作用？

邱兆祥： 随着我国经济实力的日益增强和人民币国际化进程的稳步推进，人民币在国际货币体系中将居于举足轻重的地位。人民币的国际化不仅有能为我国带来铸币税收入的好处，更重要的是有助于增加我国在国际金融事务中的发言权，提高我国在世界政治经济中的地位。此外，人民币的国际化还有助于推动我国对外贸易的发展，使我国在对外经济往来中拥有更大的主动权。

图 7.3　载《光明日报》1998 年 12 月 2 日。

研究经济理论要多读原著

——访对外经济贸易大学教授邱兆祥

■ 本报记者 温 源

邱兆祥，1941年6月生，湖北利川市人。现任对外经济贸易大学金融研究所名誉所长、教授、博士生导师，同时担任西南财经大学和暨南大学教授、博士生导师。

记者：邱教授，为什么从事经济理论研究要多读原著？这有何重要的现实意义？

邱兆祥：从事学术研究，必须十分重视阅读原著。早在一个多世纪之前，恩格斯在一封写给德国《社会主义月刊》青年编辑布洛赫的信中谈及如何学习和研究唯物史观问题时曾说道："我请您根据原著来研究这个理论，而不要根据第二手的材料来进行研究——这的确要容易得多"。学习和研究经济理论也是如此。要系统掌握经济理论观点、方法、体系及其产生、发展和完善的过程，就必须认真学习经济原著。各种教材或辅导材料，对于学习和研究经济理论虽然是有作用的，但它们并不能代替对"原汁原味"的经济原著的学习和研究。

经济类"原著"，一般而言，主要指的是经济学中的经典名著。它们是功底扎实的学者长时间潜心研究某一领域并有所独创或创新，再经过艰苦的写作，才得以向大众展示的成果，大多具有长久不衰和难以逾越的价值。只有阅读原著，才能深切体会大师们在研究成果中的思想内涵、独到的见解及其在经济学理论上的贡献。

记者：难道"新不如旧"？您如何理解经济理论中继承与发扬的关系？

邱兆祥：学术是一代又一代积累沉淀下来的。任何学者的研究工作都必须建立在已有成果的基础之上。即使是某一学科

邱兆祥：我认为，打好学术功底要做到"三勤"，即勤读、勤思、勤研。经济是社会科学领域里发展最为迅速、流派众多、名家辈出的研究领域之一。现代经济学名家的著述之多，浩如烟海，要都去涉猎显然是不可能的。但是，假如你要掌握经济研究的基本原理，至少有三本书必须认真阅读。一是亚当·斯密的《国富论》；二是马克思的《资本论》；三是凯恩斯的《货币通论》。现代经济理论的精华主要凝结在以这三本经典之作为基础的名著之中。此外，还必须要把自己主攻或感兴趣领域的代表人物的代表作读遍，比如弗里德曼、托宾、马克维茨、斯科尔斯、默顿等大师的代表性作品。

记者：经常听到这样的抱怨，"经济类书籍专业性强，可读性差，原著更是晦涩难懂，难于阅读"。您如何看待这一说法？

邱兆祥：翻开一些经济类著作，映入眼帘的是大量专业性的名词术语，种种干巴的符号数字、图表和艰涩的文字分析。读这些书特别是啃经济类经典原著确实是一种艰苦的脑力劳动，没有捷径可走，必须舍得投入时间和精力下大功夫才行。

在当今学术界浮躁之风颇盛的环境下，从事经济研究的人不读原著或读的有限，已是普遍现象。有的人往往满足于能背诵几个时髦的概念，能记住几段大师的精彩词句或几个公式模型，装点门面。现在国内高等财经院校的研究生读书，不少人主要是为了取得文凭和学位资格，目的不是做学问。硕士2—3年，博士3—4年，时间有限，课程又多，要掌握经济学有关知识，只能向参考书求援。

对于自己选定的经典名著，要做到通读、精读和深读，反复阅读，反复钻研，经年累月的苦守，从整体上把握其丰富的内涵和科学体系，领会蕴含其中的理论和方法。一部部经济名著，犹如一座座金山，掌握一部大书，即如同挖掘到一座金山，开山虽难虽苦，但却会有取之不竭，终生享用之功效。

权威访谈

图 7.4　载《光明日报》2009 年 6 月 24 日。

人才观察

邱兆祥：一位著名学者的学术情怀

本报记者　方文

邱兆祥，我校金融学院教授，博士生导师，我国经济学、金融学领域的著名学者，1965年从中南财经大学财政金融专业毕业后，至今已从事经济学研究教学工作42年，在广阔的经济学领域里，劳作耕耘，取得了丰硕的成果。

敏锐关注重大学术问题

邱兆祥教授的学术成果不仅数量多，而且涉及面广泛，近20多年在全国性刊物上发表学术论文300多篇，出版著作20多本。他的著述既专业经典，又立足现实；既有对经济金融基本理论问题的探讨，又有对我们当前经济金融界热点问题的看法；既有对经济学说史问题的研究，又有对现代经济学科分类和经济管理问题的见解。

邱兆祥教授认为，科研工作者首先应高度关注所研究领域的重大问题。他多年来的研究方向可以分为四个阶段。早年是对马克思货币理论的研究摸索，1992年出版的《马克思的货币信用和银行理论》一书，是国内唯一一本全面系统研究马克思货币理论的学术专著；第二阶段是对学科分类、学科建设问题的研究，撰写了《论现代经济科学的发展趋势》、《关于现代金融科学的学科建设思考》、《用科学的发展观指导金融学科建设》等20多篇学术论文，在金融界产生了很大影响，成为国内研究学科问题发表文章最多学者之一；第三阶段是对反学术腐败问题的研究，撰写了《学者应有的学术品格》、《倡导潜心做学问的精神》《转型时期的中国经济学家》等七八篇文章，在经济学界引起了很大的反响，海外经济学界称邱兆祥教授为"中国大陆学术界的反腐斗士"；第四阶段是近年来关注我国改革和发展中的重大经济金融问题，写了关于民营银行问题、构建金融中心问题、国有银行改革和发展中小机构问题等大量学术著作，有些著作在受到国内经济金融学界和银行监管部门的极大重视，产生了很大社会影响。中国银行监管部门出台的一些举措，也借鉴了邱兆祥教授论著中的一些观点和主张。他对发展民营银行的应采取慎重的主张、对国内大城市建立国际金融中心的观点等受到了国内金融学家和金融管理部门的高度重视。

（下转第3版）

新民院长参加了晚宴，并发表讲话。我校汤谷良教授、雷光勇教授和南京大学杨雄胜教授全程参加会议。

○5月14日，由中国会计学会主办、国际商学院承办的"VBM(基于价值的管理)与财务管理创新"专题研讨会在我校隆重召开，国际商学院张新民院长主持了开幕式，校党委王玲书记以及中国会计学会李玉环秘书长分别致欢迎词，同时出席会议的还有中国会计学会的相关专家以及国内外高校财务管理学界的知名教授。

○5月17日，我校第三次重要信息通报会在行政楼222会议室召开，刘亚副校长就"高校本科教学质量与教学改革工程"的进展情况及学校开展的"教育教学思想大讨论"情况进行了通报。校工会、教代会代表、各分工会、二级教代会代表，校学生会、研究生会代表，院系本科生代表等参加了会议。

○英语学院主办的对外经贸大学首届英文戏剧节暨第三届校园英文短剧大赛决赛5月17日拉开帷幕。英语学院的《The sellouts》法学院的《The Rooftop Lesson》金融学院的《The Moon, Please》分获一、二、三等奖。

邱兆祥：一位著名学者的学术情怀

（上接一版） 2006年发表的《也谈衡量合格经济学家的标准》、《转型时期的中国经济学家》、《金融企业高管也应当减薪》的著作也产生了巨大的学术反响。

学术研究应为社会实践服务

邱兆祥教授强调，学术研究应为社会实践服务。他说，经济学较之其他社会科学理论具有更强的实用性，在经济学理论研究中，实用性占有突出重要的地位；我国正在进行构建和谐社会为目标的改革开放和现代化建设事业，中国的经济理论工作面临着诸如国企改革、环境保护、能源短缺、收入差距拉大、金融安全以及"三农"等许多世界级的难题，就当下而言，中国经济理论工作者的首要任务，就是运用经济学理论和知识对上述诸多经济难题，特别是对其中那些影响构建和谐社会的矛盾和问题，作出科学的解释，并提出切实可行的解决办法，以使中国能朝着构建和谐社会的目标更快的发展。

邱兆祥教授认为，改革开放使中国进入了近代社会以来最好的经济发展时期，中国经济惊人的发展成就赢得了当今世界许许多多人的普遍赞誉。当越来越多的国外经济学家把目光投向中国时，中国的经济学家更应该当仁不让的走在最前面；中国的经济学者应当坚持以对国内的现实经济问题的研究作为自己的重要职责，花费更多的精力踏踏实实的研究本土问题。因为只有更注重研究本土问题，才能"近水楼台先得月"，更好的发挥自己的优势，从而取得国际经济界领先的研究成果。

大力倡导潜心学问和奉献精神

邱兆祥教授深刻体会到，经济学理论研究是一项艰苦的劳作，不仅要有强烈的创新意识，而且还要有埋头苦干、潜心做学问的精神。他认为，应当在广大经济理论工作中大力倡导潜心学问和为社会主义祖国献身的精神，增强社会责任感、使命感和"十年磨一剑"的坚忍不拔的毅力。

邱兆祥教授说，惟有淡泊名利，甘于寂寞，忍得艰辛、不畏劳苦、努力探索者，才有可能取得对国家经济决策和经济学理论有多所建树的研究成果。

理论功底丰厚是做好研究工作的前提和基本条件。在谈到对于青年一代学术研究者的建议时，邱教授说：厚实的学术底蕴对从事经济理论工作是至关重要的。经济理论工作者能否取得高水平的学术研究成果，在很大程度上取决于自身的学识和素质的高低。一定要注重学习，认真读书，注重积累，努力提高自身的学术修养。

在谈到学术修养时，邱教授感触颇深："学者一定要有潜心做学问的精神。切忌过于浮躁，急功近利，相互吹捧。要扎扎实实地做学问，努力探求，认真耕耘，研究出对国家经济建设和社会发展具有重要价值的科研成果。在学术界要树立起大力倡导优良学风，反对学风浮躁；崇尚实践，坚持理论研究和实际相结合的风尚。"

邱兆祥教授担任着博士生导师工作，谈到博士生的培养问题，他强调，良好的学风和文风都是非常重要的，高等学府的学生做学问事，首先要做学问人，理应树立良好的学风和文风；首先要唯实求实，端正学风，要培养学生一种老老实实的学习态度；第二，不仅要端正学风，而且要有良好的文风，要培养学生写出理论性强、立论扎实、言之有理的文章。

一流的学科应有名师举旗

邱兆祥教授对学校事业的发展予以热切的关注，对学术团队的建设予以高度重视。他说："看到学院的学科建设一年年取得的进步，我感到由衷的高兴。这些年来，在'金融热'的驱动下，许多高校开设了金融专业，提升我校的金融专业的教学质量和学术水平，对于我校金融学院发展是至关重要的。"

邱兆祥教授强调，一流的金融学科应有名师举旗。在浓厚的学术气氛中，在高层次的交流和切磋中，教师们耳濡目染，科研和教学水平才能得到提升，学院的学科发展水平才能更高；学科建设的发展和学术水平的提高，关键靠教师，特别是高水平的学术骨干；学术骨干，即有知名度的学者，如果没有知名学者，那么大学也就不成其为大学了；学术骨干对任何一门学科而言，都是实力的象征，地位的象征，声望的象征；杰出的学术骨干的作用，是一般人无法相比的，他们可以凝聚一支优秀的学术队伍，带动一个学科，开创一个领域，形成一门有影响的名牌专业；金融学院应该继续注重培养和造就优秀学术带头人，加快培养出一支高层次的学术骨干人才队伍，促进学院进一步发展。

邱兆祥教授说："外经贸大学近些年来的变化是非常大的，我对学校的发展充满信心。我希望学校科学准确的解决好学校定位，打造更多的精品专业，高起点大力度地加大引进高水平学术骨干，让现有的骨干能够更好的发挥施展才干，促进学校更快地向国内一流名校方向发展。"

图 7.5　载《对外经济贸易大学校报》2007 年 5 月 20 日。

本版编辑 / 王湘宁　版式 / 王玮　校对 / 曲铭 李秋忱 周旭晖　对外经济贸易大学　2017年3月20日　视点　3

邱兆祥：笔耕不辍 砥砺前行

惠园人物

本报记者 刘璐

邱兆祥于1941年6月出生在湖北省[illegible]。他家原是书香门第，家境较殷实，后来中道衰落。邱兆祥从小就对[illegible]社会科学类书籍有浓厚的兴趣，成为一个哲学社会科学工作者是他孩提时代心中的梦，这为他后来成为一个经济学理论研究工作者打下坚实的基础。因家境不宽裕，上学不易，邱兆祥读书特别用功。1961年邱兆祥考入湖北大学（现为中南财经政法大学）。在大学期间，由于受到谭寿清教授和[illegible]教授二位恩师的影响，邱兆祥逐渐对经济学特别是金融学产生了浓厚的兴趣，从那时起他已立志要以学习和研究经济金融学理论作为自己的终身职业。

1965年大学毕业后，邱兆祥曾先后在中央财政金融学院（现为中央财经大学）、对外经济贸易大学等多所北京高校执教。1996年起，邱兆祥先后担任西南财经大学、暨南大学和对外经济贸易大学的教授、博士生导师。由于邱兆祥同时担任三所大学的博士生导师，招收的博士生和博士后数量也因而较多，现在已招收博士和博士后80多人，另外还招收了近60位硕士生，为我国经济金融领域培养了100多位高层次的金融人才。邱兆祥所招收的研究生（包括硕士生、博士生）和博士后毕业或者出站后，大都已成为各自岗位上的栋梁和学术中坚。

邱兆祥长期致力于经济金融理论的教学和研究工作，科研成果丰硕，著述众多。其代表作有《耕耘与探索——邱兆祥经济金融理论文选》《马克思的货币、信用和银行理论》《学科建设与人才培养——经济金融学科建设问题研究》《在学术的高地上攀登——金融理论问题探索集》《人民币区域化研究》《金融改革理论问题研究》和《经济学理论漫笔》等。

邱兆祥，现为对外经济贸易大学金融研究所名誉所长、教授、博士生导师。邱兆祥长期致力于经济金融理论的教学和研究工作，勤于笔耕，在《经济研究》《马克思主义研究》《管理世界》《金融研究》以及《人民日报》和《光明日报》等刊物公开发表400多篇论文，出版著作20余本。邱兆祥著作等身，是我校乃至我国金融学界具有很高影响力的金融学专家，也因其学术成就和学术影响，于2011年作为代表人物之一入选中国金融出版社出版的《百年中国金融思想学说史》（第1卷）一书。

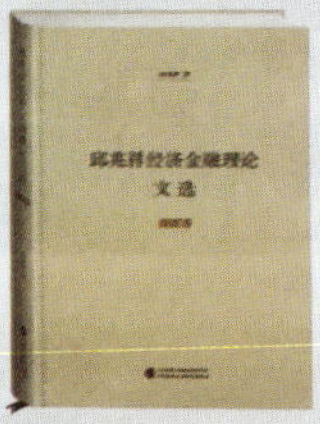

邱兆祥的学术成果不仅数量多，而且涉及面广泛，既钻研经典，又立足现实；既有对经济金融基本理论问题的探讨，又有对我国当前经济金融热点问题的看法；既有对经济学说史问题的研究，又有对现代经济学科分类和经济管理问题的见解。20世纪90年代以来，邱兆祥活跃在中国经济金融学界，对诸如马克思的货币金融理论、国有银行改革、发展民营银行、构建国际金融中心、人民币区域化、金融学科建设和金融教育以及金融高管薪酬和反对学术腐败等理论问题，在报刊杂志上发表了不少颇有价值的独到见解，经众多主流媒体和网络转载产生了广泛的社会影响，并且是上述多个研究领域的代表人物之一。

邱兆祥的研究领域和研究成果，大体上包括以下几个方面：

关于马克思的货币理论问题。邱兆祥早年致力于马克思的货币理论问题的研究。他倾注十年时间和心血完成的学术专著——《马克思的货币、信用银行理论》一书，是国内唯一一本全面系统探讨马克思货币理论问题的学术专著。该书填补了我国学术界在该研究领域里的一项空白。该文富有开拓性的研究和探索，在经济金融学界获得了很高的评价，曾被多家刊物全文登载、转载或翻印，并获得"首届全国金融优秀论文奖"和"首届院校'金晨'优秀科研成果奖"。

关于经济金融学科建设问题。邱兆祥先后撰写了20多篇研究经济金融学科建设的学术论文，发表在《人民日报》、《光明日报》、《金融时报》和《经济学动态》等报刊上，系国内在该领域发表相关研究论文最多的理论工作者之一，他也因此被同行的学者称之为研究金融学科建设问题的"专业户"。

关于金融中心建设理论问题。2003年针对国内金融学界的学者提出的在中国大陆可以建立多个国际金融中心的观点，邱兆祥撰文旗帜鲜明地提出了一个国际金融中心的主张。他相继在国内权威媒体《经济日报》和《金融时报》上发表了多篇主张建设一个国际金融中心的研究论文，成为国际金融中心建设的代表人物之一。其观点受到国内经济金融学界的瞩目，曾应深圳市、北京市及重庆市等有关部门的邀请，专门就这三个城市的金融中心建设问题发表演讲，积极为国家经济金融业的发展建言献策。

关于我国银行业改革和发展中的理论问题。实行改革开放以来，我国银行业的改革和发展中的理论问题受到邱兆祥的格外关注。他在《金融研究》、《经济学动态》等众多报刊杂志上发表了多达近50篇研究论文。邱兆祥在2003年撰写的《发展民营银行应该慎之又慎》一文中用近万字提出了对民营银行发展的独到见解。他在论文中指出，银行业是一个高风险行业，因此，在还没有做好设计监管规划和运行机制等准备工作之前，银行业对民间投资的开放必须慎之又慎。该论文公开发表后受到经济金融学界及银行监管部门的重视，经多家媒体全文或部分转载，使他成为经济金融学界主张谨慎发展民营银行的代表人物之一。

关于反对学术腐败问题。近年来，学术氛围不容乐观，学术界浮躁之风甚嚣尘上，弥漫在经济学界的诸多不正常现象已经使得经济学家群体的操守和人格受到广泛的质疑。邱兆祥指出："浮躁是学术界最为突出的学术腐败。"针对这种情况，邱兆祥撰写了《学者应有的学术品格》、《学者要潜心做学问》、《也谈衡量合格经济学家的标准》和《论经济学家的人文精神》等七、八篇论文，发表在《光明日报》和《中国经济时报》等报刊上，被国内及国外多家网站、刊物转载或引用，引起社会强烈反响。

大学是培养高层次人才和探求高深学问的场所，它负有大哲学家培根所倡导的"发展知识"的任务。针对二十几岁的年轻人，从本科生到硕士到博士的不同阶段的发展，结合多年的执教经验和人生经历，邱兆祥有自己的培养态度和建议。他认为，青年是人生最宝贵的年华，是塑造人格和打基础的关键时期。邱兆祥说："每个阶段的学生，都要有积极正确的学习目的和学习态度，以及奋发向上精神和强烈的求知欲望。在本科教育阶段，要把培养本专业的扎实学科基础知识放在首要位置，扎实的基本功是学生今后学习工作的有力保障。在硕士阶段，要着重培养学生的研究能力，尤其是数理分析能力，让学生能够用所学的知识说明现实社会中出现的问题。在博士期间，学生应该形成自己的知识架构，注重创新能力的提高。"

出于对所学专业的挚爱和做点学问的理想追求，自跨进北京高校的门槛开始，邱兆祥便常年蛰居于书斋，徜徉在经济金融学的园地里，致力于探索和耕耘。邱兆祥说，虽早已年过七旬，虽也曾历经人生的坎坎坷坷，仍会坚持向着理想前行。邱兆祥视教书育人和学术研究为割舍不掉的嗜好。由黑发至皓首，从而立至耄耋，学术梦一直陪伴在他的左右，度过了几十年的时光。学术研究已经融入到他的生命活动之中，研究问题、做学问、写文章，这些不仅是他职业上的爱好，也成为他的人生"最高支撑点"，构成了他的"安身立命"之根和"安身立命"之本。

著名作家姚雪垠晚年在《抒怀》一诗中写道："鲁阳时挽戈犹奋，弃杖成林亦壮哉。"这句诗的意思是，即使年迈也要像鲁阳公挥戈般坚持战斗，继续执笔写作；要像夸父逐日一样，死后手杖化作桃林，造福后世。邱兆祥在采访中最后说道："学海无涯，生命不息，我就仍然会在学术研究高地的坡道上爬行不止，希望能为祖国的经济金融学的人才培养和学科建设事业上添砖加瓦，竭尽一己绵薄之力。"

图7.6　载《对外经济贸易大学校报》2017年3月20日。

三、著述目录（1978~2018年）

（一）论文目录

序号	论文标题	发表期刊名	年/期
1	浅论经济科学的学科分类（独撰）	马克思主义研究	1989/10
2	信息化和我国现代化（独撰）	马克思主义研究	1988/9
3	试论自然科学和社会科学一体化的趋势（独撰）	马克思主义研究	1987/2
4	马克思的货币理论（二人合作）	马克思主义研究	1985/4
5	经济学学科的形成、演变和发展（二人合作）	马克思主义研究	1986/3
6	经济科学的数学化趋势浅议（独撰）	经济研究	1986/8
7	商业银行技术效率与市场结构：一个动态视角（三人合作）	管理世界	2012/9
8	我国中小银行地域多元化风险与收益的实证分析（三人合作）	管理世界	2010/10
9	从生活里常见的事物谈起（独撰）	管理世界	1985/1
10	灵与肉（独撰）	管理世界	1985/1
11	行政垄断影响我国银行业市场结构的机理分析（三人合作）	金融研究	2015/2
12	宏观经济不确定性与银行资产组合行为（二人合作）	金融研究	2010/11
13	基于FDH方法的中国商业银行效率研究（二人合作）	金融研究	2009/11
14	信息不对称条件下银行业市场结构与市场竞争研究综述（二人合作）	金融研究	2008/8
15	经过风险调整的商业银行利润效率评价研究——基于随机利润边界方法（二人合作）	金融研究	2007/2
16	基于不同监管模式下的监事会制度研究（三人合作）	国际金融研究	2014/6
17	人民币资本账户逐步开放的顺周期性问题研究（二人合作）	国际金融研究	2013/5
18	我国中小银行经营绩效与影响因素研究（三人合作）	国际金融研究	2011/12
19	独立董事个人特征与任期内公司经营绩效（二人合作）	财贸经济	2012/11
20	我国商业银行跨区域发展的经济效应研究（三人合作）	财贸经济	2011/1
21	宏观经济运行的不确定性与商业银行信贷行为研究（二人合作）	财贸经济	2008/12
22	财政主导下的高货币存量资源错配问题研究（二人合作）	经济学动态	2014/8

续表 1

序号	论文标题	发表期刊名	年 / 期
23	后危机时代我国利率市场化问题探析——基于央行非对称降息视角（二人合作）	经济学动态	2013/5
24	金融经济学研究的国际动态——基于 1990–2011 年间《金融学期刊》刊发论文的统计分析（二人合作）	经济学动态	2012/6
25	农村金融发展对城乡收入差距的影响机理与实证研究（二人合作）	经济学动态	2011/2
26	中小银行地域多元化问题研究述评（二人合作）	经济学动态	2009/6
27	美国次贷危机初始原因的剖析及启示（二人合作）	经济学动态	2008/8
28	论创新是经济学者的基本价值观——兼论“独创”是成就大师级经济学家的必备条件（独撰）	经济学动态	2005/6
29	提高我国银行业国际竞争力的思考——兼论我国银行业必须牢固树立科学的发展观（独撰）	经济学动态	2004/8
30	从诺贝尔经济学奖评奖看中国经济理论研究（独撰）	经济学动态	2003/12
31	大力培育金融风险管理人才（独撰）	人民日报（大家手笔）	2018/10/10
32	提高金融服务实体经济的效率（独撰）	人民日报（大家手笔）	2017/4/25
33	从供给侧推动产业结构优化升级（独撰）	人民日报（大家手笔）	2016/8/24
34	独创为贵（独撰）	人民日报（大家手笔）	2015/12/6
35	构建包容性农村金融体系（二人合作）	人民日报	2012/11/15
36	学术创新与人才培养（独撰）	人民日报	2011/10/27
37	建设金融强国意义重大（独撰）	人民日报	2010/10/20
38	加强国民金融教育（二人合作）	人民日报	2010/9/13
39	扩大就业是经济增长之本（独撰）	人民日报	2009/2/6
40	服务新农村建设是金融业的发展契机（独撰）	人民日报	2007/8/3
41	时代呼唤经济学大师（独撰）	人民日报	2007/6/6
42	青年就业培训是项重要任务（二人合作）	人民日报	1982/4/20
43	理论工作者应当有崇高的价值追求（独撰）	光明日报	2007/4/12
44	非宁静无以致远（独撰）	光明日报	2012/5/4
45	当前我国的金融脱媒及特点（二人合作）	光明日报	2011/11/18
46	“图示”和“表解”《资本论》（独撰）	光明日报	2011/9/25
47	创新金融人才培养模式（独撰）	光明日报	2010/8/5

续表 2

序号	论文标题	发表期刊名	年 / 期
48	经济学博士生创新能力从何而来（独撰）	光明日报	2009/8/13
49	博士论文应该什么样（独撰）	光明日报	2006/2/15
50	创新：经济学者的基本价值观（独撰）	光明日报	2005/5/17
51	学者应有的学术品格（独撰）	光明日报	2005/3/16
52	经济理论研究的热与冷（独撰）	光明日报	2003/7/23
53	在创新中振兴高等金融教育（独撰）	光明日报	2003/1/30
54	学者要潜心做学问（独撰）	光明日报	2002/3/21
55	扩招是促进经济增长的重要举措（独撰）	光明日报	1999/7/27
56	浅谈增强国民金融意识（独撰）	光明日报	1999/7/16
57	浅谈经济理论工作者的历史责任（独撰）	光明日报	1997/9/15
58	金融稳定与金融发展（独撰）	光明日报	1996/10/3
59	加快培养造就高层次跨世纪金融人才（独撰）	光明日报	1996/1/16
60	要把银行办成真正的银行（独撰）	光明日报	1994/12/30
61	浅论现代经济科学的发展趋势（独撰）	光明日报	1993/12/26
62	稳定货币与稳定经济（独撰）	光明日报	1993/8/10
63	《经济社会学》评价（独撰）	光明日报	1991/11/8
64	风险经济学评介（独撰）	光明日报	1990/8/6
65	浅谈企业文化建设（独撰）	光明日报	1989/6/2
66	浅谈经济科学方法论的创新（独撰）	光明日报	1988/9/8
67	浅谈经济学的分类（独撰）	光明日报	1987/9/21
68	浅谈经济学新学科的特点（独撰）	光明日报	1987/3/21
69	经济研究理论贵在创新（独撰）	光明日报	1986/9/27
70	经济研究工作者要学点哲学（独撰）	光明日报	1986/3/15
71	浅谈经济学边缘学科的发展（独撰）	光明日报	1985/9/25
72	经济学和情趣（二人合作）	光明日报	1984/1/29
73	莫当“货币拜物教”信徒（独撰）	光明日报	1983/8/14
74	发挥创新在新旧动能转换中的重大作用（二人合作）	经济日报	2018/11/29
75	金改推进路径日渐清晰（二人合作）	经济日报	2013/11/25
76	要有服务中小企业的金融机构（独撰）	经济日报	2001/2/9
77	完善政策性银行功能关键何在（独撰）	经济日报	2001/2/5
78	努力改善中小企业融资环境（独撰）	经济日报	2000/12/15

续表 3

序号	论文标题	发表期刊名	年 / 期
79	“抓大扶小”，提高银行竞争力（独撰）	经济日报	2000/10/10
80	完善政策性银行功能关键何在（独撰）	经济日报	2000/02/05
81	金融理论要立足于创新（独撰）	经济日报	1999/12/6
82	构建科学的商业银行组织体系（独撰）	经济日报	1999/10/8
83	中间业务：商业银行新的盈利增长点（独撰）	经济日报	1999/7/26
84	苏联新经济政策时期有关聘请外国专家设立列宁奖金等文件（译著，二人合作）	马克思主义研究参考资料	1983（35）
85	苏联新经济政策时期有关财政经济措施文件选择（译著，二人合作）	马克思主义研究参考资料	1983（35）
86	关于组建国家科技开发银行的思考（二人合作）	经济研究参考资料	2017/67
87	机动车限行对北京市空气污染指数的影响（二人合作）	经济研究参考资料	2013/2/21
88	温室气体外部成本对中国各行业利润的影响（二人合作）	经济研究参考资料	2013/9
89	我国房地产经济周期划分研究(1950 ~ 2008 年)(二人合作）	经济研究参考资料	2009/71
90	关于西方国家市场经济中的计划干预（独撰）	经济研究参考资料	1994/23
91	试论现代经济科学的发展趋势（独撰）	经济研究参考资料	1993/Z3
92	浅论对现代西方货币数量论的批判和借鉴（独撰）	经济研究参考资料	1992/Z7
93	马克思货币理论的基本内容及其现实意义（独撰）	经济研究参考资料	1992/01
94	孙冶方经济理论讨论会综述（署名赵翔，独撰）	经济研究参考资料	1987/195
95	银行改革该往哪里走（独撰）	改革内参	1996/15
96	我国构建存款保险制度的逆向选择问题研究（三人合作）	教学与研究	2014/11
97	新型城镇化建设中如何发挥金融工具作用问题的思考（二人合作）	教学与研究	2013/10
98	金融与实体经济关系的重新审视（二人合作）	教学与研究	2012/9
99	城乡统筹视野下金融协调发展对策研究（二人合作）	教学与研究	2011/8
100	试论后危机时代国际金融监管协调与合作（二人合作）	教学与研究	2010/11
101	试论社会主义的价格体系（二人合作）	理论月刊	1985/3
102	维护金融稳定 助力实体经济高质量发展(二人合作）	理论探索	2018/6
103	金融与实体经济关系协调发展研究（二人合作）	理论探索	2017/4
104	科技保险支持体系与科技企业发展（二人合作）	理论探索	2016/4

续表 4

序号	论文标题	发表期刊名	年 / 期
105	促进科技与金融结合助推我国经济转型（独撰）	理论探索	2015/3
106	网络金融发展的必然性、隐藏的问题与应对之策（三人合作）	理论探索	2014/5
107	新型城镇化建设中的金融困境及其突破（二人合作）	理论探索	2013/4
108	完善金融制度 维护金融安全（二人合作）	理论探索	2012/5
109	OECD 国家企业年金监管趋势及其启示（二人合作）	理论探索	2012/2
110	优化我国金融结构的建议（二人合作）	宏观经济管理	2012/6
111	关于中国银行集中度风险的实证研究（二人合作）	经济与管理研究	2012/4
112	基于 RTFA 方法我国商业银行 X 效率的实证研究（三人合作）	经济与管理研究	2011/7
113	新形势下中国汽车金融发展的主要制约因素与对策研究（二人合作）	经济与管理研究	2010/11
114	论我国房地产业对国民经济的拉动与带动作用（二人合作）	经济与管理研究	2010/1
115	彩票交易的行为经济学分析（二人合作）	经济与管理研究	2009/1
116	论青年就业培训（二人合作）	经济与管理研究	1982/5
117	评〈论社会生产力〉（独撰）	经济理论与经济管理研究	1991/2
118	熊彼特的创新理论（二人合作）	经济理论与经济管理研究	1985/2
119	保险企业的经营管理（二人合作）	经营管理者	1986/11
120	当前经济研究中的几个问题（独撰）	管理学家	2003/4
121	经济学博士论文写作中的若干问题（独撰）	中国流通经济	2006/9
122	财政货币政策在宏观调控中的协调配合（二人合作）	中国流通经济	2005/7
123	经济科学的数学化趋势（独撰）	中国劳动科学	1987/3
124	股份公司和股票市场（二人合作）	现代企业导刊	1987/5
125	我国民航企业金融衍生品风险控制及启示（二人合作）	工业经济论坛	2017/4
126	金融改革的加速器——股份制、多元化、引进外资（独撰）	中港经济	1994/1
127	人民币升值能解决我国国际收支不平衡问题吗（二人合作）	兰州学刊	2006/4
128	《政治经济学批判》对货币理论的系统阐述（独撰）	兰州学刊	1990/5
129	我国上市银行次级债券发行利率的估值——基于 B–S 期权定价思想（三人合作）	福建论坛（人文社会科学版）	2011/7

续表 5

序号	论文标题	发表期刊名	年 / 期
130	如何摆脱被动输入通胀拖累（二人合作）	人民论坛	2008/9
131	积极应对意外冲击（二人合作）	人民论坛	2008/5
132	论对西方货币数量论的批判和借鉴（独撰）	学术论坛	1993/2
133	浅论经济科学新学科的产生和特点（独撰）	学术论坛	1990/6
134	紧紧盯住消费者（二人合作）	学术论坛	1985/2
135	试论马克思货币理论的形成和发展（独撰）	学术交流	1991/3
136	商业银行经营地域自由化问题研究述评（二人合作）	财经科学	2012/9
137	非公有制中小企业发展的金融支持（独撰）	财经科学	2004/12
138	论学术研究在高等金融教育中的地位和作用（独撰）	财经科学	2002/12
139	关于扼制银行不良资产再生的思考（独撰）	财经科学	1999/ 增刊
140	论现代经济科学的发展趋势（独撰）	财经科学	1993/5
141	企业风险异质性、贷款利率与信贷违约风险——基于银行信贷微观数据（三人合作）	财经理论与实践	2017/6
142	商业银行同业存款利率定价方法研究（二人合作）	财经理论与实践	2011/1
143	存款保险费率结构的 Monte Carlo 比较——基于商业银行的风险暴露水平（二人合作）	财经理论与实践	2008/3
144	论我国股份制商业银行发展的若干问题（独撰）	财经理论与实践	2005/6
145	信用风险缓释工具与银行风险承担行为研究（二人合作）	当代财经	2014/12
146	监管转型与证券行业经济资本管理（二人合作）	求是学刊	2017/2
147	银行业信贷市场信号传递理论研究（二人合作）	国际商务（对外经济贸易大学学报）	2012/3
148	国内关于国际金融危机成因的研究综述（二人合作）	国际贸易问题	2011/3
149	论古典学派对劳动价值的贡献（独撰）	中央财政金融学院学报	1990/3
150	浅谈经济发展速度与产业结构的关系（二人合作）	中央财政金融学院学报	1985/2
151	我国个人住房贷款信用风险分析方法与整体风险判断（三人合作）	中央财经大学学报	2011/12
152	农村金融排斥：现实困境与破解对策（二人合作）	中央财经大学学报	2010/10
153	日本农业政策性银行绩效评价方法分析及经验借鉴（二人合作）	河北大学学报（哲学社会科学版）	2012/3
154	论人民币升值与资本账户的开放（二人合作）	河北经贸大学学报	2005/6
155	我国银行业市场结构对金融发展的影响研究（二人合作）	湖南师范大学社会科学学报	2012/6

续表 6

序号	论文标题	发表期刊名	年 / 期
156	商业银行技术效率与市场结构之间动态关系分析（二人合作）	湖南师范大学学报	2012/11
157	国债收益率曲线的宏观影响因素研究（二人合作）	湘潭大学学报（哲学社会科学版）	2015/3
158	我国汽车租赁业发展的制约因素与破解思路（二人合作）	湘潭大学学报（哲学社会科学版）	2011/11/15
159	经济不确定性与商业银行经营管理研究述评（二人合作）	首都经济贸易大学学报	2010/4
160	银行业系统性风险与资本补充行为研究——来自 16 家上市银行的证据（二人合作）	云南财经大学学报	2016/5
161	中国商业银行信贷风险与宏观经济因素关系研究——基于 2000 ~ 2009 年面板数据的实证检验（二人合作）	广东金融学院学报	2011/1
162	漫谈市场信息（二人合作）	湖北财经学院学报	1985/01
163	货币趣谈（连载 5 篇）（二人合作）	电大学刊	1984/7—1985/11
164	必须按经济规律办事（独撰）	电大学刊	1984/09
165	商部落的牛车（独撰）	中学生	1984/05
166	当前人民币区域化的可行性（二人合作）	中国金融	2008/10
167	迈向新世纪的中国金融工作者（独撰）	金融与保险	2000/1
168	基于地位寻求视角的中国居民高储蓄动机的实证分析（三人合作）	金融理论与实践	2018/12
169	数字普惠金融发展中所面临的问题及对策研究（二人合作）	金融理论与实践	2018/1
170	基于跨国货币合作视角的外汇储备风险控制研究（二人合作）	金融理论与实践	2017/4
171	基于遗传编程算法的股票市场量价关系研究（二人合作）	金融理论与实践	2017/1
172	资源型城市科技与金融结合的制约因素及路径研究——以榆林市为例（二人合作）	金融理论与实践	2015/11
173	我国 P2P 网络借贷的发展现状及其对金融监管的挑战（二人合作）	金融理论与实践	2014/11
174	宏观经济预期偏误对 EUA 影响的实证分析（三人合作）	金融理论与实践	2014/3
175	金融加速器效应研究述评（二人合作）	金融理论与实践	2013/1
176	商业银行技术效率与市场结构之间的动态关系分析（二人合作）	金融理论与实践	2012/11

续表 7

序号	论文标题	发表期刊名	年 / 期
177	我国集合票据业务存在的主要问题及对策研究（二人合作）	金融理论与实践	2011/8
178	中国股票市场发展与经济增长之间关系的实证研究（三人合作）	金融理论与实践	2011/4
179	建立与大国金融相适应的高等金融教育（独撰）	金融理论与实践	2010/10
180	我国银行业引进境外战略投资者效应的实证研究（二人合作）	金融理论与实践	2009/12
181	关于民间借贷合法化的思考（二人合作）	金融理论与实践	2009/3
182	货币区域化与可自由兑换的相关性研究——基于交换媒介职能的分析（二人合作）	金融理论与实践	2008/10
183	货币竞争、货币替代与人民币区域化（二人合作）	金融理论与实践	2008/2
184	中华经济圈的货币合作与汇率协调（二人合作）	金融理论与实践	2007/7
185	反洗钱的外部性与激励机制的建立（二人合作）	金融理论与实践	2007/1
186	为什么我国国际收支自动调节机制会失灵（二人合作）	金融理论与实践	2006/11
187	城市商业银行宜定位于社区银行（二人合作）	金融理论与实践	2006/1
188	用科学的发展观指导金融学科建设（独撰）	金融理论与实践	2004/7
189	重庆：瞄准西部区域性的金融中心（独撰）	金融理论与实践	2003/8
190	提升我国国有商业银行竞争力的思考（独撰）	金融理论与实践	2001/10
191	关于在我国构建现代金融组织体系的若干思考（独撰）	金融理论与实践	1998/8
192	完善我国医疗责任保险制度的路径研究（二人合作）	金融发展研究	2017/10
193	促进银行资本创新助推银行转型发展（二人合作）	金融发展研究	2016/6
194	科技与金融结合的特点及制约因素分析（三人合作）	金融发展研究	2016/1
195	商业银行效率研究：文献综述及建议（二人合作）	金融发展研究	2014/10
196	国内人民币国际化领域研究现状的统计分析（二人合作）	金融发展研究	2013/12
197	关于金融安全的思考（二人合作）	金融发展研究	2011/9
198	当前反通胀政策面临的障碍（二人合作）	金融发展研究	2008/3
199	中国政策银行的改革和发展（二人合作）	金融科学	2001/1
200	试论金融在现代市场经济中的地位和作用（独撰）	金融科学	1998/4
201	漫话西方发达国家市场经济中的计划干预（独撰）	金融科学	1994/1
202	马克思货币理论的基本内容及现实意义（独撰）	金融科学	1993/1
203	评西方投资学（独撰）	金融科学	1993/1

续表 8

序号	论文标题	发表期刊名	年 / 期
204	信用制度和货币流通（独撰）	金融科学	1992/3
205	经济学和哲学（独撰）	金融科学	1991/1
206	集金融知识之精要于一书（独撰）	金融科学	1991/1
207	试论马克思货币理论的形成和发展（上，独撰）	金融科学	1990/1
208	试论马克思货币理论的形成和发展（下，独撰）	金融科学	1990/3
209	试论经济科学新学科的产生和特点（独撰）	金融科学	1989/10/01
210	浅论经济科学新学科的产生和特点（独撰）	金融科学	1989/3
211	论现代经济科学的发展趋势（独撰）	金融学刊	1997/1
212	中国各工业行业价格敏感性分析（三人合作）	南方金融	2014/3
213	美国货币政策对中国股票市场的冲击效应研究（二人合作）	西南金融	2014/2
214	农村商业银行内部审计转型升级：现实意义与实践路径（二人合作）	西南金融	2013/6
215	建立股市平准基金质疑（二人合作）	西南金融	2009/5
216	论我国发行巨灾债券面临的若干问题及对策（二人合作）	西南金融	2008/12
217	信贷调控对宏观经济运行影响的实证分析（二人合作）	西南金融	2008/8
218	宏观调控下的银企关系 -- 走出中小企业融资的困境（独撰）	西南金融	2005/1
219	浅谈我国信托业的风险与防范（独撰）	四川金融	1997/8
220	互联网金融推动我国传统银行业深化改革（二人合作）	西部金融	2014/9
221	金融创新约束机制的完善——后危机时代的反思（三人合作）	西部金融	2014/3
222	建立与中国金融崛起相适应的高等金融教育（二人合作）	西部金融	2010/11
223	从美国次贷危机看海外投资问题（二人合作）	浙江金融	2008/5
224	全能型模式不是金融混业的必然选择——谈在金融混业趋势中的战略定位（二人合作）	浙江金融	2007/6
225	加强正面引导创造和谐融资环境——论政府解决中小企业融资困境的对策（二人合作）	浙江金融	2007/1
226	关于人行的金融监管问题（独撰）	北京金融	1996/3
227	如何解决银行呆账问题（独撰）	北京金融	1995/8
228	试论对西方货币数量论的批判和借鉴（独撰）	北京金融	1992/7

续表 9

序号	论文标题	发表期刊名	年 / 期
229	利息的形式和作用（独撰）	北京金融	1991/3
230	信用是“贷和借的运动”（独撰）	北京金融	1991/3
231	资本主义银行的产生及其作用（独撰）	北京金融	1991/14
232	借贷资本的积累和现代资本的积累（独撰）	北京金融	1991/12
233	银行资本的组成及其虚拟性（独撰）	北京金融	1991/11
234	利息的本质和利息率的决定（独撰）	北京金融	1991/10
235	浅论〈经济学手稿〉（1857—1858 年）中的“货币章”（独撰）	北京金融	1990/1
236	浅议王茂荫及其货币理论（独撰）	北京金融	1990/1
237	欧盟排放交易机制效果研究（二人合作）	武汉金融	2013/7
238	论可持续的金融创新机制（二人合作）	济南金融	2007/7
239	贷款要体现国家的产业政策（独撰）	投资研究	1995/3
240	宏观调控下的银企关系——走出中小企业融资难的困境（独撰）	现代商业银行	2004/11
241	民营银行登堂入室的时候到了（独撰）	现代商业银行	2003/10
242	人民币有可能成为世界第三大货币（独撰）	现代商业银行	1999/3
243	着力培养金融风险管理人才（独撰）	金融时报	2018/10/22
244	以改革推动金融高质量发展（独撰）	金融时报	2018/9/10
245	扩大金融开放助力经济高质量发展（二人合作）	金融时报	2018/7/9
246	充分发挥金融科技在服务实体经济发展中的作用（二人合作）	金融时报	2018/4/16
247	金融科技助推数字普惠金融发展的思考（二人合作）	金融时报	2017/10/30
248	为中国金融业探幽索微（独撰）	金融时报	2017/9/25
249	影响我国金融安全的风险因素及应对措施（二人合作）	金融时报	2017/7/17
250	金融服务实体经济重在提高效率（独撰）	金融时报	2017/5/15
251	美联储量化宽松货币政策退出的影响与应对（二人合作）	金融时报	2017/4/24
252	在改革发展的实践中推进经济学理论发展（独撰）	金融时报	2016/8/22
253	促进科技与金融结合 助推经济的创新驱动发展（二人合作）	金融时报	2015/11/9
254	以全面深化金融改革助推经济转型（上，二人合作）	金融时报	2015/5/18
255	以全面深化金融改革助推经济转型（下，二人合作）	金融时报	2015/5/11
256	互联网金融推动银行业深化改革（二人合作）	金融时报	2014/9/29

续表 10

序号	论文标题	发表期刊名	年 / 期
257	新型城镇化建设中的金融约束问题及对策（二人合作）	金融时报	2014/3/3
258	学术研究与学术功底（独撰）	金融时报	2013/12/06
259	审慎应对民营银行设立开闸（二人合作）	金融时报	2013/9/23
260	新型城镇化建设的金融支持路径（二人合作）	金融时报	2013/2/4
261	论经济发展方式转变中的金融支持（二人合作）	金融时报	2013/1/7
262	商业银行网上银行的发展策略选择（二人合作）	金融时报	2012/12/17
263	发展民营银行面临的问题及对策（独撰）	金融时报	2012/7/9
264	重视地方金融过度扩张引发的金融结构失衡问题（独撰）	金融时报	2012/1/16
265	创新才能产生学术精品（独撰）	金融时报	2011/11/04
266	我国城市商业银行跨区域发展的风险分析（二人合作）	金融时报	2011/10/10
267	经济学博士论文要有更多创新成果（独撰）	金融时报	2010/09/10
268	建立与中国金融崛起相适应的高等金融教育（独撰）	金融时报	2010/08/30
269	论提高农村金融服务质量和水平的关键（二人合作）	金融时报	2010/4/19
270	扩大内需应注意的几个问题（二人合作）	金融时报	2009/4/20
271	抓住机遇促进中小券商持续健康发展（二人合作）	金融时报	2009/2/9
272	关于国内大城市争当金融中心的若干思考（独撰）	金融时报	2008/9/1
273	上海和香港，谁能成为中国的国际金融中心（独撰）	金融时报	2008/3/27
274	培育经济学家的人文精神（独撰）	金融时报	2007/09/14
275	人民币区域化的经济效应探讨（二人合作）	金融时报	2006/5/8
276	培育中国的凯恩斯（独撰）	金融时报	2005/03/11
277	金融制度改革的全新诠释（独撰）	金融时报	2004/8/31
278	重构货币金融学知识体系（独撰）	金融时报	2004/4/20
279	国内大城市，谁能戴上金融中心的桂冠？（独撰）	金融时报	2004/2/16
280	努力为非公有制中小企业的发展提供金融支持（独撰）	金融时报	2003/11/24
281	关于民营银行问题的若干思考（独撰）	金融时报	2003/10/13
282	商业银行研究领域的一部力作（独撰）	金融时报	2013/09/01
283	勇于探索理论前沿的学术专著（独撰）	金融时报	2003/05/19
284	充分发挥金融业在全面建设小康社会中的助推作用（独撰）	金融时报	2002/12/16

续表 11

序号	论文标题	发表期刊名	年 / 期
285	论学术骨干在金融学科建设中的作用（独撰）	金融时报	2002/07/22
286	倡导潜心做学问的精神（独撰）	金融时报	2002/04/15
287	加快国有商业银行金融创新的步伐（独撰）	金融时报	2001/9/29
288	大力倡导和树立良好的信用意识（独撰）	金融时报	2001/4/28
289	银行业支持中小企业发展的浅见（独撰）	金融时报	2001/2/17
290	发展民营银行是市场经济的需求（独撰）	金融时报	2000/12/9
291	小银行是小企业发展的“助推器”（独撰）	金融时报	2000/9/23
292	银行业可“抓大扶小”（独撰）	金融时报	2000/8/14
293	“抓大扶小”，提高银行业的整体竞争力（独撰）	金融时报	2000/8/19
294	勇于登攀的新成果（独撰）	金融时报	2000/2/26
295	中小金融机构在我国有广阔的发展前景（独撰）	金融时报	2000/1/8
296	经营规模要适度（独撰）	金融时报	1999/11/6
297	现代市场经济呼唤提高国民金融意识（独撰）	金融时报	1999/7/17
298	培养良好的信用意识（独撰）	金融时报	1999/06/12
299	积极稳妥地发展小型金融机构（独撰）	金融时报	1999/04/24
300	高等金融教育要实施名牌战略（独撰）	金融时报	1999/2/27
301	浅论政府在经济发展中的作用（独撰）	金融时报	1998/12/26
302	浅论金融是现代经济的核心（独撰）	金融时报	1998/08/22
303	金融业要大力促进住宅产业的发展（独撰）	金融时报	1998/04/12
304	拓展对个私经济的金融服务（独撰）	金融时报	1998/3/28
305	注重实际，勇于探索（独撰）	金融时报	1998/11/14
306	再谈现代金融科学的学科建设（独撰）	金融时报	1997/8/20
307	谈我国信托业风险的防范与控制（独撰）	金融时报	1997/7/26
308	建立银行与乡镇企业间平等互利关系（独撰）	金融时报	1997/5/31
309	要把银行办成真正的银行（独撰）	金融时报	1997/03/25
310	关于现代金融科学学科建设的思考（独撰）	金融时报	1997/02/23
311	谈金融在现代市场经济中的地位和作用（独撰）	金融时报	1996/11/30
312	银行商业化的核心问题是信贷资金的商业化（独撰）	金融时报	1996/04/27
313	加快培养和造就适应市场经济需要的银行家队伍（独撰）	金融时报	1996/03/24
314	遵循平等互利守信原则，构建新型银企关系（独撰）	金融时报	1996/10/19
315	金融监管工作是人民银行及其分支机构的天职（独撰）	金融时报	1996/02/1

续表 12

序号	论文标题	发表期刊名	年 / 期
316	深化金融体制改革，构筑现代金融体制（独撰）	金融时报	1995/8/7
317	政府应当是解决银行呆账的主体（独撰）	金融时报	1995/7/24
318	关于组建城市合作银行的几点思考（独撰）	金融时报	1995/03/20
319	应加强对基层金融改革的研究（独撰）	金融时报	1995/6/16
320	中央银行要集中精力履行金融调控职能（独撰）	金融时报	1994/11/23
321	稳定货币是中央银行的最高职责（独撰）	金融时报	1993/8/10
322	推进股市高质量发展需抓好五大改革（二人合作）	中国经济时报	2018/9/4
323	打好防范金融风险的攻坚战（独撰）	中国经济时报	2018/3/9
324	推动数字普惠金融发展 提升服务实体经济效率（二人合作）	中国经济时报	2017/11/21
325	供给侧改革重在产业升级（独撰）	中国经济时报	2017/3/23
326	探索国企混合所有制改革路径选择（二人合作）	中国经济时报	2016/12/8
327	存款保险制度对我国中小银行的影响及对策（二人合作）	中国经济时报	2015/4/9
328	应对我国通货紧缩风险的几点思考（二人合作）	中国经济时报	2015/2/26
329	明确我国民营银行市场定位刻不容缓（二人合作）	中国经济时报	2015/1/13
330	构建我国银行业市场退出机制势在必行（二人合作）	中国经济时报	2013/10/23
331	厘清民营银行开闸的三个问题（二人合作）	中国经济时报	2013/9/25
332	审慎对待“影子银行”高速发展背后的风险（独撰）	中国经济时报	2013/7/26
333	金融应在实体经济转型中发挥促进作用（二人合作）	中国经济时报	2012/12/6
334	我国银行业垄断的根源及解决途径（二人合作）	中国经济时报	2012/5/28
335	我国城市商业银行跨区域发展的问题分析（二人合作）	中国经济时报	2011/12/5
336	努力把我国建设成为金融强国（独撰）	中国经济时报	2010/12/2
337	重视金融在统筹城乡发展中的作用（二人合作）	中国经济时报	2010/5/26
338	北京能否建成国际金融中心（独撰）	中国经济时报	2008/8/27
339	美国次贷危机对中国海外投资的启示（二人合作）	中国经济时报	2008/3/21
340	论经济学家的人文精神（独撰）	中国经济时报	2007/9/17–18
341	转型时期的中国经济学家（独撰）	中国经济时报	2006/11/6
342	农村金融：关键是要完善服务功能（独撰）	中国经济时报	2006/10/17
343	金融企业高管人员的薪酬为何这么高（独撰）	中国经济时报	2006/8/28
344	也谈衡量合格经济学家的标准（独撰）	中国经济时报	2006/1/13

续表 13

序号	论文标题	发表期刊名	年 / 期
345	要创建独具中国特色的经济学学派（独撰）	中国经济时报	2005/3/15
346	产权改革不是万能的（独撰）	中国经济时报	2004/11/14
347	宏观调控下的银企关系（独撰）	中国经济时报	2004/9/3
348	从增量创新走向存量调整（独撰）	中国经济时报	2002/8/1
349	北京金融街，能否戴上金融中心的桂冠（独撰）	中国经济时报	2002/1/5
350	金融服务为何与农民不亲（二人合作）	中国经济导报	2010/4/24
351	经济研究应摒弃功利性杂念（独撰）	中国经济导报	2006/11/21
352	学术研究在高等教育中的地位与作用（独撰）	中国改革报	2002/7/24
353	与学俱进（独撰）	中国改革报	2002/3/11
354	重视国民信用教育（独撰）	中国改革报	2001/4/16
355	用“三个代表”重要思想指导经济学理论研究（独撰）	中国教育报	2003/10/11
356	应对 WTO 挑战加快金融教育改革（独撰）	中国教育报	2002/8/7
357	应特别关注中小企业融资难问题（独撰）	新华通讯	2004/4
358	北京金融业发展还需多年努力（独撰）	经济观察报	2003/6/2
359	落实反通胀政策有赖于一定的施展空间（二人合作）	经济参考报	2008/2/22
360	股份制商业银行与发展中的若干问题（独撰）	经济参考报	2005/9/24
361	发展民营银行应该慎之又慎（独撰）	经济参考报	2003/9/17
362	尽快提升国有银行竞争力（独撰）	经济参考报	2001/8/8
363	人民币国际化前景良好（独撰）	经济参考报	1999/3/17
364	商业银行的自主权必须尊重（独撰）	经济参考报	1998/9/22
365	中国应大力发展中小金融机构（独撰）	经济参考报	1998/6/30
366	组建城市合作银行的几点思考（独撰）	上海证券报	1995/3/20
367	宏观调控下的银企关系（独撰）	证券日报	2004/12/19
368	学习邓小平金融思想的体会（独撰）	中国市场报	1997/6/17
369	创新决定银行未来（独撰）	新经济时报	2001/9/20
370	提高中国银行业整体竞争力（独撰）	新经济时报	2000/8/17
371	从“最后一件商品也要卖出去”谈起（二人合作）	北京日报	1985/8/11
372	浅谈卖方市场和买方市场（二人合作）	北京日报	1985/6/6
373	要在“包”字上做文章（二人合作）	北京日报	1982/8/6
374	金融街——区域性国际金融中心的有力竞争者（独撰）	北京晚报	2001/2/5
375	金融街定位比较妥当（独撰）	北京晨报	2003/9/24

续表 14

序号	论文标题	发表期刊名	年 / 期
376	浅谈经济科学的社会功能（二人合作）	首都经济信息报	1993/8/30
377	深圳应定位为投资型区域性中心城市（独撰）	深圳商报	2003/12
378	北京金融街瞄准区域性金融中心（独撰）	金融早报	2002/1/11
379	信用意识教育要从娃娃抓起（独撰）	金融早报	2001/6/28
380	如何解决中小企业融资难（独撰）	金融早报	2000/12/7
381	新世纪金融理论工作者的历史责任（独撰）	金融早报	2000/02/15
382	国有商业银行改革的几点思考（独撰）	金融早报	1996/7/25
383	金融监管是人行的重要职能（独撰）	金融早报	1996/4/11
384	培养和造就高层及跨世纪的金融人才（独撰）	金融早报	1996/4/4
385	深化金融体制改革的几点思考（独撰）	金融早报	1995/10/4
386	从脱去不适于飞翔的羽毛谈起（二人合作）	经济学周报	1984/10/08
387	分配方式的新探索（独撰）	中华读书报	2002/5/15
388	必须重视金融在区域经济发展中的作用（独撰）	新余日报	1998/7/30
389	大力构建包容性农村金融体系（二人合作）	中国特产报	2012/11/21
390	中小企业如何走出融资困境（独撰）	中国贸易报	2004/09/02
391	世纪之交金融改革的新趋势（独撰）	国际航空报	1994/4/5
392	论青年就业培训（二人合作）	选入《青年就业的探索与实践》一书，中国社会科学出版社	1985
393	什么是商品和简单商品生产（独撰）	选入《在改革的实践中学习政治经济学》一书，中国社会科学出版社	1985
394	资本主义商品生产的特点（独撰）	选入《在改革的实践中学习政治经济学》一书，中国社会科学出版社	1985
395	发挥中心城市在商品经济中的作用（二人合作）	选入《社会主义商品经济问题讲话》一书，北京出版社	1987
396	漫话竞争意识（独撰）	中央人民广播电台《学习节目》播出	1991/4/12

续表 15

序号	论文标题	发表期刊名	年 / 期
397	在改革中异军突起的乡镇企业（独撰）	中央人民广播电台“学习节目”（国庆征文）分二次播出	1986/10/13 和 1986/10/16
398	经济科学方法论创新的思考（独撰）	中国人民银行南口干校学报	1992/2
399	大力倡导和树立良好的社会信用意识（独撰）	选入《信用理论与信用风险防范》一书，中国金融出版社	2003/5
400	现代市场经济呼唤提高国民金融意识（独撰）	选入《中国个人金融年鉴》一书，中国经济出版社	2003/1
401	对在我国发展民营银行问题的若干思考（独撰）	选入《第三届中国金融论坛论文集》	2004
402	北京金融街瞄准区域性国际金融中心（独撰）	选入《发展的智慧——中国经济学案纵论中国经济前沿》一书，企业出版社	2002
403	论现代经济科学的发展趋势（独撰）	选入《中国经济学向何处去》一书，经济科学出版社	1997
404	经济理论研究方法论的思考（独撰）	松峪学刊	1991/2
405	对我国国有银行实行股份制改革的思考（独撰）	选入《著名经济学案谈中国经济改革》一书，工商出版社	2001

（二）著作目录

序号	著作名称	出版社	出版时间
1	社会主义的商品和货币（独撰）	河北人民出版社	1978
2	资本漫话（三人合作）	辽宁人民出版社	1979
3	货币漫话（二人合作）	河北人民出版社	1980
4	资本原始积累史（三人合作）	吉林人民出版社	1981
5	社会主义商品生产和价值规律（三人合作）	辽宁人民出版社	1982
6	政治经济学 ABC（独撰）	河北人民出版社	1987
7	经济学新学科概要（二人合作）	中国财政经济出版社	1987
8	新技术革命和工会（三人合作）	北京大学出版社	1988
9	新技术革命和信息管理（三人合作）	中国财政经济出版社	1988
10	漫话经济管理（三人合作）	工人出版社	1988
11	乡镇企业经营管理教程（主编）	吉林人民出版社	1988
12	趣味经济学（二人合作）	中国青年出版社	1989
13	简明社会科学新学科词典（主编）	北京工业大学出版社	1991
14	马克思的货币、信用和银行理论（独撰）	中国金融出版社	1993
15	简明经济管理词典（主编）	中国广播出版社	1988
16	证券投资学概要（主编）	北京工业大学出版社	1993
17	经济理论浅说集（独撰）	中国财政经济出版社	1995
18	经济金融理论探索集（独撰）	经济科学出版社	2000
19	财政与货币政策协调配合的路径研究（多人合作）	经济科学出版社	2005
20	在经济科学的园地里耕耘（独撰）	光明日报出版社	2007
21	人民币区域化问题研究（多人合作）	光明日报出版社	2009
22	学科建设与人才培养——经济金融学科建设问题研究（独撰）	中国金融出版社	2012
23	在学术高地上攀登——金融理论问题探索集（多人合作）	中国金融出版社	2012
24	金融改革理论问题研究（多人合作）	光明日报出版社	2015
25	经济学理论漫笔（独撰）	光明日报出版社	2015
26	邱兆祥经济金融理论文选（独撰）	中国财政经济出版社	2017